ADVANCED TECHNIQUES IN DAY TRADING
A PRACTICAL GUIDE TO HIGH PROBABILITY STRATEGIES AND METHODS

短线交易的高级技术

高胜率策略和方法实用指南

[加] 安德鲁·阿齐兹 Andrew Aziz 著 马林梅 译

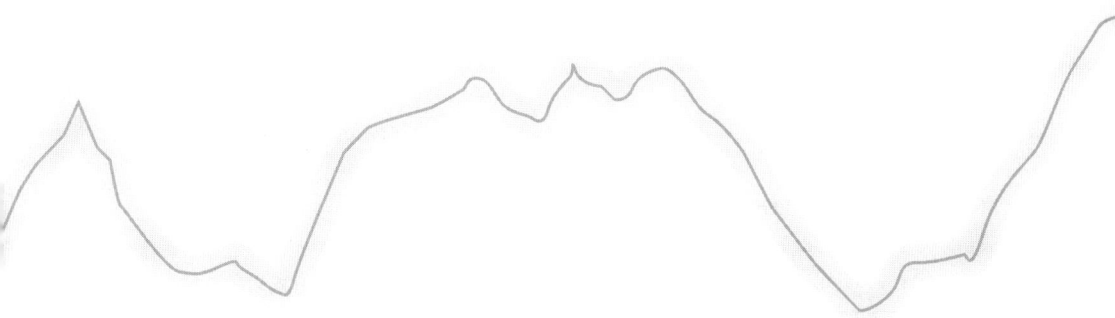

中国青年出版社

图书在版编目（CIP）数据

短线交易的高级技术：高胜率策略和方法实用指南 /（加）安德鲁·阿齐兹著；马林梅译.
—北京：中国青年出版社，2024.1
书名原文：Advanced Techniques in Day Trading: A Practical Guide to High Probability Strategies and Methods
ISBN 978-7-5153-7169-6

Ⅰ.①短… Ⅱ.①安… ②马… Ⅲ.①股票交易—基本知识 Ⅳ.①F830.91

中国国家版本馆CIP数据核字（2024）第010148号

Advanced Techniques in Day Trading: A Practical Guide to High Probability Strategies and Methods © 2018 Andrew Aziz
Simplified Chinese translation copyright © 2024 China Youth Press
All rights reserved.

短线交易的高级技术：
高胜率策略和方法实用指南

作　　者：	［加］安德鲁·阿齐兹
译　　者：	马林梅
责任编辑：	肖　佳
美术编辑：	佟雪莹
出　　版：	中国青年出版社
发　　行：	北京中青文文化传媒有限公司
电　　话：	010-65511272 / 65516873
公司网址：	www.cyb.com.cn
购书网址：	zqwts.tmall.com
印　　刷：	大厂回族自治县益利印刷有限公司
版　　次：	2024年1月第1版
印　　次：	2024年1月第1次印刷
开　　本：	787mm×1092mm　1/16
字　　数：	277千字
印　　张：	18.5
京权图字：	01-2022-3099
书　　号：	ISBN 978-7-5153-7169-6
定　　价：	79.00元

版权声明

未经出版人事先书面许可，对本出版物的任何部分不得以任何方式或途径复制或传播，包括但不限于复印、录制、录音，或通过任何数据库、在线信息、数字化产品或可检索的系统。

中青版图书，版权所有，盗版必究

Contents

目录

第 1 章　**前言**　**009**
　　关于本书 /009
　　我的交易方式 /011
　　日内交易是概率业务 /014
　　本书的结构 /017

第 2 章　**交易工具和平台**　**025**
　　选择经纪人 /025
　　交易平台 /029
　　顶部列表 /031
　　自选窗口 /032
　　蒙太奇纳斯达克二级数据 /035
　　买卖订单 /037
　　默认类型 /041
　　止损类型 /043
　　市价止损 /043
　　限价止损 /045
　　追踪止损 /046
　　区间止损 /047
　　热键 /048
　　卖空限制 /049
　　实时市场数据 /050
　　纳斯达克二级数据和买卖价差 /051

| 第 3 章 | **创建你的股票观察清单** | **053** |

可交易股票 /053

流通量和市值 /058

盘前跳空股 /062

实时盘中扫描 /072

根据扫描器制订交易计划 /085

| 第 4 章 | **支撑位和阻力位** | **091** |

引言 /091

什么是支撑位和阻力位 /093

找到支撑位和阻力位 /094

| 第 5 章 | **价格行为、蜡烛图和交易管理** | **121** |

价格行为与群体心理 /122

看涨和看跌蜡烛图 /124

涨跌不明的蜡烛图 /124

蜡烛图形态 /126

基于价格行为的交易管理 /132

仓位管理 /142

理解纳斯达克二级信号 /145

| 第 6 章 | **高级日内交易策略** | **155** |

策略 1：坠落天使 /156

策略 2：ABCD 形态 / 反 ABCD 形态 /164

策略 3：牛旗 / 熊旗 /176

策略 4：开盘区间突破 /183

策略 5：成交量加权均价交易 /187

一只可交易股，多种交易策略 /217

其他交易策略 /220

提高交易技能而不是策略 /222

| 第 7 章 | **风险和账户管理** | **229**

不要把日内交易转变成波段交易 /233

风险管理 /239

仓位管理 /250

| 第 8 章 | **结论和结束语** | **259**

结束语 /269

术语表 **273**

免责声明

作者和牛熊交易者社群（www.BearBullTraders.com），包括其员工、承包商、股东和隶属机构，不是投资咨询服务机构、注册投资顾问或交易经纪商，不向客户提供买卖证券的建议。读者必须明白，证券交易涉及极高的风险。本公司、作者、出版商和本公司的隶属机构对读者的交易和投资结果不承担任何责任。本公司网站及其出版物上的陈述均以所述日期为准，如有更改，恕不另行通知。

不应认为这些产品介绍的方法、技术或指标能让读者盈利，也不应认为它们不会让读者产生亏损。此外，本公司产品中的指标、策略、规则和其他所有资料（统称为"信息"）仅用于信息传播和教育目的，不应被视为投资建议。产品中所展示的示例仅用于教育目的。因此，读者在做任何交易或投资时不应只依赖这些信息。相反，他们应把这些信息作为开展独立研究的起点，以便他们就交易和投资形成自己的意见。投资者和交易者必须始终咨询其持证的财务顾问和税务顾问，以确定投资是否适当。

第 1 章

前 言

关于本书

可以把本书看作我的第一本书《如何以日内交易为生：工具和策略、资金管理、纪律和交易心理学入门指南》(*How to Day Trade for a Living: A Beginner's Guide to Tools and Tactics, Money Management, Discipline and Trading Psychology*)的后续。

在第一本书中，我解释了日内交易的基本原理，以及日内交易与其他交易和投资风格的区别。我还介绍了许多交易者日常运用的重要交易策略。虽然我觉得第一本书很好地满足了许多新交易者的需求，但是我知道，许多更有经验的交易者在阅读了它之后想获得更为详细的指导。在写第一本书时，我不得不舍弃一些内容。那本书的目标读者是新手，我必须在详细、全面的指南和针对新手的简单指南之间做出选择。

经过一番思量后，我决定阐述整个交易过程，但不以很详细的方式阐述。例如，我提到了策略和扫描器，但我没有介绍扫描器的技术参数，因为交易新手害怕看到这些令他们困惑的参数。我想介绍重要的基础，并概述需掌握的最重要的策略。我的第二本书就以这些基础和策略为出发点，解释了更高级的日内交易策略和方法。

如果你读过第一本书《如何以日内交易为生》，那么你可以把《短线交易的高级技术》视为一种提醒，或者视为对基础知识的复习，只不过它对技术的探讨更深入。如果你没有读过第一本书，由于本书浓缩了第一本书的基本内容，我认为你可以很容易理解它们，而且你可以看到更高级的技术。但是，为了最大限度地提升你的学习体验，我建议你阅读这两本书（然后定期重读和参阅）。我相信你会发现，在你交易职业生涯的各个阶段，它们都是有用的指南和参考资料。不要只研究我的书，还有其他很多很好的资源可为你所用。成功的日内交易者绝对是终身学习者。

我在第一本书中介绍了大多数散户交易者使用的一些经典策略，具有一定经验的交易者可能会从中受益。如果你认为自己已经不是交易新手了，你可能想跳过前面章节，从第7章开始阅读（或重读）最重要的日内交易策略。不过，我还是希望你能浏览一下前面各章节的内容。成为一名持续盈利的交易者并不需要你每天都掌握新的复杂交易策略。《如何以日内交易为生》第7章介绍的策略是交易者们十多年来一直在使用的策略。到目前为止，这些策略都是有效的，交易者确实需要掌握它们。使用简单和众所周知的策略，但随着时间的推移调整它们，以配合你的个性和当前的市场情况。交易的成功不是一蹴而就的，而是循序渐进取得的。

无论你是新手还是有一些经验的交易者，这些书都有助于你了解从何处着手、如何开始、应从日内交易中期待什么以及如何制定交易策略。当然，仅靠阅读书并不能让你成为盈利的交易者。阅读一两本书，甚至十几本书都不一定能让你在交易中获利，但实践、合适的工具和软件以及持续的学习能让你盈利。

虽然我竭力避免内容的重复，但我必须承认，本书内容与第一本书确实存在重复之处，这使本书的一些内容看起来显得有些多余。选择向读者呈现哪些内容是很艰难的工作。我希望本书是对第一本书的补充，但它仍然需要保持独立性，而且在那些刚开始交易或没有阅读过第一本书的人看来，内容是连贯的。因此，如果你发现某些内容存在重复，我提前在此表示歉意，你可以快速地浏览这些内容。

我的交易方式

有两种交易方式：自主决策交易和系统交易。前者指的是，交易者根据其交易计划评估潜在的交易，运用技术分析确定每笔交易是否符合其要求。虽然交易的规则是已知的，但交易者依据自己的经验决定是否做交易。交易者不遵循固定的进入和退出算法，相反，他们权衡所有可获得的信息，然后做出交易决策。

后者是指通过计算机程序执行交易策略。系统交易通常以价格和指标等技术输入为基础。这些策略通常被编入一个计算机软件程序，该程序可根据历史市场数据对策略进行回测，确定它们能否产生正向预期，即从长期来看，与整个市场相比，这些策略产生的利润是否高于亏损。使用系统时，交易者很少需要做出决策。机构交易、高频交易和算法都是系统交易的例子。有许多公司、教育机构、交易者甚至网络骗子开发这类计算机程序和系统并将它们兜售给交易者。

这两种方式各有优缺点：自主决策交易可以审视每个交易机会，而且当不易被计算机程序捕获的信息表明成功机会降低时，交易者可以放弃做交易。然而，由于自主决策交易者必须为每笔交易做出决策，他们可能做出情绪化交易和自欺欺人的行为，例如过于沉迷一笔交易，这往往导致他们无法严格执行交易计划。

系统交易在很大程度上不涉及交易者的决策过程。计算机算法按照既定的程序执行交易，交易者只需确定每笔交易的金额。在确定股票数量后，交易者就可以置身事外，观看电脑发挥它的威力了。但系统交易也有缺点。是否能设计出一个能捕捉所有意外事件或可能性的系统呢？我不这么认为。当出现损失时，交易者必须确认损失是系统暂时的一部分，还是代表交易策略的根本性失败。

我的策略和本书的内容主要针对的是自主决策交易。我认为，成功交易的许多因素，如价格行为和图表形态的识别，都不容易被编入计算机程序中。我个人认为，当我自己评估每笔交易，而不是依靠电脑来执行交易时，我感觉更有控制力。

成为成功交易者之路

每一天都有无数人开启日内交易生涯。他们加入聊天室，学习各种课程，并开始在真实或模拟的账户中做交易。他们怀着各种不同的期待开始了日内交易生涯。来看看我经常遇到的一种期待。人们对我说："啊，我将成为一名专职交易员，我能以此为生。我将实现财富自由、经济独立，并且能辞掉现在的工作。"

不幸的是，在他们交易生涯的早期，这是不太可能实现的。当然，经过三个月的培训和学习后，任何人都有可能成为专职交易员，这是容易实现的。但是，如果你想以交易为生，而且最好是在加勒比海的海滨别墅里悠闲地喝着冷饮，这是极不可能实现的。

我总是说，交易是一种职业，也是一份事业。不管是什么职业和事业，你都无法在短短的三个月内获利。看看医生、律师和工程师吧，他们求学多年，参加过无数的考试，经历了实习、再实习，最后才能成长为真正的专业人士。每个环节都是漫长而具有挑战性的，所需要的时间大多多于三个月。

总的说来，你将在前三个月里获知这两个重要问题的答案：

1. 你适合做日内交易吗？
2. 如果适合，你如何规划你的交易事业？

第一个也是最基本的问题是："你是否适合做日内交易？"如果适合，你需要知道如何为此做好规划，而且你要明白，你必须让你的交易事业慢慢增长。

学习日内交易是有成本的。实时模拟炒股软件以及交易所需的工具和软件的成本算不上高到不能承受，但也不算便宜。一般情况下，一名交易者的学习成本在1000—2000美元，包括数个月在实时模拟炒股软件中进行练习。成本虽然有点高，但对于开启新职业或新事业的人来说还算合理。你可以把它与你从学校获得的任何学位（如研究生学位或MBA）的成本进行比较。要获得这些学位，你必须花费数万美元的学费和生活费，而且还必须身在学校里学习多年，不过你仍然不能保证有收入。

许多人经常提这个问题：能否保证他们成为盈利的交易者？答案是否定的。

任何职业和事业都没有成功的保证。在我认识的医生和工程师中，有很多人身陷财务困境，背负着巨额学生贷款和个人债务。接受教育或培训是一项投资，它们可能有用，也可能无用。如果无用，你也不会面临世界末日，你得继续你的生活。如果有用，那是好事。知道如何管理预期非常重要，特别是对新手交易者而言。

一些人告诉我说，他们需要尽快用真金白银做交易，他们说："我没有时间在模拟炒股软件中练习，我真的需要收入，因为我辞职了，而且没有任何储蓄，我实在是等不了。"

我几乎每天都会与交易新手讨论这个问题，他们希望尽快投入真正的交易。2017年夏天，一位交易者在发来的电子邮件中说，他遭受了重大损失，让我给他支支招。此前他过生日时，他妹妹送了他一本我写的书作为礼物。我之前不认识他，也不知道他当时在做什么，但我马上让他停止做真实的交易，转而使用模拟炒股软件练习。我认为这样做能解决他的问题。他在回信中说：

"我从来没有使用过模拟炒股软件。我忍受不了赚三个月假钱。我正在重建我受损的投资组合。"

后来，他越陷越深，损失越来越大。在模拟炒股软件中交易并花时间获得恰当的教育至关重要。正因为我特别强调这两点，我经常收到负面的反馈意见。一些交易者认为我是在借机兜售炒股软件。实话实说，我不拥有任何软件。我只不过是想拯救交易者。

必须先利用模拟炒股软件做交易。数月之后，当你能稳定地获得收益时，你才应该开始用真金白银做交易。记住这一点：即使你在模拟炒股软件中常常盈利，你也不一定能在真实的交易中赚到钱。但是，若你不能在模拟炒股软件中盈利，那么当你开始用真实的账户做交易时，特别是考虑到所有心理因素的影响，你必然会亏损。

新手常见的另一个问题是，他们中的许多人认为做交易很容易，这通常是因为他们被网络营销人员误导了。当你在网络上搜索时，你会发现大量的交易培训广告。有些广告打出的标语是"交易很简单"，而且不断出现"财富自由"和"经济独立"等博人眼球的流行语。事实是，做交易绝非易事，当任何人有与此相反的说辞时，你必须高度警惕。

日内交易是概率业务

许多新手问我市场是不是随机的。答案是肯定的。若"随机"的意思是任何事情都有可能随时发生，那么股市当然是随机的。一些新手紧接着提出了这一问题："那么，我们如何在这样的市场中赚钱呢？"

答案是，尽管股市是随机的，但某些交易模式几乎每天都会出现，交易者要做的就是识别这些模式并正确地做出交易。然而，仅识别这些模式是不够的，还要有出色的执行，后者同样重要。我经常发现许多潜在的交易模式并在聊天时告诉交易者，但我自己并不采取行动。当被问到为什么不做交易时，我的回答是，我觉得风险回报率不合适。

我们以天空为例说明这一点。我们的祖先最初研究他们头顶的天空时，他们看到的似乎是随机运行的恒星。然而，当他们继续观察时，他们逐渐意识到恒星总是具有特定的运行模式。这些模式不仅一直存在，而且非常一致，以至于人们可以根据它们创设日历、进行导航。当然，我们现在知道，天空中恒星的运行不是随机的，而是基于引力的。我想说的是，天空与股市非常相似。价格上下波动，任何事情随时都有可能发生，但有一些特定模式会反复出现。对交易者来说好消息是，识别这些交易模式有可能赚到钱。

作为一名交易者，你要做的就是识别出这些模式，然后基于这些模式很好地执行交易。有时你会发现一个机会，但投资太多的话，你可能会遭受损失。或者，你犹豫不决，在糟糕的时机入场，你也可能会亏损。这意味着识别交易模式很重要，但执行同样重要。

尽管市场是随机的，但我们有可能一直从中获利，就像我们的祖先利用看似随机的恒星导航和测量时间一样。然而，我们要为市场中的意外情况做好准备。进入一笔交易后，这笔交易有可能变得对你不利。你必须止损退出交易。对于许多人来说，这一点颇令人费解。他们不知道如何接受损失，但他们仍然相信：在市场上赚到钱是可能的。

关于交易，另一个重要的方面是理解交易固有的风险与概率。交易是概率和统计游戏。若你执行的交易风险回报率适宜，从长远来看，你赚到的钱会比损失的多。

有一个例子能说明理解概率的概念有多难，这是一个著名的脑筋急转弯谜题，被称为蒙提·霍尔问题（Monty Hall problem）。杰克·施瓦格（Jack Schwager）在其所著的《金融怪杰》（*Market Wizards*）一书中讨论过这个问题。这个问题源自1963年由蒙提·霍尔主持的电视游戏节目《让我们做笔交易》（*Let's Make a Deal*）。假设你是节目现场的嘉宾，你有三扇门可以选择：一扇门后面是大奖新车；而另两扇门后面是山羊。当然，人人都想获得大奖！你必须从这三扇门当中选择一扇。例如，你选择了1号门，主持人蒙提·霍尔打开了2号门，门后是一只山羊。蒙提·霍尔是游戏节目的创作者和制作人之一，他当然知道大奖在哪扇门后。按常理推断，他永远不会打开后面有大奖的那扇门。现在他问你："你想换到3号门吗？"你是留在1号门还是换到3号门？改变最初的选择对你有利吗？

答案似乎是，改变选择没有什么意义。当你选择1号门时，你赢得大奖的概率为1/3或33%。现在你只有两扇门可选择了，每个人都认为大奖在这两扇门之后的概率都是50%，所以从1号门换到3号门与坚持选择1号门没有任何区别。选择任何一扇门中奖的概率都是50%。

令人惊讶的是，坚持选择1号门是错误的，你应该换到3号门。大奖位于你最初选定的门后的概率是1/3，即33%，而位于你没有选择的两扇门之中的任何一扇门之后的概率为2/3，即66%。蒙提·霍尔打开了这两扇门中的一扇，发现后面没有大奖，这一事实并没有改变最初的66%的概率，因为他总是会打开后面没有大奖的门。因此，如果奖品在这两扇门中的一扇后面的概率最初是66%，那么奖品在那两扇门中未打开的门后面的概率仍然是66%。因此，如果你坚持选择1号门，那么你有33%的概率获大奖，但如果你从1号门改为了3号门，你将有66%的概率赢得大奖，而不是33%。

数百万人观看了这档电视节目多年，但许多人没有意识到改变选择之后中奖的概率是如此之大。人们不明白的是，这个游戏的过程不是随机的。如果蒙提·霍尔随机选择了两扇门当中的一扇，且大奖不在其选择的那扇门的后面，那么奖品在其余两扇门之后的概率确实都是50%。当然，如果他真的随机选择了两扇门当中的一扇，那么有时大奖会在他打开的那扇门之后，不过这样的事情从来没有发生过。关键的一点是，他没有随机选择其中一扇门，他总是选择后面没有大奖的门，这就改变了概率的分布。这是条件概率的一个经典例子，即：若奖品在2号门或3号门后面的概率是2/3，而且它不在2号门之后，那么它在3号门之后的概率是多少？

当然，答案仍是2/3。

人们难以理解其中奥秘的一个原因是，在这个例子中只使用了三扇门，这使人们以为的但不正确的中奖概率（1/2或50%）与实际的中奖概率（1/3或33%）太接近了，人们很难直观地理解结果。如果我们假设该游戏中共有100扇门，其中99扇门后面是山羊，一扇门后面是汽车大奖。当参与游戏的人第一次选中一扇门时，他会意识到这扇门后面是汽车的概率很低（只有1/100）。如果蒙提·霍尔打开了98扇门，每扇门后面都是一只山羊，那么很明显，汽车在剩余那扇未被选中的门后面的概率会很高（99/100或99%）。虽然只剩下了两扇门（参与者选择的那扇门和尚未被打开的那扇门），但从直觉上看，参与者会认为汽车大奖在两扇门后的概率不一样。参与者最初的中奖概率为1%，但现在，他不能说大奖在1号门和100号门后面的概率仍然相同了。大多数人的直觉是要改变选择。

当然，在这个例子中，前提条件是人们更喜欢车而不是山羊。然而，一些人可能会认为，山羊是讨人喜欢的动物，而且在大多数城市里，寻找停车位是很棘手的问题。

你的直觉会欺骗你。你可能凭直觉认为，1号门和3号门后有大奖的概率都是50%，然而，尽管一开始你察觉不出来，但经过仔细分析后你会意识到，改变选择对你非常有利。这个例子蕴含的意义是，从尽可能多的视角审视交易很重要，因为你最初的直觉可能是错误的。永远无法在显而易见的结论中赚到钱。

这个例子表明，许多人无法心平气和地接受交易会亏损的事实。相反，他们会质疑自己采用的策略、接受的培训、自身的能力和技能，他们无法接受亏损是交易过程的一部分。他们没有意识到，在交易中遭受损失不是个人化的，而是时时会发生的。这是与市场相关的概率和不确定性的一部分。他们就跟那些没有意识到从1号门换到3号门更有可能赢得大奖的人一样，没有很好地掌握概率的概念。

在交易中遭受损失时，你应该坦然接受，而不是质疑你的策略。你做了另一笔交易，你要坦然接受另一次损失。在第三次交易中，如果你以高于1:3的风险回报比执行了策略，你就可以赚到足够弥补之前损失的钱。

本书的结构

我认为，所有的交易教育包含这三个部分的内容：

1. 机械面内容（第2章）
2. 技术面内容（第3至7章）
3. 心理面内容

交易的机械面

交易学习的第一个阶段通常是机械阶段，交易者要学习如何使用"交易工具"。这里的"工具"一词含义非常广泛，它不仅指交易中使用的工具，如扫描器、软件和热键，也指直接涉及的人员和资源，如经纪人、聊天室、新闻推送和日志等。

你的平台当然是你在交易中使用的最重要的工具。幸运的是，与其他方面一样，你可以相对轻松地掌握它的相关知识。我在第2章介绍了交易的机械面内容。在任何行业里，专业人员都需要学习如何使用专业的工具。汽车机械师、牙医、工程师、药剂师和律师都要掌握实操中运用的各种工具，类似地，交易者也需要使用专业的交易工具，包括适当的交易平台、软件、扫描器等。我将在第2章中介绍这些工具，并深入探讨如何使用它们。

交易的技术面

交易的技术阶段是交易的实操部分。尽管许多人认为这是交易的最难的部分，但它实际上是交易者可以相对快速地掌握的部分。交易者需要学习的技能包括：确定股票观察清单，找到可交易股票，确定交易策略并执行策略，识别形态以及仓位管理。幸运的是，有许多图书和数学公式可以帮助你学习这些方面，而且这些主题的课程也很容易获得。第3章讨论了如何找到可交易股票，第4章介绍了如何确认适当的支撑位和阻力位。

第5章讨论了价格行为、交易管理和对图表形态的解读。

第6章解释了我所使用的主要交易策略。这些策略比我在前一本书中介绍的策略更加高级。此外，我还提供了更多的例子以及有关这些策略有效性的最新信息。许多交易者可能会认为，这一章在本书中最为重要，但我不这样认为。我在第7章中介绍了一些风险管理思想，在我看来，这一章的内容比第6章的更加重要，因为识别交易模式是不够的，你还要完美地执行它们。完美的执行需要出色的风险管理、持仓规模管理，当然还需要出色的交易管理（第5章）。为了更加清晰地阐释这一点，我在第7章中以我完成的一些成功交易为例，详细分析了我的思考过程，为读者提供了"幕后的"视角。

交易的心理面

如果说交易的本质存在什么秘密的话，那就是交易的心理面。它很容易成为交易中最具挑战性的问题。新手甚至富有经验的交易者都可能遭遇一些心理陷阱，包括情绪化交易、恐惧、贪婪、报复性交易、不知道如何管理损失以及不能保持正确的心态。我在最后一章中简要介绍了一些有关交易心理的思想，我打算不久之后写一本关于该主题的书。许多有名的交易者说，交易的80%靠心理学，20%靠技术知识。我认为他们的估计相当准确，因为它强调了交易的成功主要基于心理层面。

在学习如何交易时，你当然应该学习技术和机械面知识，但你尤其需要关注交易心理知识。即使是在模拟炒股软件中练习，不用真金白银做交易，你也必须把模拟账户视为真实的账户，你必须锻炼以正确的心态做交易。即使你没有真正地投入资金，你也必须控制自己的情绪。有关这一主题的课程、图书和其他资源不计其数，我每周都会花一些时间阅读有关交易心理的图书，但我基本上不再阅读有关技术面的图书了，因为我认为，我掌握的技术面知识足以让我应付交易了，不过我总是在不断地阅读有关交易心理的图书。

有许多心理陷阱在等着交易者跳入，它们可能会对个人及其财务产生灾难性的影响。

"情绪化交易"是一个含义非常宽泛的术语，可以适用于各种情况。从某种意义上来说，它包括本节讨论的其他交易陷阱。它的基本意思是交易者基于情绪而非理性思维做交易。交易过程中的情绪化决策是交易新手失败的主要原因。要成为一名成功的交易者，你需要自律和出色的资金管理。正如亚历山大·埃尔德博士（Dr. Alexander Elder）在《以交易为生》（Trading for a Living）一书中所写的，成功的交易者密切关注他们的交易和资金，就像专业的潜水员关注他们的氧气供应一样。

在金融市场，你的交易水平仅高于平均水平是不够的。只有交易水平明显高于一般人时，你才能在日内交易中获胜。交易是一种负和游戏。只要你进入市场，你就开始亏钱。银行会收取将资金汇入你交易账户的费用；经纪人会收取为你的账户提供资金的费用，之后还会收取市场数据与平台使用的费用以及每笔交易的佣金。如果你每月没有让他们赚取足额的佣金，他们会向你收取闲置费。当你做交易时，做市商会从你交易的买卖价差和你订单成交时的滑点中获利。美国金融业监管局（Financial Industry Regulatory Authority，FINRA）和美国证券交易委员会（U.S. Securities and Exchange Commission，SEC）等监管机构以及证券交易所也会向你收费。

总而言之，这个"行业"需要有人亏钱，需要有人不断地往市场投入资金。人们认为，交易是零和游戏，但事实并非如此。交易是负和游戏，因为随着行业生态系统从市场中抽走资金，赢家得到的钱比输家损失的钱少。市场不是公平的竞技场，它对你不利。

不幸的是，日内交易往往会吸引冲动的人、赌徒和那些觉得世界欠他们一份谋生职业的人。不要成为他们中的一员，也不应该做出他们那样的行为。你必须开始培养赢家的自律性。赢家的思维、感觉和行为与输家的截然不同，这体现在生活的各个方面。你必须自我反省和审视你的生活，抛弃幻想，改变过去的生活、思考和行为方式。做出改变确实很难，但如果你想成为一名成功的交易者，你就要努力改变和发展你的个性。日内交易不是一种爱好，也不是你周末的追求。一旦你开始投入了真金白银，你就要把它当成工作、事业和职业来对待。我个人认为，你必须从现在就开始培养赢家的自律性。你要早起，穿好衣服，坐在交易工作台前，就跟你为做其他工作做好准备一样。你不能漫不经心。你可能会取得成功，但为了取得成功，你必须比竞争对手做更充分的准备。而要取得成功，重要的一点是学会控制自己的情绪。做交易时你必须"沉着冷静"，必须想方设法控制自己的情绪。

面对威胁时人自然会心生恐惧。在交易中，恐惧会破坏美好的意图。恐惧情绪不仅会影响交易新手，也会影响交易老手。在一种极端情况下，它可能使交易者无法做出决策；在另一种极端情况下，它可能导致交易者做出糟糕的决策和交易。当人们遇到自己不完全理解或感到不舒服的情况时，他们往往会心生恐惧。克服这种恐惧的两大法宝是知识和经验。人们越了解交易，投入越多的时间开发有用的技能，在模拟和实际操作中将培训中所学的知识应用得越多，他们就越不会感到恐惧。

在交易中，恐惧情绪会阻止我们做出决策，或者导致我们畏首畏尾，过于谨慎。虽然交易中存在风险，交易者需要谨慎和理性地管控风险，但过度规避风险可能是成功的主要障碍。

贪婪与恐惧密切相关。恐惧使我们想远离威胁，避免遭受伤害，而贪婪使我们想尽可能地朝着诱人的方向前进。贪婪可能是交易职业中更常见的危害，尤其是在新手中。尽管几乎所有的交易培训课程和图书都强调，交易不是赌博，也不是快速致富的捷径，但许多交易者，包括一些经验丰富的交易者都认为，有些机会太好了，不容错过。他们不是依靠自己受过的训练和运用自己的判断力，而是屈服于贪婪的诱惑，冲动地进行交易。

"报复性交易"是一种可以理解但无效的对待损失的方式，它尤其会影响那些在长期盈利后自以为不会亏损的交易者。他们被成功所迷惑，相信自己不会输。他们忽视自己从培训和经验中所学到的，做了一些愚蠢的交易。然后，他们不出所料地遭受了亏损并回吐了之前获得的部分或全部收益。接着，他们开始了报复性交易，这可能会使他们的境况变得更加糟糕。

有人问我这个问题："交易者接受的教育相同，使用的工具无异，为什么一些交易者可以成功，而许多交易者却失败了呢？"为什么会这样呢？成功者具有哪些失败者缺乏的素养或品质呢？为什么鲜有交易新手具备它们呢？是什么让其他交易者在压力下屈服并最终失败呢？

自我开始交易以来，我就对这些问题很着迷，即使后来我开始教导和指导他人。在我看来，这些问题的答案是"韧性"。我的交易生涯教会我很多有关韧性的知识，尽管这是一个我们无法完全理解的主题。韧性是人性中最大的精神分析谜题之一。为了得到确切的答案，我们必须更深入地研究人类心理。

为什么有些人经历了艰难险阻后没有丧失斗志？我们都想知道这个问题的答案。我们都在自己的圈子里看到过一些反例，比如家庭成员、朋友或熟人被裁员后似乎无法恢复信心，持续抑郁的人在离婚几年后无法开启新生活等。

人们在面对生活中出现的挑战时做出的反应差异很大。1983年，年轻的吉他手、才华横溢的戴夫·穆斯坦（Dave Mustaine）被新组建的乐队无情地抛弃了。当时该乐队刚刚签署了一份唱片合同，打算录制第一张专辑。就在开始录制专辑几天前，在没有任何警示、商讨或大冲突的情况下，戴夫被要求离开乐队。戴夫当天只能无奈地返回家乡。他坐在从纽约到洛杉矶的巴士上，不停地问自己：为什么会发生这样的事情？我到底做错了什么？我现在该怎么办？等到巴士到达洛杉矶时，戴夫已经想通了。他摆脱了这一糟糕经历的影响，发誓要组建一支新乐队，而且决意要使这支新乐队名扬天下，使老乐队的人为其决定感到后悔。

他发愤图强，花了几个月时间招募能找到的最出色的音乐家，还写了几十首歌，专注地练习。在愤怒和雄心的驱使下，他组建了传奇的重金属乐队麦格戴斯（Megadeth）。这支乐队卖出了3800多万张专辑，还多次在世界各地巡回演出。今天，戴夫·穆斯坦被誉为重金属音乐史上最杰出、最有影响力的音乐家之一。开除戴夫的乐队叫金属乐队（Metallica），是有史以来专辑销量最高的乐队之一。尽管戴夫·穆斯坦取得的成就无法与金属乐队相媲美，但他确实让自己的生活重回了正轨。这正是韧性在发挥作用。

我们再来看另一位音乐家，他与戴夫·穆斯坦一样，也被乐队开除了，但二人的结局截然不同。1960年，一支英国摇滚乐队在利物浦成立。乐队成员的发型奇特，乐队的名字更加奇特：披头士乐队（Beatles）。该乐队的成员包括：主唱兼作曲人约翰·列侬（John Lennon），长着一张娃娃脸、性格浪漫的贝司手保罗·麦卡特尼（Paul McCartney），性格叛逆的吉他手乔治·哈里森（George Harrison）和彼得·贝斯特（Peter Best）。彼得·贝斯特的长相最好看，最讨女孩子们喜欢，当时也是他第一次出现在杂志上。他也是乐队里最专业的成员。他不吸毒，有感情稳定的女朋友。该乐队的经理布莱恩·爱泼斯坦（Brian Epstein）在自传中称，彼得·贝斯特"太传统了，成不了披头士成员"。1962年，在得到第一份唱片合同后，其他三名成员悄悄地聚在一起，一致要求经理布莱恩·爱泼斯坦开除彼得·贝斯特。他们没有给出理由，没有做出解释，没有任何安慰，只是说了句祝他好运。之后乐队引进了林戈·斯塔尔（Ringo Starr），取代了彼得·贝斯特。在彼得·贝斯特离开披头士乐队六个月后，该乐队爆红，约翰、保罗、乔治和林戈名闻天下。披头士乐队成了历史上专辑销量最高的乐队，到目前为止，全球的实物和数字专辑销量估计超过了8亿张。而彼得·贝斯特患上了严重的抑郁症并开始酗酒。1965年，他起诉乐队的两名成员诽谤他，1968年，他试图自杀，但在母亲的劝说下放弃了。彼得·贝斯特没有像戴夫·穆斯坦那样实现自我救赎，我认为主要原因是他缺乏韧性。

再讲讲我自己的经历。我是在被意外解雇后开始做日内交易的。失业，在我的伴侣和朋友面前感到尴尬，接着我又在股市里输光了我所有的积蓄和遣散费。尽管我在头几个月里亏损了1万多美元，但我没有放弃。我被迫另找了一份工作来支付房租和账单,但我没有停止交易。我改为在模拟炒股软件中练习。我每天早上5点起床,在6:30到8点之间做交易,之后去上班。我很幸运,我住在西海岸,这里属于太平洋时区,股市开盘时间是早上6:30,而不是东海岸的9:30。我能交易,并且在上午9点开始上班。兼顾交易和上班并非易事,但我设法做到了。我当时知道是什么因素驱使我做到这一点的吗?坦白讲,不知道。我是事后才意识到这一因素是韧性的。

我最近在奈飞观看了一部讲述传奇人物罗伊·克罗克(Roy Kroc)生平的电影——《大创业家》(*The Founder*)。这位当年业绩平平的奶昔机销售员在52岁时开始建立麦当劳帝国。在电影的最后一幕中,他正在练习即将当着伊利诺伊州州长的面发表的演讲。他身着正装,站在镜子前说:

"我知道各位在想什么。一个已过壮年、52岁的奶昔机销售员……如何在国内50个州和5个国家建立一个拥有16000家餐厅……年收入约7亿美元的快餐王国……

"一句话……坚持。

"在这个世界上,没有什么能替代坚持。才华不能,有才华但不成功的人比比皆是;天赋不能,未得到认可的天赋实际上是陈词滥调;教育不能,否则为什么世界上到处都是受过教育的傻瓜呢?唯有坚持和决心才是最强大的。"

确实如此。韧性对成功的影响大于教育、经验和培训。在商场中是如此,在奥运会和残奥会中是如此,在交易领域中也是如此。

许多学者和关于韧性的研究人员相信基因的作用,他们认为,一些人天生执着。当然,这种观点有一定的道理,但也有很多证据表明,人可以通过学习增强韧性。不仅个人,社区和组织也可以系统地学习和运用韧性。

2001年9月11日,著名的投资银行摩根士丹利(Morgan Stanley)有2700多名员工在世贸中心南塔的43层至74层工作,该银行也是世贸中心的最大租户。在可怕的那一天,第一架飞机于上午8:46撞上了北塔,摩根士丹利的员工在一分钟后开始撤离,8:47,第二架飞机撞上了南塔。16分钟后,即上午9:03,摩根士丹利的办公室基本上空无一人了。总而言之，尽管该银行的办公室遭受了直接的撞击，但它只损失了7名员工。

当然，幸运的是，该公司的办公室在第二座塔楼。其他的公司，如坎托·菲茨杰拉德（Cantor Fitzgerald），其办公室首当其冲遭受了第一波袭击，员工来不及采取任何措施。不过，说实话，运气不只是唯一的因素，摩根士丹利的韧性让员工们能从这一运气中受益。1993年拉姆齐·优素福（Ramzi Yousef）及其同谋袭击世贸中心后不久，摩根士丹利的高管们就认识到，在美国金融行业内这么一个具有象征意义的中心办公，该公司遭受恐怖袭击的可能性很大。因此，他们未雨绸缪，启动了一项严肃的应对计划。很少有公司，甚至很少有员工认真对待消防演习。也许摩根士丹利的许多员工在9月10日还认为培训是多余的，纯属浪费时间，但在9月12日，他们都改变了想法，认为该计划似乎受到了天才的启发。这的确是天才的想法，但毫无疑问，该银行的韧性发挥了重要的作用。

事实上，当人们正视现实时，他们会想方设法忍受和克服极端的困难并生存下来。成功的交易者也是如此，他们有极强的韧性，他们能够并且会提前掌握生存之道。

术语

为便于读者查询，我在本书后面附了术语表，表内包含了日内交易中最常见的术语。如果你在阅读本书的过程中遇到了不认识的术语或短语，请到该表中查询其定义。我用通俗易懂的语言解释了日内交易者的术语。

第 2 章

交易工具和平台

选择经纪人

对于交易新手来说,对经纪人的选择至关重要,因为这直接影响着他们能否正确地开展日内交易。然而,在探讨如何选择经纪人这一主题之前,我们先来看一项重要的规则,即典型日内交易限制,因为它会影响交易者对经纪人的选择。

典型日内交易规则

按照美国证券交易委员会和美国金融业监管局的相关规定,如果交易者的资本不足,其交易数量是受限制的。其规则定义了什么是典型日内交易者,即在五个交易日内进行四次或以上日内交易(在同一天买入后卖出或卖出后买入同一证券)的任何人。根据其规则,典型日内交易者在开展日内交易的任何一天都必须保证其账户的资产额不少于25000美元。当账户内的资产额低于25000美元时,典型日内交易者不得继续开展日内交易,直到他们账户的资产额恢复到25000美元的最低水平。

尽管许多账户资产额不足25000美元的交易新手不喜欢这一规则,把它视为交易障碍,但它实际上旨在保护业余交易者不会因经纪人的高额费用和佣金而损失其有限的资本,换句话说,这条规则是为了保护交易者,而不是妨碍他们做交易。

尽管这一规则对账户内的资产额设置了最低要求，但一些经纪人在确定客户是否为"典型日内交易者"时使用了一个稍微更宽泛的定义。交易者应该联系其经纪人，确认自己的交易活动是否会导致自己被认定为典型日内交易者。

由于受美国金融业监管局的监管，美国境内的经纪人严格执行这一规则。然而，在美国境外设有办事处和从事业务的离岸经纪人不受该规则的约束，他们不对其客户执行典型日内交易规则，这就为账户资产额不足25000美元的交易新手创造了机会：只要他们在离岸经纪人开立账户，他们就可以做日内交易。总部位于巴哈马群岛的确信交易者（SureTrader）、总部位于特立尼达和多巴哥的新公司资本市场精英集团（Capital Markets Elite Group Limited）和总部位于牙买加的联合交易者（Alliance Trader）都是此类离岸经纪人。这些经纪人对资本不足的交易者并不实施典型日内交易限制这一规则，正因如此，他们收取的佣金要比美国境内的经纪人略高一些。

交易者在使用这些经纪人时要三思。为确保客户和交易者不受经纪人的伤害，美国证券交易委员会和美国金融业监管局严格监督和实施对于美国境内经纪人的相关规定。而离岸经纪人不受美国当局的监管，受其经营所在国当局的监管，但外国的监管条件和监管者往往不像美国的那样严格和勤勉，交易者使用离岸经纪人存在较高的风险。我本人在使用离岸经纪人，但考虑到上述原因，我不愿意在离岸经纪人处开立的账户内保留大量资金。例如，我在离岸经纪人账户中保留的资金额为5—10000美元，不会保留50000美元。如果你的可用资金超过了25000美元，你就真的没有必要使用离岸经纪人了，你可以选择美国的经纪人做日内交易。

我建议使用离岸经纪人的交易者定期提取其资金，并且如果他们能增加其账户资产额以满足典型日内交易规则，他们应在美国境内的经纪人处开立账户。

其他国家和区域可能会对其居民实施类似的典型日内交易规则。例如，在加拿大，典型日内交易规则的最低要求是10000加元。我的经纪人加拿大盈透证券公司（Interactive Brokers Canada Inc.）是总部位于美国的盈透证券集团

（Interactive Brokers Group）的分支机构，它对我这个加拿大居民执行的是10000加元的要求，而不是25000美元的要求。我建议交易新手们向本地的经纪人咨询一下，确认在当地从事日内交易的最低账户资产额要求。

传统经纪人vs.直接访问经纪人

传统的在线经纪人一般通过预先商定的安排将客户的交易订单直接发送给做市商和其他流动性供应商。这个过程包含多个步骤，通常需要花一些时间——从几秒到几分钟。这类经纪人通常不会超快地执行交易订单，因为他们的服务侧重于研究和基本面分析，而不是快速的执行。这类经纪人有时被称为"全面服务经纪人"，提供研究报告和建议、退休计划、纳税建议等。当然，这一切都是有代价的，全面服务经纪人收取的佣金远高于直接访问经纪人的（我将在下面解释什么是直接访问经纪人）。通常情况下，全面服务经纪人非常适合投资者和波段散户交易者，但由于不能快速执行交易订单，他们不是日内交易者的好选择。

日内交易者的交易订单需要被快速、完美地执行，因为他们的买入和卖出通常仅相隔一两秒钟的时间。我经常在几秒钟内买入和卖出，速度之快让一些人觉得不可思议。直接访问经纪人就适合我这样的交易者。这类公司专注于快速地执行交易订单，与专注于研究和向投资者提供建议的全面服务经纪人不同。直接访问经纪人通常使用复杂的计算机软件，允许交易者通过电子通信网络直接与纳斯达克和纽约证券交易所等证券交易所或其他个人做交易。直接访问交易系统的交易可在一秒钟内完成，其确认会即时显示在交易者的计算机屏幕上。

这为我们这样的散户开辟了一条交易新通道。几十年前，在家里操作的散户交易者几乎不可能在交易所做交易，他们需要拿起电话和经纪人交谈，要求交易，这个过程可能需要几分钟，如果不是几个小时的话。今天，交易者可以快速地完成交易，同时还能得到其他服务，如报价和市场数据、交互式图表、二级纳斯达克报价和其他以前只有华尔街专业人士才能拥有的实时功能。在过去的几年里，这些经纪人大幅降低了成本，提高了效率，这使他们向我们这样的交易者收取的佣金比传统的全面服务经纪人收取的低得多。

尽管日内交易者需要使用直接访问经纪人的服务，但使用它们也存在一些弊端，包括成交量要求和技术知识。例如，如果每月的成交量未达到最低要求，一些经纪公司会收取闲置费。盈透证券对每月佣金额不足10美元的低净值账户收取10美元的闲置费。许多公司会从当月的闲置费中扣除每月的交易费和佣金，因此，闲置费通常被视为支付给经纪公司的最低月佣金。然而，并非所有的直接访问经纪人都有月度最低成交量要求。

另一个挑战是，无经验的新手可能发现做好直接访问交易很难。在处理流程和程序性问题时，比如做出交易决策和发出交易订单时，需要一定的知识。这就是我一直建议新手们要先在经纪人的模拟平台上多加练习的原因。新手们在券商处开立真实的账户之前要确保非常熟悉该平台。在直接访问交易中，你只需点击一下鼠标就有可能犯下危险的错误，让你的账户损失惨重。但是，当你与全面服务经纪人的代理打电话时，后者可能会发现你的错误，或在执行你的交易订单前提出建议。

请注意，近来许多经纪公司都已经开始提供直接访问和全面服务（如咨询和研究）了，因此交易者在做出选择前最好查询它们的网站，并且询问它们的服务。

例如，在加拿大，蒙特利尔银行投资者线（BMO Bank of Montreal InvestorLine）、加拿大皇家银行直接投资（RBC Direct Investing）和加拿大帝国商业银行投资者优势（CIBC Investor's Edge）都是全面服务经纪人，通常情况下不适合日内交易者。加拿大盈透证券和加泰证券（Questrade）提供直接访问交易和全面服务。

在美国，最知名的直接访问经纪人有宏达理财（TD Ameritrade）、光速交易（Lightspeed Trading）、盈透证券集团和交易快手（SpeedTrader）等。

交易平台

电子网络交易平台是一种计算机软件程序，日内交易者可通过它下达交易订单。交易平台与直接访问经纪人不同，然而，我经常看到有交易者把它们混为一谈。交易平台将你的订单发送至交易所，这样你的直接访问经纪人就可以为你完成交易订单。通常情况下，直接访问经纪人会向客户提供自己专有的交易平台。软件的质量、制图能力、运行速度以及与软件有关的许多其他功能差异很大，这自然会影响其价格。许多经纪人提供按月收费的平台，但是，若你支付给经纪人的佣金足够多，他们可能会免收你的月费。例如，盈透证券提供的交易平台名为交易者工作站（Trader Workstation，TWS），但它也允许客户使用达斯交易者（DAS Trader）平台。光速交易也有自己的平台，名为光速交易者（Lightspeed Trader）。宏达理财的交易平台为思游（thinkorswim）。交易快手也以达斯交易

表2.1　日内交易者可选择的知名直接访问经纪人
（注意，未列示的经纪人还有很多。）

经纪人名称	交易平台	是否有典型日内交易限制	总部所在地
盈透证券	交易者工作站或达斯专业平台	有	美国
交易快手	达斯专业平台	有	美国
光速交易	光速交易者平台	有	美国
宏达理财	思游平台	有	美国
史考特证券（Scottrade）	史考特精华报价交易平台（ScottradeELITE）	有	美国
亿创理财（E*TRADE）	期权经纪行平台（OptionsHouse）	有	美国
联合交易者	达斯专业平台	无	牙买加
资本市场精英集团	达斯专业平台	无	特立尼达和多巴哥
确信交易者	达斯专业平台	无	巴哈马群岛

者作为交易平台。

就经纪人而言，我个人更喜欢交易快手和盈透证券。就交易平台而言，我更喜欢达斯交易者平台（www.dastrader.com）。在写作本书时，我还在资本市场精英集团拥有一个金额更小的账户。我的经纪人盈透证券有自己的交易平台，这个平台叫交易者工作站，但我不推荐使用这个平台做日内交易。达斯交易者平台是纳斯达克四个白金合作伙伴订单输入平台之一，为在线交易者提供最高级别的高效执行和市场服务。如前所述，达斯交易者不是经纪人，它只是一个交易平台，所以我把我在盈透证券开设的交易账户与它关联了。当我在平台上输入订单时，达斯会把我的订单发送到纳斯达克数据中心，而我的清算公司盈透证券将执行我的订单。我向盈透证券支付交易佣金，向达斯交易者平台支付月费，因为我使用了该平台，并且该平台为我提供实时数据和二级数据。我将在后面解释二级数据。

平台设置和图表指标

在本节中，我将解释达斯交易者专业平台的设置以及各种窗口和工具。如果你使用的是其他交易平台，了解这些内容也有参考价值，因为各个平台的布局和功能有许多相似之处，但也可能存在差异。为了更好地了解我在这里讨论的一些功能，你最好咨询一下你的交易平台软件提供商。这些软件程序中的大多数都有很好的入门指南，以及免费的在线视频和学习资料。为了熟悉交易平台的各个方面，我建议你花一些时间学习这些资料。

图2.1展示的是我使用的达斯交易者平台的典型布局，我将逐一介绍每个窗口的内容，并解释如何使用它们。

第 2 章 / 交易工具和平台

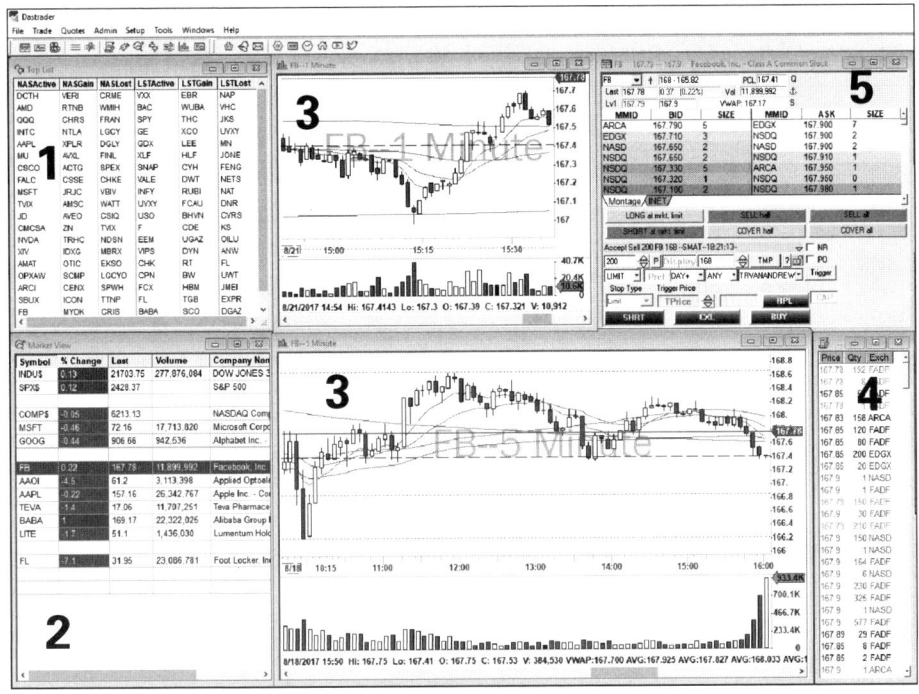

图2.1 我的达斯交易平台布局截图

(1)顶部列表;(2)自选;(3)1分钟和5分钟K线图;(4)时间和成交;(5)蒙太奇(Montage)行情数据(或所谓的二级数据)

顶部列表

第一个窗口是顶部列表,共有六列数据。前三列分别为纳斯达克成交量最大、涨幅和跌幅最大的股票清单。其他三列为纽约证券交易所和美国证券交易所成交量最大、涨幅和跌幅最大的股票清单。这个列表可以让交易者对当天交易活跃的股票了然于胸,而且它在不断更新。不过,并非所有出现在顶部列表的股票都适合日内交易。通常情况下,许多著名的公司的股票,如苹果、脸书、美国银行、微软、通用电气、福特等,出现在该列表中是因为它们总是被机构和华尔街大量交易。图2.2显示的是我的顶部列表窗口截图。

如果你使用其他交易平台,可能会有一个类似的窗口显示整体市场活动和活跃股票。

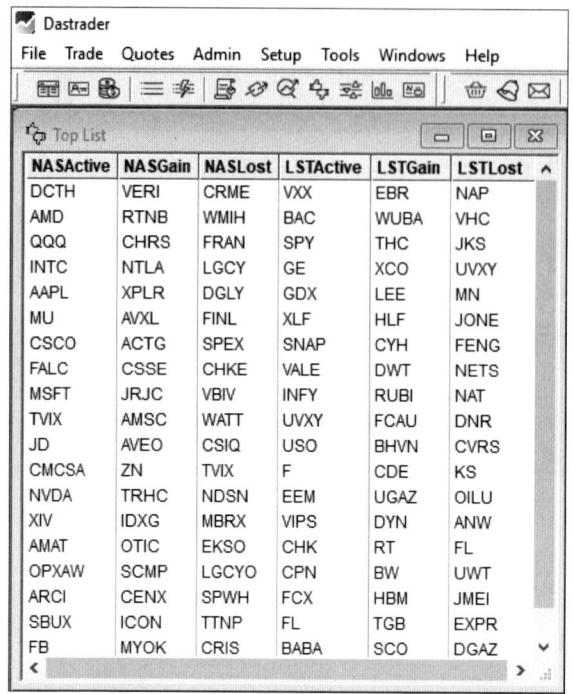

图2.2 达斯平台中的顶部列表窗口

NASActive：
纳斯达克成交量最大的股票
NASGain：
纳斯达克涨幅最大的股票
NASLost：
纳斯达克跌幅最大的股票
LSTActive：
交易所成交量最大的股票
LSTGain：
交易所涨幅最大的股票
LSTLost：
交易所跌幅最大的股票
交易所：
NASDAQ=Q（纳斯达克）
NYSE=N（纽约证券交易所）
AMEX=A（美国证券交易所）

自选窗口

图2.3是我的自选窗口的截图，这是达斯交易平台的另一个窗口。在这个窗口中，你可以输入你想要观察的股票的名称，你可以看到它的行情信息，比如涨跌幅度、成交量等。为了方便获悉市场的整体状况，我在该窗口中保留了一些市场指数。

市场指数多种多样，最有名的包括：

道琼斯工业平均指数（INDU$），也叫道琼斯指数，是被引用最多的股市指数。它是《华尔街日报》编辑、道琼斯公司联合创始人查尔斯·道（Charles Dow）编制的一种指数，以道和他的商业伙伴、统计学家爱德华·琼斯（Edward Jones）的姓氏命名。该指数追踪的是美国30家大型上市公司在股市标准交易时段内的交易情况。虽然该指数的名称中含有"工业"二字，但30只成分股中包含的许多现代公司，比如苹果、可口可乐和维萨（Visa），与传统的重工业几乎没

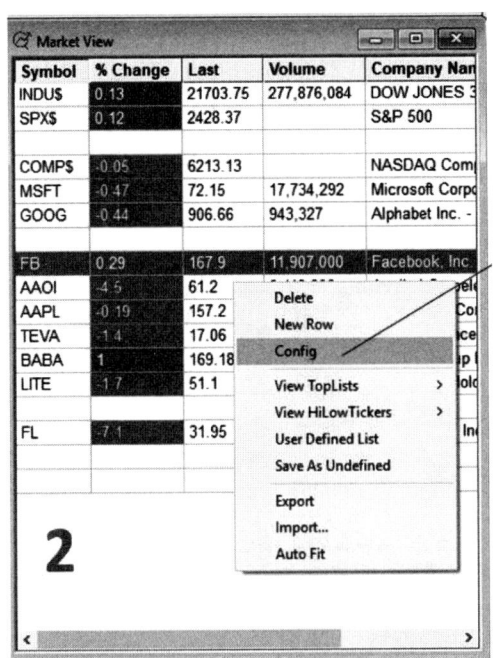

图2.3　达斯平台中的自选窗口

Sybmbol：代码

%Change：涨跌幅

Last：上一笔交易的价格

Volume：成交量

有关系。

  标准普尔500指数（SPX$），通常被简称为标普500或标普指数，是基于在纽约证券交易所或纳斯达克上市的500家大公司编制的指数，是最受关注的大盘指数之一。许多人认为，该指数是美国股市的最佳代表之一，也是美国经济的风向标。密切追踪标普500的交易所交易基金是SPY或SPDR。许多交易者追综并交易SPY而不是指数本身。

  纳斯达克综合指数（COMP$），是基于在纳斯达克上市的公司编制的市场指数。它与道琼斯指数和标准普尔500指数一样，是最受关注的三大美国股市指数之一。纳斯达克综合指数的成分股严重偏向于信息技术公司，反映的是市场上"高科技"股的行情。

价格走势图

  下一个重要的窗口是价格走势图。我使用两种价格走势图，一种是1分钟K线图，另一种是5分钟K线图。图2.4显示的是一个5分钟K线图的例子。

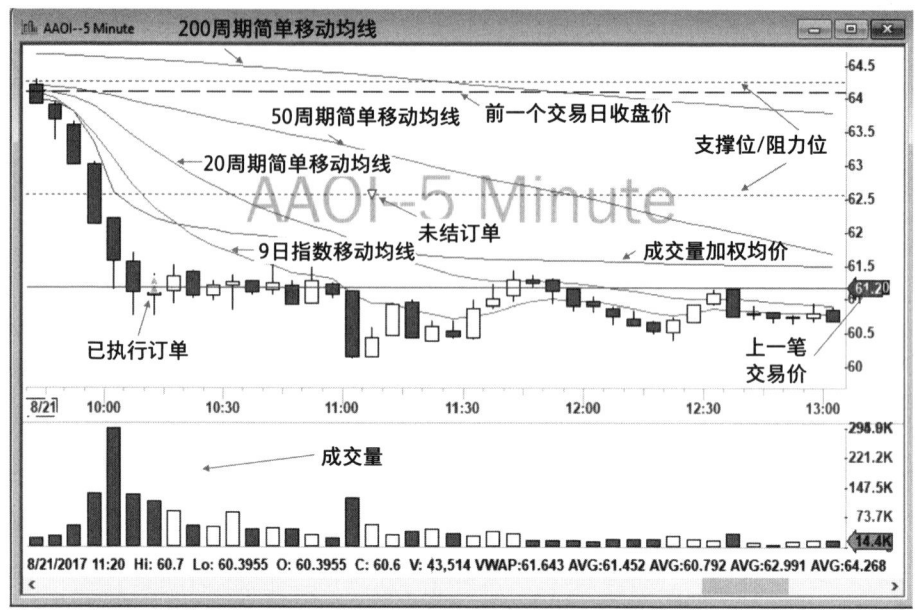

图2.4 达斯平台上的5分钟K线图示例

Hi：最高价 Lo：最低价 O：开盘价 C：收盘价 V：成交量 VWAP：成交量加权均价 AVG：均价
空心K线代表阳线，实心K线代表阴线

（图中我标记了多个指标和说明。如果你阅读的是本书纸质版，那么该图是黑白色的。读者可登录网址 www.BearBullTraders.com/audiobook 获得彩色版的图片）

我使用白色背景的图表和白色/红色的K线。一些交易者喜欢用深色的背景和绿色/红色的K线，这是个人的选择。我更喜欢白色背景，就如人们更喜欢阅读白纸黑字的图书，而不是黑纸白字的图书。不过，这是个人的选择。根据你的喜好改变颜色，让你的平台对你有吸引力。

为了便于做日内交易，我使我的图表比较干净，只显示了最少数量的指标。做日内交易时，你需要以极快的速度处理信息，还要非常迅速地做出决策。因此，我无法追踪大量的指标。我的图表中的指标包括：

1. 以白色/红色K线展现的股价走势；

2. 股票的成交量和平均成交量线；

3. 股价的9周期指数移动均线和20周期指数移动均线；

4. 股价的50周期简单移动均线和200周期简单移动均线；

5. 成交量加权均价；

6. 前一个交易日收盘价；

7. 上一笔交易的价格。

在我的达斯交易者专业平台中，这些指标会被自动计算出来并被绘制出来，不需要我自行计算和绘图。我会在后面介绍这些术语的意思。

8. 支撑位和阻力位。

在图表中标出重要的支撑位和阻力位非常重要。大多数交易平台不会自动找到和标注这些支撑位和阻力位。这些位置必须由交易者确定。我通常会在开盘前从观察清单里筛选股票时，或者在新股票进入我的扫描器时，找到并标注出这些位置。在不知道附近重要的日内支撑位和阻力位时，我不会交易。

除了使成交量加权均价线为蓝色，我使所有的移动均线为灰色。成交量加权均价是最重要的日内交易指标，交易者需要轻松快速地把它与其他移动均线区分开来。我不想我的图表中有太多颜色，因此设置了白色的背景，使用的颜色主要是红色和黑色。五颜六色的图表会让人眼花缭乱，长此以往，还会刺激眼睛，限制视野。我避免在图表中使用深色背景，因为当我长时间面对深色时，我的眼睛会疼痛。

蒙太奇纳斯达克二级数据

蒙太奇是我交易平台中最重要的窗口。无论你使用哪个平台，它都是你平台最核心、最有价值的部分。你可以从中发现很多重要的信息。

图2.5显示的是脸书股票的蒙太奇窗口的一个例子。最上面的部分被称为一级数据，显示的是前一个交易日收盘价、成交量、成交量加权均价、当日价格波动幅度和上一笔交易的价格等信息。

此窗口的第二部分被称为二级数据或市场深度信息，显示了特定股票的买卖价和市场流动性。我将在第5章详细讨论如何理解和使用这些信息。此窗口的第三部分是交易者可依据自己的风格设置和添加的热键。在图2.5中，我设置了"以可市价化限价做多（LONG at mrkt. limit）"热键，代表做多；我还设置了"卖半仓""卖全仓"两个热键。第二行是代表做空的"以可市价化限价卖空（SHORT at mrkt. limit）"热键以及另外两个热键——"平半仓"和"平全仓"。我将在后面介绍可市价化限价订单（the marketable limit order）。

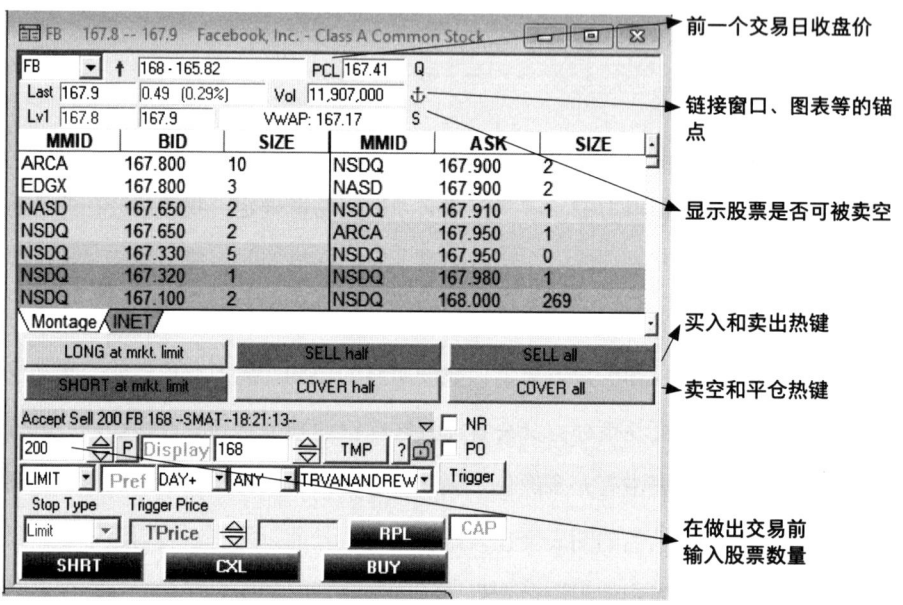

图2.5 达斯平台中的蒙太奇窗口示例

Facebook,Inc.脸书 Class A common stock：A类普通股
PCL：前一个交易日收盘价 Q：纳斯达克
Last：上一笔交易的价格 Vol：成交量 S：可卖空
Lv1：一级价 VWAP：成交量加权均价
MMID：做市商代码 BID：买价 SIZE：规模 MMID：做市商代码 ASK：卖价 SIZE：规模
Montage：蒙太奇 INET：清算系统
LONG at mrkt. limit：以可市价化限价买入 SELL half：卖半仓 SELL all：卖全仓
SHORT at mrkt. limit：以可市价化限价卖空 COVER half：平半仓 COVER all：平全仓
Accept Sell 200 FB 168：接受以168美元的价格卖出200股脸书股票
P：价格 DISPLAY：显示 TMP：临时文件 NR：数量 PO：以往的订单
LIMIT：限价 Pref：优先选择 DAY+：日+ ANY：任何 TRAVAN ANDREW：安德鲁·特拉瓦
Trigger：触发 Stop Type：止损类型 Trigger price：触发价 RPL：替换
SHRT：卖空 CXL：取消 BUY：买入

此窗口的底部包含手动输入订单栏。如果交易者选择不使用热键，则可以手动输入订单。除了定义非常规止损订单外，我一般不使用这部分。我们的牛熊交易者社群（www.BearBullTraders.com）上有介绍如何使用蒙太奇窗口的详细指南，有需要的读者可登录该网站查看。

买卖订单

日内交易主要有三种重要类型的订单：

1. 市价订单（Market orders）；
2. 限价订单（Limit orders）；
3. 可市价化限价订单（Marketable limit orders）。

市价订单

当你使用市价订单时，你是在要求经纪人立即以任何市价为你买卖股票。再说一遍，是任何市价。当你下了市价订单时，无论发生什么情况，你的订单都会以当前市价被执行。限价订单则允许你设定你能接受的最高价或最低价。

使用市价订单时，你的订单基本上会以买卖价范围内不利于你的价格被执行。也就是说，你会以卖价（较高的价格）买入股票，以买价（较低的价格）卖出股票。使用市价订单的问题在于，市场可能会迅速变化，买卖价差也会变化。因此，你的订单可能会以非常糟糕的价格被执行。例如，当买卖价差为10.95—10.97美元时，你预期你的市价买入订单会以10.97美元的价格立即被执行。然而，当你的订单到达交易所时，买卖价差可能变成了11.10—11.15美元，在这种情况下，你的市价买入订单将以11.15美元的价格被执行，比你预期的高了18美分，这真的很糟糕。

做市商和许多专业的交易者靠执行市价订单为生，但我不建议交易者在任何时候下市价订单。市价订单就像空白支票。大多数情况下，市价订单会以非常接近买价或卖价的价格被执行，但有时执行的价格会让你大跌眼镜。

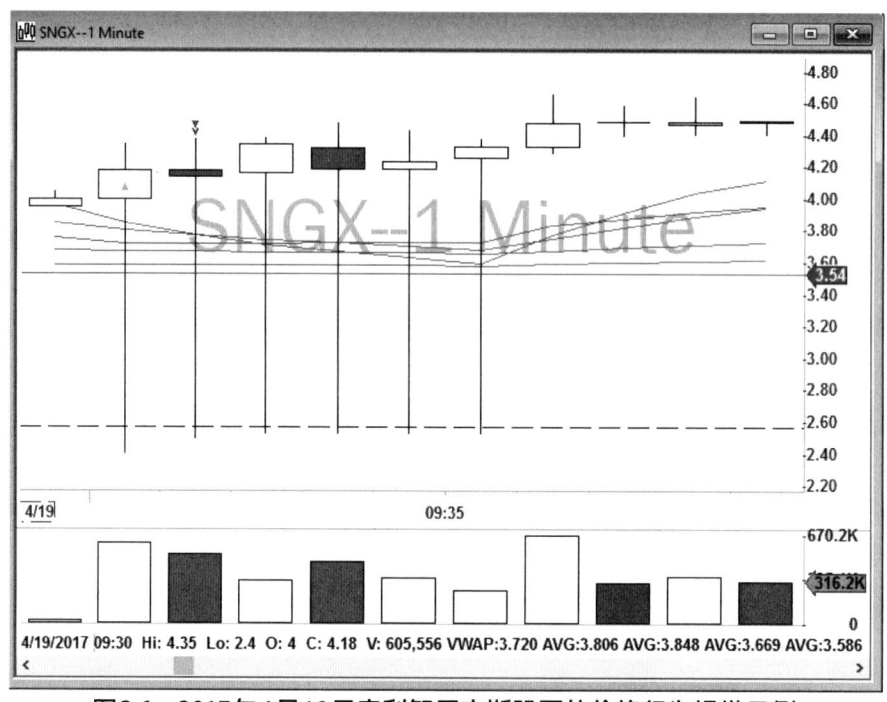

图2.6　2017年4月19日索利智尼克斯股票的价格行为操纵示例

图2.6显示了2017年4月19日索利智尼克斯股票的价格走势。当时这只股票从前一天的收盘价2.59美元上涨至4美元左右，涨幅高达50%以上。我在股市开盘5分钟后交易了这只股票。当时该股票以4.20美元左右的价格交易。但我注意到其价格不断下跌，以2.40美元的价格交易。这些糟糕的订单执行是市价订单的结果，做市商可以操纵股价。这些市价订单以对交易者极为不利的价格被执行。试想一下，你本来想通过市价订单以4.20美元的市价卖出1000股索利智尼克斯股票，但最终的卖出价为2.60美元，每股比预期的价格低了1.60美元（4.20 - 2.60=1.60），这相当于1600美元的损失。正因如此，我总是避免使用市价订单。要尽可能地使用限价订单或可市价化限价订单（有关此类订单的信息，请参见下文）。

另一个例子是2017年11月2日的纽威品牌股票。如图2.7所示，这只股票的交易价格低于成交量加权均价。我在31.80美元附近卖空了它，并在30.20美元左右平了仓。然而，在上午10:12左右，这只股票的价格飙涨至成交量加权均价之上。

图2.7 2017年11月2日纽威品牌股票（NWL）的价格行为操纵示例

这也是做市商操纵股价的例子，因此你应该避免使用市价订单。可能你之前没有看到过缩写VWAP，它指的是股票的成交量加权均价。简单来说，该价格考虑到了以每个价位成交的股票的数量。通过观察这个指标，你能判断出控制股价走势的是买方还是卖方。

限价订单

与市价订单相反，限价订单限制了你愿意为股票支付的价格。你可以指定拟买入的股票的数量及其价格。如在图2.8所示的二级数据截图中，你可以看到我下了两个限价订单。我让经纪人以34.75美元的价格买入了100股梯瓦制药（TEVA）股票，又以34.74美元的价格加仓100股。"规模（SIZE）"是股票的手数量，一手为100股。正如你所看到的，我的订单现在处于二级数据的位置，正在等待被执行。无法保证我的订单会以这些价格被执行。如果价格上涨，我的订单不会被执行，它们将一直处在二级数据的位置，直到价格回落。有时，由于股价

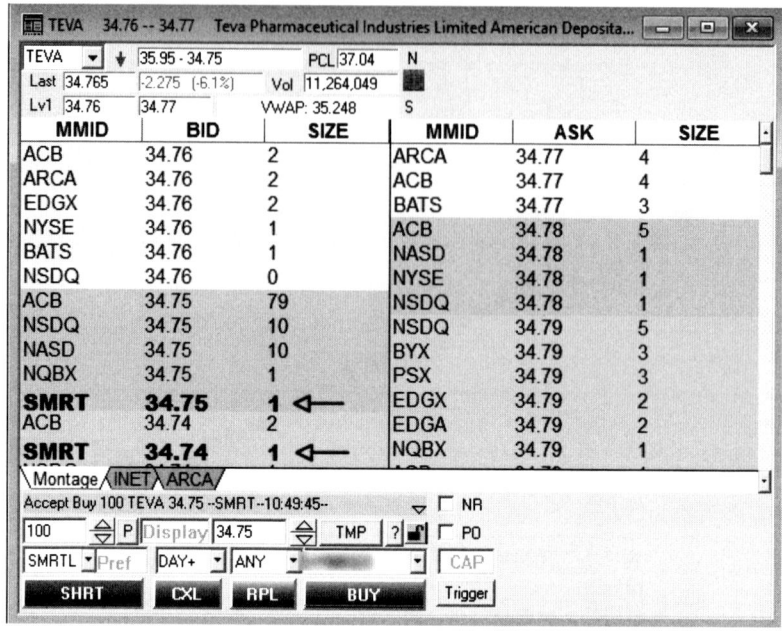

图2.8 梯瓦制药股票纳斯达克二级数据示例

上涨过快，订单会被部分执行。波段交易者通常使用限价订单。

我下了两个限价订单，总共打算买入200股梯瓦制药股票。注意，股票数量（规模）是按手计算的，一手为100股。

可市价化限价订单

日内交易者使用的第三种重要的订单是可市价化限价订单。一旦发出了这种订单，你将会在你设定的价格范围内获得尽可能多的股票。使用这种订单时，你要求经纪人立即为你买入或卖出股票，不过你确定了愿意支付的最高价格，或卖出的最低价格。例如，在图2.8（梯瓦制药股票二级数据）中，你可以要求经纪人以"卖价+5美分"的价格买入100股。收到你的订单后，经纪人将查看卖价并试图执行你的订单。从图2.8右侧的前三行中可以看出，以当前卖价等待卖出的股票有1100股【(4+4+3=11)×100】，因此你的订单可以马上得到执行（就像市价订单一样）。但是，如果在订单得到执行之前，卖价快速上涨，由于你已经授权经纪人可以以一个更高的价格（卖价34.77美元+5美分=34.82美元）买入股票，你的经纪人会试图以不超过34.82美元的价格为你买入100股梯瓦制药的股票。

在卖出或卖空股票时，你可以设定你卖出股票的价格范围。例如，如果你要求经纪人以"买价-5美分"的价格卖出股票，这意味着你不愿意以低于"买价-5美分"的价格卖出股票。

我所有的日内交易都使用可市价化限价订单。我通常以"卖价+5美分"的价格买入，以"买价-5美分"的价格卖出。我将在本章后面的内容中介绍我订单热键的详细信息。

止损订单

止损订单是在股票达到某个价格后被发送到市场的买入或卖出订单。交易者可以利用它们限制损失或保全利润。对于多头仓位，止损卖出订单的价格被设置在低于当前价格。对于空头仓位，止损买入订单的价格被设置在高于当前价格。下面的例子是为脸书股票（代码：FB）设置多头仓位止损。

达斯交易者专业平台有四种类型的止损订单。每一种类型都可以让你使用预先定义的参数自动离场。选择的止损订单类型不同，采取的步骤也略有不同。我们先来看看如何更改蒙太奇窗口中的订单输入类型，如图2.9所示。

1. 使用右键单击蒙太奇窗口的底部区域（黄条之下）；
2. 移动光标到类型；
3. 显示不同的类型。

注意，图2.9中显示的是默认类型。

默认类型

选择默认订单输入类型后，在订单输入区域中的字段数量有限。点击"卖出"或"买入"键会打开一个新窗口，里面包含其他选项，如订单类型、触发价格、限价等，如图2.10所示。

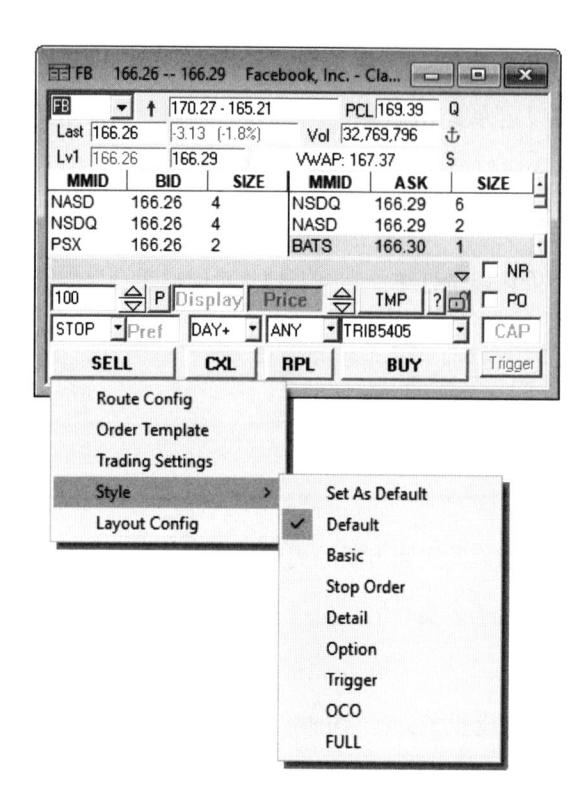

图2.9 如何在蒙太奇窗口中改变订单输入类型的示例

Route Config：路由配置
Order Template：订单模板
Trading Settings：交易设置
Style：类型
Layout Config：布局配置
Set As Default：设置为默认类型
Default：默认类型
Basic：基本
Stop Order：止损订单
Detail：详细
Option：选项
Trigger：触发
OCO：成交一个取消另一个订单
FULL：立即止损

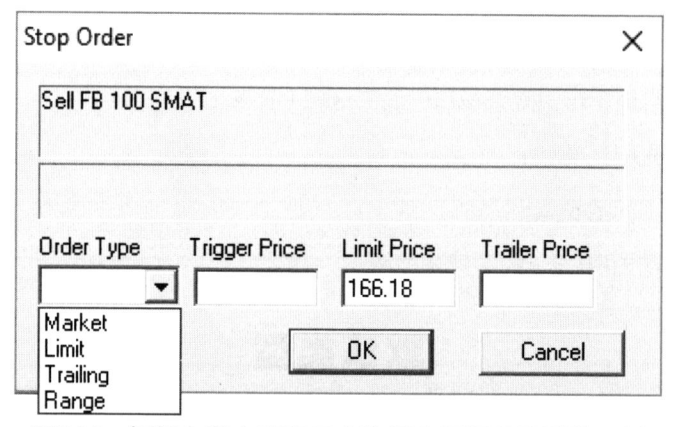

图2.10 如何在蒙太奇窗口中选择止损订单类型的示例

Stop Order：止损订单 Sell FB 100 SMAT：卖出100股脸书股票 SMAT
Order Type：订单类型 Trigger Price：触发价 Limit Price：限价 Trailer Price：追踪价
Market：市价 Limit：限价 Trailing：追踪 Range：区间

止损类型

止损订单输入类型包括向市场发送订单所需的所有字段。图2.11为一个示例。点击卖出或买入键便会激活订单，无须任何额外窗口或确认。

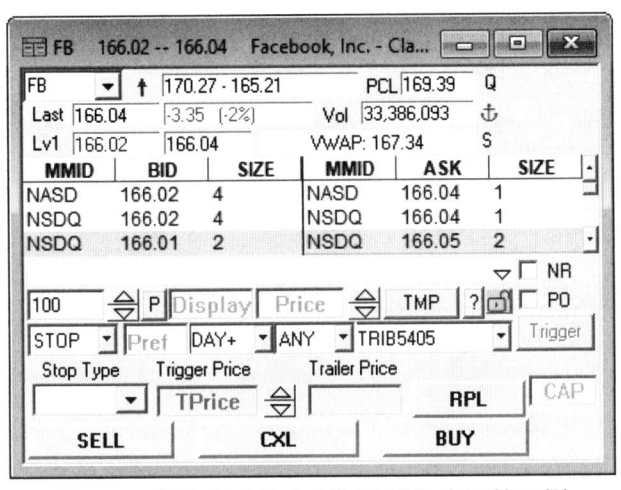

图2.11　蒙太奇中的止损订单输入窗口的示例

下面的示例将展示如何使用这四种止损订单类型。

市价止损

一旦股价达到了触发价格，市价止损订单就变成了市价订单。在这个例子中，我以166美元的平均价格买入了100股脸书股票。如果股票价格下跌1美元（至165美元），我就卖掉持有的这些股票。当脸书的股价达到这个价格时，卖出100股的市价卖出订单会被发出。输入市价止损订单的步骤为：

1. 确保输入正确的股票数量，或者点击P键，自动输入当前持有的100股；

2. 从路由下拉菜单中选择止损；

3. 从止损类型下拉菜单中选择市价止损；

4. 在触发价格这一栏中输入165；

5. 点击卖出键。

图2.12显示的是蒙太奇相应窗口内这些步骤的截图。

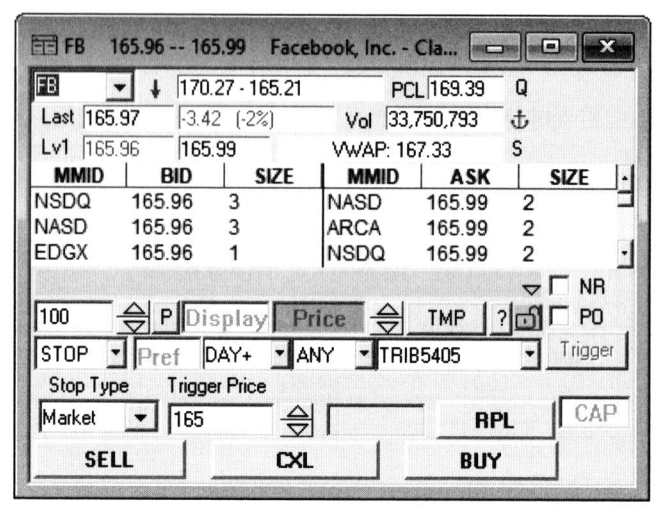

图2.12 如何在蒙太奇中输入市价止损订单的示例

在订单窗口中确认显示的市价止损订单是正确无误的。类型显示的是SM：165，如图2.13所示。

图2.13 确认市价止损订单输入的截图

X	状态	股票代码	卖出买入	数量	未完成数量	类型	价格	账户	路由	时间	股票交易时间
X	已接受	FB	卖出	100	100	市价止损：165美元	166.11美元	TRIB5405	SMAT	11:30:28	日+

或者，你可以编写发送市价止损订单的热键。以下是以低于平均成本1美元的价格发送市价止损订单的示例：

Share（股票）=Pos（可编程对象）；ROUTE（路由）=STOP（止损）；StopType（止损类型）= Market（市价）；Stop Price（止损价）=AvgCost（平均成本）–1；TIF（股票交易的时间）=（DAY）天+；SELL（卖出）=Send（发送）

限价止损

一旦股价达到设定的触发价格，限价止损订单即变为限价订单。然后限价订单就会以限定的价格或更有利的价格得到执行。当股价因动量快速变化时，选择这种止损订单是有用的。使用市价止损订单，可能会使你以比触发价低得多的价格执行订单。相反，如果价格快速下跌至你设定的限价之下，限价止损订单不能保证被执行，这有可能使你无法离场。

例如，我以160美元的平均成本买入了100股脸书公司股票。现在这只股票的价格为166美元。我打算在价格跌至163美元以下时，将收益落袋为安，清仓离场。然而，我只愿意以不低于162.75美元的价格退出。当股价降至163美元时，以不低于162.75美元的价格退出的卖出限价订单就会被发出。

输入限价止损订单的步骤为：

1. 从路由下拉菜单中选择止损；

2. 从止损类型下拉菜单中选择限价；

3. 在价格字段中输入162.75；

4. 在触发价格字段中输入163；

5. 点击卖出键。

图2.14显示了在蒙太奇相应窗口内这些步骤的截图。

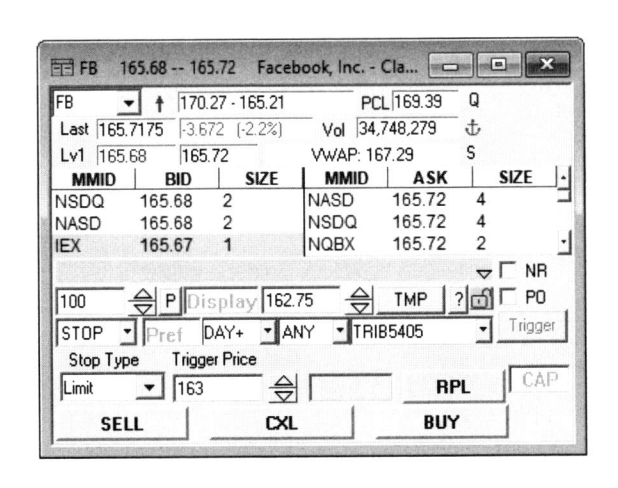

图2.14 如何在蒙太奇中输入限价止损订单的示例

Stop Type：止损类型
Trigger Price：触发价
Limit：限价

你也可以使用热键发送限价止损订单。当股价比平均成本低2%，以低于触发价0.25美元的价格发送限价止损订单的热键为：

Share（股票）=Pos（可编程对象）；ROUTE（路由）=STOP（止损）；StopType（止损类型）=Limit（限价）；StopPrice（止损价）=AvgCost（平均成本）×0.98；Price（价格）= StopPrice（止损价）−0.25；TIF（股票交易的时间）=（DAY）天+；SELL（卖出）=Send（发送）

追踪止损

追踪止损订单也叫移动止损订单，交易者可以使用它保护利润，而且当股价继续上涨时，交易者能利用它使收益最大化。交易者可按低于市场价格的固定金额（追踪金额）设置止损价。当股票的市价上涨时，止损价也随之提高。然而，当股价下跌时，止损价保持不变。可以把止损价想象成单向的阶梯——只能上涨。一旦股价达到了止损价，追踪止损订单就变成了市价订单。

例如，我买了100股脸书公司股票，买入价格为165美元。我下了一个2美元的追踪止损订单。这就把初始止损价设定为了163美元。之后脸书的股价上涨至167美元，新的止损价随之变为165美元。当脸书的股价下跌至166美元时，止损价依然为165美元。当股价下跌至165美元，市价卖出订单会被执行，我清仓离场。另外，若脸书的股价持续攀升，比如上涨至175美元，我的2美元追踪金额仍保持有效。换句话说，我限定了2美元的最大损失额度，但没有限定最大的收益。输入追踪止损订单的步骤为：

1. 从路由下拉菜单中选择止损；

2. 从止损下拉菜单中选择追踪；

3. 在追踪价格字段中输入2；

4. 点击卖出键。

图2.15显示了在蒙太奇相应窗口中这些步骤的截图。

你也可以使用热键发送追踪止损订单。当追踪金额为0.50美元时，用热键发送追踪止损订单的脚本为：

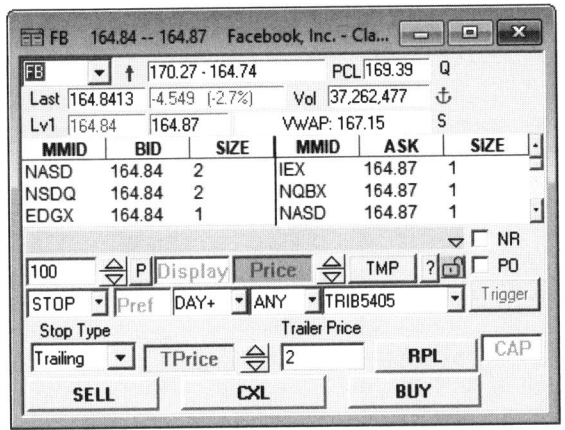

图2.15 如何在蒙太奇中输入追踪止损订单的示例

Stop Type：止损类型
Trailer Price：追踪金额
Trailing：追踪

Share（股票）=Pos（可编程对象）；ROUTE（路由）=STOP（止损）；StopType（止损类型）=追踪（Trailing）；TrailPrice（追踪金额）=0.50；TIF（股票交易的时间）=（DAY）天+；SELL（卖出）=Send（发送）

区间止损

使用这种止损方式时，交易者可以设定止损价和目标价。当一个价格被触发时，另一个订单就被取消。它也被称为成交一个取消另一个订单或区间订单。这类订单的第一部分是止损订单，止损价设定得低于市价。第二部分是利润目标订单，目标价设定得高于市价。这样的设置能使交易者在无须积极管理的前提下顺利开展交易。

例如，我买了100股脸书公司的股票，买入价为165美元。我打算当价格跌至163美元时卖出，这是我的止损订单；当价格达到169美元时获利了结，这是我的卖出订单。当股价达到其中一个价位时，另一个订单立即被取消。输入区间止损订单的步骤为：

1. 从路由下拉菜单中选择止损；

2. 从止损下拉菜单中选择区间；

3. 在区间最低价后输入163；

4. 在区间最高价后输入169；

5. 点击卖出键。

图2.16显示了在蒙太奇相应窗口中这些步骤的截图。

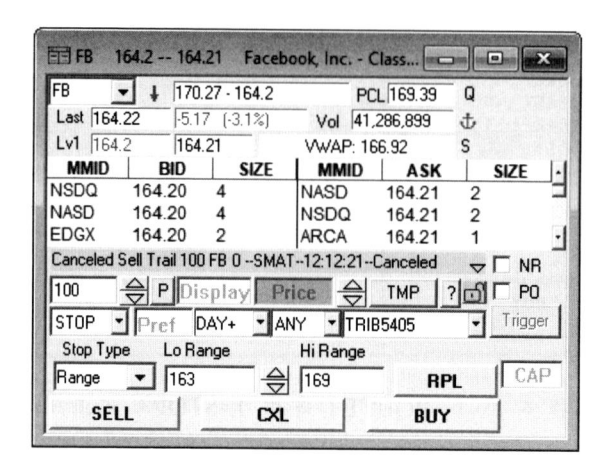

图2.16　如何在蒙太奇窗口中输入区间止损订单的示例

Stop Type：止损类型
Lo Range：区间最低价
Hi Range：区间最高价
Range：区间

热键

热键是可被设置的命令键。通过按下键盘上的组合键可以自动发送订单。专业的交易者会使用热键进入交易、退出交易、下止损订单和取消订单，他们不使用鼠标或任何类型的手动订单输入系统。使用热键可以消除手动输入造成的延迟。如果你能正确地交易，市场的波动性，特别是在股市开盘时，让你有机会获得巨额利润，但如果你动作不快，你也可能遭受惨重的损失。通常情况下，能否正确地使用热键对交易者的盈亏具有重大的影响。

我运用的大多数日内交易策略都需要快速的交易。做日内交易时，行情变化很快，尤其是在股市开盘时。股价可能在几秒钟之内很快触及你的进入价或退出价。为了能高效地开展日内交易，交易者要使用能提供热键的交易平台，这一点很重要。为了快速地做交易，你的热键应该囊括所有可能的交易组合。在我看来，不使用热键就几乎无法做有利可图的日内交易。为了正确编写热键脚本，你最好向经纪人和交易平台支持团队了解相关信息。

对于多头头寸（你可以称之为"做多"，意思是你以某个价格买入股票，希望以后以更高的价格卖出），我使用可市价化限价订单以卖价+5美分的价格买入

400、200和100股。我的"卖出"热键是使用可市价化限价订单以买价–5美分的价格卖出我的一半或全部多头仓位。在卖出时，为了确保订单立即被执行，我会接受买价和低于买价不超过5美分的价格。达斯平台会自动计算出我仓位的一半是多少股。电脑还会计算当前的买价和卖价，并按我指定的价格下单。

同样，对于空头头寸（你可以称之为"卖空"，意思是你从经纪人那里借入股票后卖出它们，希望以后以更低的价格买回股票并偿还经纪人），我以买价或低于买价不超过5美分的价格做空。我的"平仓"热键是使用可市价化限价订单以卖价+5美分的价格买入一半或全部仓位。为了使我的订单立即被执行，我愿意支付比卖价更高的价格（最多高出5美分）。

卖空限制

当股价比前一日收盘价下跌10%或更多时，卖空限制就会被触发。在这种情况下，监管机构和交易所会限制交易者在股价下跌时卖空这只股票。你只能以卖价卖空股票，不能按买价卖空。这意味着优先卖出的是目前持有仓位的卖方，而不是希望从股价下跌中获利的卖空者。如果你想卖空，你就必须以卖价卖出。而真正的卖方可以按买价抛掉持有的仓位。

卖空限制旨在让持有股票的真正卖方先于市场上的卖空者卖出股票。因此，当一只股票处于卖空限制状态时，我会发送按卖价卖出的订单，然后等着订单被执行。在这种情况下，我不能使用可市价化限价订单卖空股票。如果想要获取更多有关卖空限制的信息，交易者可在互联网上进行搜索，也可以通过电子邮件向我咨询，或者登录我们的网站论坛查阅。

使用热键最大的好处是，当股价突然发生变化时，你可以按下它们，以买价卖出全部或一半的仓位，而无须输入新的买价或股票数量。如果你不能掌握热键的使用，你不可能持续地从日内交易中获利。在几个月的模拟交易训练中，你必须掌握如何使用热键。我在使用热键时犯过很多错误。毫无疑问，你也会犯一些错误。这是日内交易学习过程不可避免的，这也是你在实时模拟炒股软件中练习和使用热键极为重要的原因。热键是很棒的工具，但交易者在使用它们时要谨慎。为防止出错，一定要有足够多的练习。日内交易很难，不要因不熟悉热键的使用让日内交易变得更难。

在练习使用热键时，你可能经常出错。我最初在学习使用它们时，为了便于熟悉不同的按键组合，在键盘上贴了贴纸。当我要设定新的热键时，我总是先在模拟炒股软件中练习如何使用它们。经过一段时间的练习后，你最终会记住它们并有效地使用它们。还有一个重要的提醒是：要使用有线键盘。使用无线键盘时，你可能发送重复的按键指令、错误的按键指令，或者根本就无法发送订单，特别是当电池电量不足时。这可能会影响和扰乱你的交易。我曾目睹一些交易者最终陷入困境且损失惨重，因为他们的无线鼠标或键盘的电池电量过低，不能正常运行。为了避免键盘出问题时陷入手足无措的境地，我在办公室里多放了一个键盘备用。有一次，我在做交易时不慎把水溅到了键盘上，键盘无法使用了。幸运的是，我当时没有持任何仓位。我立即购买了两套新的键盘和鼠标，将其中一套放在交易台旁备用。

实时市场数据

由于波段交易者在几天或几周内进入和退出交易，因此互联网上免费提供的盘后数据足够他们使用了。但日内交易者需要实时的盘中数据，因为他们要在几个小时之内，通常是在几分钟之内进入和退出交易。不幸的是，实时市场数据不是免费的，你需要根据自身需要向经纪人支付月费（我向达斯交易者支付月费，因为我使用的不是盈透证券的交易平台）。应该购买哪些市场数据取决于你交易的市场。如果你计划在加拿大市场做交易，那么你就需要多伦多证券交易所实时数据。由于美国市场的成交量大（流动性）和波动性强，我主要在美国市场交易，因此我需要纳斯达克实时数据。没有实时市场数据，你就无法正常开展日内交易。

如果你也打算主要在美国市场交易，那么请你联系经纪人，从对方那里获得实时的纳斯达克全赢二级（Nasdaq TotalView Level 2）数据。你可能需要为这些数据支付月费，不同的经纪人收取的月费有差异。

纳斯达克二级数据和买卖价差

纳斯达克二级数据是数据包的一部分，你有权查看。查看这些数据后，你可以获得关于股票价格行为的重要洞见，包括什么类型的交易者正在买入或卖出股票，以及股票近期可能的走势。二级数据被称为"引领性指标"，这意味着它反映的是交易发生之前的活动。移动均线、K线图和其他大多数指标都被称为"滞后性指标"，这意味着它们提供的是交易发生之后的信息。

二级数据基本上是纳斯达克股票的订单薄。交易者通过许多不同的做市商和其他市场参与者下订单。二级数据展示了每位参与者的最优买价和卖价的列表，可以让你了解股价走势详情。知道谁对股票感兴趣是非常有用的，尤其如果你是在做日内交易。图2.17是二级数据报价的示例。

MMID	BID	SIZE	MMID	ASK	SIZE
BATS	37.23	3	EDGX	37.27	3
NASD	37.23	2	BATS	37.27	1
NSDQ	37.23	2	NASD	37.28	1
NSDQ	37.22	1	NSDQ	37.28	1
ARCA#	37.22	1	NSDQ	37.29	1
ACB	37.22	1	PSX	37.29	1
EDGX	37.20	10	ARCA#	37.29	1
NSDQ	37.18	0	ACB	37.29	1
ACB	37.17	2	NSDQ	37.30	1
NSDQ	37.17	1	ACB	37.31	30
BYX	37.17	1	NSDQ	37.31	1
NSDQ	37.16	3	NSDQ	37.32	16
ACB	37.14	1	BYX	37.33	2
ACB	37.13	2	ACB	37.33	1
ACB	37.12	2	ACB	37.35	2
EDGA	37.00	1	ACB	37.37	1
NQBX	36.58	2	EDGA	37.38	5
IEX	36.31	1	IEX	38.00	1
AMEX	31.42	3	NQBX	38.66	1
PSX	28.35	2	AMEX	38.95	100

图2.17 挚文集团股票（MOMO）的盘中纳斯达克二级数据
（注意：股票数量的单位是"手"，1手=100股）

股市开盘期间的任何时刻，任何正在被交易的股票都有两种价格——买价和卖价。买价是人们愿意为股票支付的价格；卖价是卖方为卖出股票索要的价格。买价总是更低，卖价总是更高，二者间的差异被称为买卖价差。每只股票的买卖价差都不一样。即便是同一只股票，在一天的不同时间的买卖价差也不一样。

从图2.17右侧的第一列数据可以看出，有人通过EDGX（做市商）以37.27美元的卖价提供了300股（3手）挚文集团股票，另有人通过另一家做市商BATS以37.27美元的卖价卖出100股该股票。从买价来看，有不同的市场参与者愿意以37.23美元的价格买入这只股票。想以不同的价格买入这只股票的交易者通过做市商发出了他们的买价，这就是二级数据中的买价那一列【巴兹全球市场（BATS）、全国证券交易商协会（NASD）和纳斯达克（NSDQ）都是这只股票活跃的做市商】。

你从二级数据中获取的最重要的信息就是买卖价差。成交量少的股票的价差更高，因为主宰这类股票的做市商会对那些想参与进来的人收取更高的费用。

在普通的交易日里，交易活跃的股票的买卖价差可能很小，可能只有一美分。随着股价上涨或下跌的速度加快，价差有可能变大。在经历了大幅的下跌或剧烈的反弹后，价差有可能变得巨大——我曾目睹过2美元的价差。

第3章

创建你的股票观察清单

作为一名交易新手，你接下来面临的挑战是，找到适合日内交易的股票。在股市开盘之前，每一位交易者都要有一些可以观察并从中寻找交易机会的股票。这被称为股票观察清单。在本章中，我将介绍如何在盘前找到可交易股票，以及如何使用实时扫描器在盘中找到可交易股票。有太多的交易新手不知道什么样的股票是适合日内交易的好股票，也不知道如何找到这样的股票。他们浪费了太多的交易时日，被高频交易所干扰，误以为市场是不可能进行日内交易的。

可交易股票

"你只能和你交易的股票一样好"是交易界经常重复的一句话。你可能是世界上最卓越的交易者，但如果你的股票价格无波动或者成交量不足，你也无法持续盈利。交易价格无起伏的股票是在浪费时间。你不仅要寻找价格波动的股票，你还要能确定其价格走势是涨还是跌。在一个交易日内价格波动5美元的股票可能不会给你带来较好的风险/回报机会。一些股票日内波动太大，无法看出其价格走势。

经常有人给我发来电子邮件，说他们很难找到适合交易的股票。他们中的许多人都知道如何做交易，他们接受过良好的教育，拥有精良的日内交易装备，但对于如何实时寻找可交易的股票，他们却一窍不通。我当年刚入行时也有过这样的经历。如果你学习了本书第6章介绍的策略却不能持续盈利，那么你有可能交易错了股票。再说一遍，你只能和你交易的股票一样好。你需要找到适合日内交易的股票，我称之为"可交易股票"。

选择"可交易股票"并从中获利的方法不止一种，而且正确的方法也不止一种。本章详细介绍了我和社群内的许多交易者发现可交易股票的方法。当然，不存在唯一正确的方法。一些交易者交易一篮子股票和指数。我避开了ETF，但有些交易者，比如我的朋友布莱恩（Brian），就经常交易它们。许多交易者开发了过滤器来寻找可交易股票。其他交易者则专注于指数期货。大银行的专业操盘手通常只交易黄金、石油或科技板块。切记，我们是散户，资金有限，我们必须选好"可交易股票"。作为一名日内交易者，你必须高效地利用时间和购买力。

可交易股票能提供极好的风险/回报机会，比如下跌幅度为5美分，上涨幅度为25美分或者下跌幅度为20美分，上涨幅度为一美元，即跌涨幅度之比为1∶5。它们的价格总是即将上涨或下跌。它们在波动，并且它们的波动是可预测的、频繁的和可观测的。一只好的日内交易股票提供了许多极好的风险/回报机会。

每天都有新的可交易股出现，交易这类股票可以让你最高效地利用你的购买力。它们经常能在盘中提供更好的风险/回报机会，能让你更好地执行你的想法和交易规则。交易这类股票可以助你对抗算法程序。

那么，什么样的股票是可交易股票呢？这类股票可能是：

● 有新消息传出的股票；

● 股市开盘前上涨或下跌幅度超过2%的股票；

● 盘前交易活动异常的股票；

● 交易达到重要的盘中水平的股票。

你要记住这一点：散户不适合交易所有的股票，他们只适合交易相对成交量大的股票。一些股票，比如苹果公司，日均成交量高达数百万股，而其他股票的日均成交量只有50万股，那么，这是否意味着你应该只交易苹果公司的股票呢？答案是否定的。成交量的大小是相对而言的。你不能只看总的成交量，有些股票的成交量通常很大，你要注意的是成交量高于其平均水平的股票。苹果的股票一天之内的成交量高达3000万股，但可能没有高于其平常的水平。除非这只股票的成交量极不寻常，否则你不应该交易它。如果股票的成交量没有高于正常水平，这意味着交易由机构交易者和高频交易计算机所主导。要远离这只股票。

图3.1　2017年夏迈克高仕股票日线图。
相对成交量大的日子被标注出来了。这几天适合做日内交易。

图3.1是2017年夏迈克高仕控股有限公司股票（代码：KORS）的日线图。如图中的箭头所示，这只股票仅有三天的相对成交量较大。有趣的是，仔细查看图3.1后你会发现，在这几个交易日里，股价出现了上涨或下跌缺口，我在图中标记出了这些缺口。如果你想交易这只股票，你应该只在这几天里交易。在其他的日子里都是正常的、高频的算法交易。当然，散户应该远离这类正常交易的股票。

相对成交量大的股票的一个最重要的特征是，它们的交易独立于其所在板块和整体市场的表现。当市场疲软时，大多数股票会遭抛售，不管是苹果、脸书、亚马逊还是埃克森美孚的股票，概莫能外。当市场强劲时，大多数股票的价格都会上涨。同样，当你听到有人说市场正处于"熊市"或"崩盘中"时，他并不是指某只股票的表现，而是指整个股市在下跌。板块也是如此，例如，制药板块疲软，意味着所有制药公司的股票都在下跌。

你如何识别市场行为呢？第2章中介绍的指数基金，如道琼斯工业平均指数或标普500ETF，通常是反映整体市场表现的良好指标。若道琼斯指数或标普500ETF显示为红色，则意味着整体市场疲软。若道琼斯指数或标普500ETF表现强劲，那么整体市场将走高。

独立于整体市场、相对成交量大的股票是可交易股票。每天，只有少数股票的交易独立于其所在的板块和整体市场。日内交易者应该只交易这些股票。我有时把它们称为"阿尔法（Alpha）"，因为在动物王国内，阿尔法是处于食物链顶端的捕食者，没有其他生物捕食它。在日内交易中，阿尔法股票是独立于整体市场及其所在板块的股票。市场和高频交易无法控制它们，我们把它们称为"可交易股票"。

记住这一规则是明智之举：散户只交易可交易股票，即具有基本面催化剂、相对成交量大、行情不受整个大盘影响的股票。

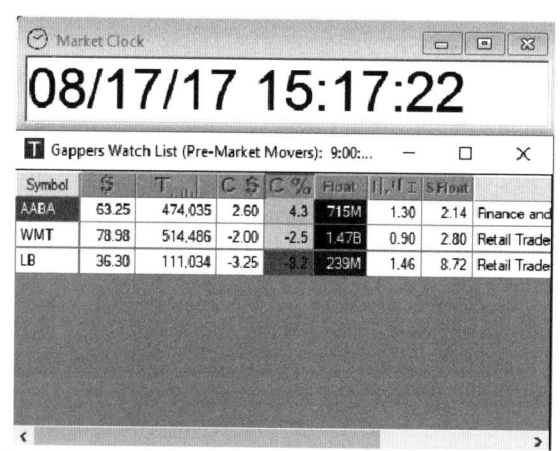

图3.2　我扫描器的跳空股观察清单显示，2017年8月17日劳伦银行股票（LB）在盘前出现了大幅的跳空下跌

表中第一行的含义：

股票代码	价格（美元）	今日成交量（股）	较前日收盘价涨跌额（美元）	较前日收盘价涨跌幅度（%）	流通量（股）	真实波动幅度均值	卖空股占流通股比例（%）

为了说明这一点，我们回顾一下2017年8月17日劳伦银行的股价走势。如图3.2所示，这只股票的价格在盘前跳空大跌了8.2%。图3.3显示的是标普500ETF的走势（大盘行情指标）和劳伦银行的股价走势，从中可以看出，它们的走势完全相反。

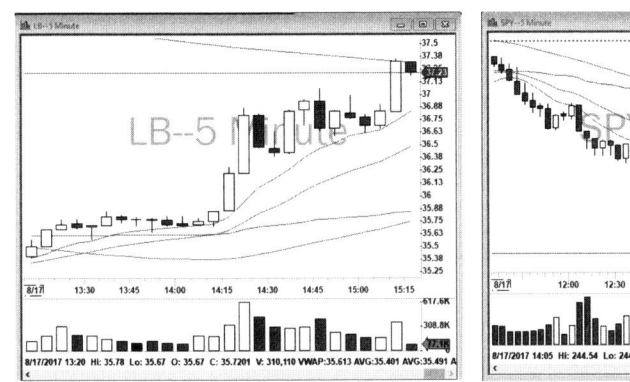

图3.3　劳伦银行股票和SPY的走势比较

需要注意的是，大盘正在下行（SPY被视为大盘行情指标），而同期劳伦银行的股价在上行。

是什么使一只股票成为可交易股票？通常是交易前一天或当天有关股票的基本面信息的公布。公司的重要新闻或事件对其在市场中的估值有重大影响，从而成为其价格走势的基本面催化剂。

以下是一些使股票变得适于日内交易的基本面催化剂例子：

- 盈利报告
- 盈利警告或预报
- 盈利惊喜
- 获得FDA批准或未获批准
- 合并/收购
- 联盟、合作伙伴关系或主要产品发布
- 赢得/失去大合同
- 重组、裁员或管理层变更

● 股票分拆、回购或债券发行

我会在盘前查看所有价格涨跌幅度超过2%的股票的新闻，并确定我的跳空股观察清单（我将在后面做进一步的解释）。通常情况下，可交易股票在几天后仍然可被交易。

我将在第6章解释具体的日内交易策略，如牛旗（Bull Flag）、坠落天使（Fallen Angel）和成交量加权均价策略。目前你面临的主要问题是如何找到适合各个策略的股票。我把散户交易的股票划分为了三类。根据我的经验，这一分类可为你寻找适合交易的股票以及选择适宜的策略提供明确的参考。

流通量和市值

在介绍这三类股票之前，我先要解释一下股票"流通量（float）"和"市值（market capitalization 或 market cap）"这两个概念。前者指的是市场上可供交易的股票的数量。后者指的是公司所有股票的总市值，其计算方法是公司的流通量乘以当前的市价。例如，2018年5月13日，苹果的股价为每股188.59美元，其市值为9278.6亿美元，创下了历史新高。由于截至2018年5月13日苹果公司发行了49.2亿股股票，因此这只股票被视为"大盘股"。这类股票的价格日波动幅度不大，平均来看，可能只有一两美元，因为要使其价格大起大落需要有极大的成交量和大量的资金。由于这类股票的波动性不大，日内交易者不喜欢它们，他们寻找的是波动幅度大的股票。

有些公司的流通股数量则很少。例如，赛斯卡医疗公司（代码：KOOL）只有120万股流通股，这意味着市场上这只股票的供应量较少，因此，大量需求可能会很快改变其价格。低流通量股的波动性可能很大，变化速度也很快。大多数低流通量股的价格都在10美元以下，因为发行它们的公司大多处于早期发展阶段，还没有实现盈利。它们希望增长，而且通过增长，发行更多股票，从公开市场募集更多资金，逐渐成长为大盘股。这些低流通量股也被称为"小盘股"或"微盘股"。日内交易者喜欢流通量低的股票。现在我们来看看这三类股票。

第一类是价格低于10美元的低流通量股。这类股票的价格极不稳定，日波动幅度可能高达10%、20%、100%，甚至1000%。没错，波动幅度就是这么大！你必须小心谨慎地对待这类股票。你能在一笔交易中将1000美元变成10000美元，也可能把1000美元变成10美元。价格不足10美元的低流通量股通常是被高度操纵的，很难交易，因此只有经验非常丰富、装备精良的散户交易者才应该交易这些股票。我一般对它们敬而远之。如果有人声称，他在一个月内就将1000美元变成了10000美元，而且如果他说的是真的，那么他一定是交易了这种低流通量股票。没有新手或具有一定经验的交易者能这么精准高效地完成这样的交易。若新手想尝试交易这类股票，那么他很可能会在几天内血本无归。

就低流通量股而言，运用我在第6章中介绍的"牛旗策略"和"坠落天使策略"效果最好。我在本书中介绍的其他策略不适用于价格不足10美元的低流通量股。

通常情况下，你不能卖空低流通量股。卖空股票时，你需要从经纪人那里借入股票。经纪人一般不会借给你波动性如此大的股票。即使经纪人愿意借给你，我也强烈建议你不要尝试卖空它们。这类股票的价格很容易暴涨，你会损失惨重。不卖空高风险股票，你也绝对有可能成为一名盈利的全职日内交易者。风险这么大的交易就留给华尔街那些专业人士吧！

对于新手来说，交易低流通量股非常困难。新手很难判断这类股票接下来的价格走势，因此很难在交易时管控风险。我不鼓励新手交易这类股票。一旦出了差错，他们遭受的损失可能让许多收益化为乌有。

第二类是中等流通量股，它们的价格通常在10美元至100美元之间。这类股票的流通量一般在2000万股至5亿股之间。我在本书中介绍的许多策略都适用于这类股票，尤其是成交量加权均价交易策略（VWAP）和ABCD形态策略。价格高于100美元的中等流通量股一般不受散户日内交易者的青睐，我本人也避免交易这样的股票。因为它们的价格很高，你通常无法大量买入。

第三类股票是像苹果、阿里巴巴、雅虎、微软和家得宝这样的大盘股。它们是成熟的公司，市场上可供交易的股票的数量通常在5亿股以上，日成交量多达数百万股。正如你所猜测的，只有在机构交易者、投资银行和对冲基金买入或卖出大量仓位时，这些股票的价格才会起伏。

通常情况下，我们这样的散户交易的股票数量为100—1000股，无法改变这类股票的价格。散户应该避免交易它们，除非有良好的基本面催化剂助力。与中等流通量股票类似，VWAP和ABCD形态策略适合这类股票。不过，不要忘了这一点：不要交易这类股票，除非有基本面催化剂助力。它们被电脑和高频交易员大量交易，不适合散户做日内交易。

表3.1总结了这三类股票的特点及适用的策略。

表3.1 三类股票的特点及适用的策略

流通量	价格	我喜欢采用的策略（详见第6章）
低流通量（低于2000万股）	不足10美元	牛旗和坠落天使策略
中等流通量（2000万股至5亿股）	10—100美元	所有策略，主要是VWAP和开盘区间突破策略
高流通量（高于5亿股）	通常高于20美元	所有策略，主要是VWAP策略

低流通量股的价格极不稳定，交易它们很困难。它们的股价波动非常快，因为它们的价格比较低，股价波动会使你仓位的波动幅度更大。例如，当你以每股1美元的价格交易一只股票时，价格每上涨或下跌1美分，你的仓位就会有1%的波动幅度。而当你以每股40美元的价格交易一只股票时，1美分的变化只代表仓位0.025%的波动幅度。因此，当你持有低流通量股时，管控交易风险更为困难。

交易员通常称这些低流通量股为"跑动股（runners）"，或者在盘前评估它们时，称它们为"前跑动股（former runners）"。这是指如果这些股票获得较大成交量，它们的价格就会大幅波动。图3.4显示了研控科技有限公司股票（代码：RCON）的日线图。这只股票的流通量仅为1140万股。正如你所看到的，大多数时候它的日均成交量都非常低。但在2018年1月9日当天，有关该公司的重要消息发布，这只股票的价格从2美元飙升至5.50美元以上（盘中涨幅接近300%），而且成交量很大。图3.4也显示了类似的例子，它是中网载线控股有限公司股票

（代码：CNET）的日线图。这只股票的流通量为760万股。由于加密货币业务的增长给这家公司带来了利好消息，它的股价从2美元飙涨至近12美元，涨幅约为600%。

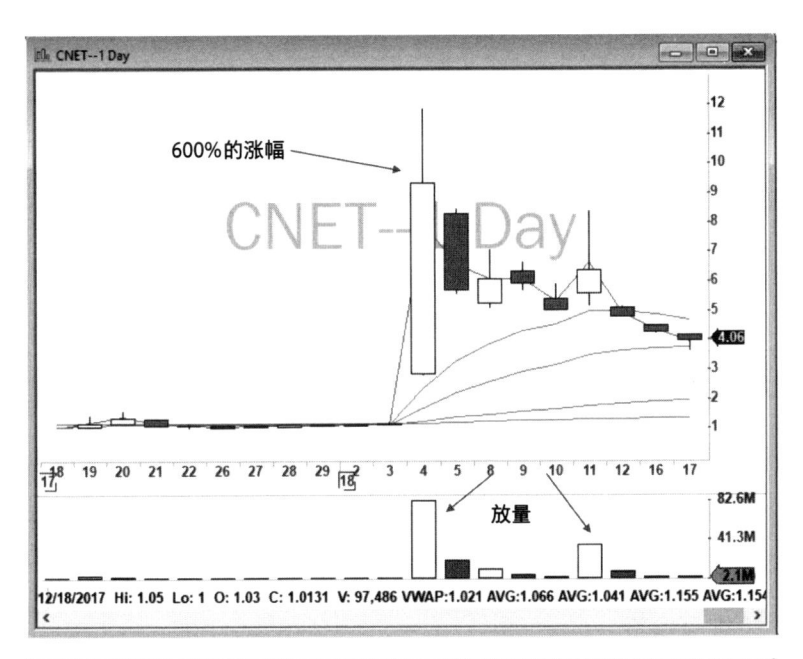

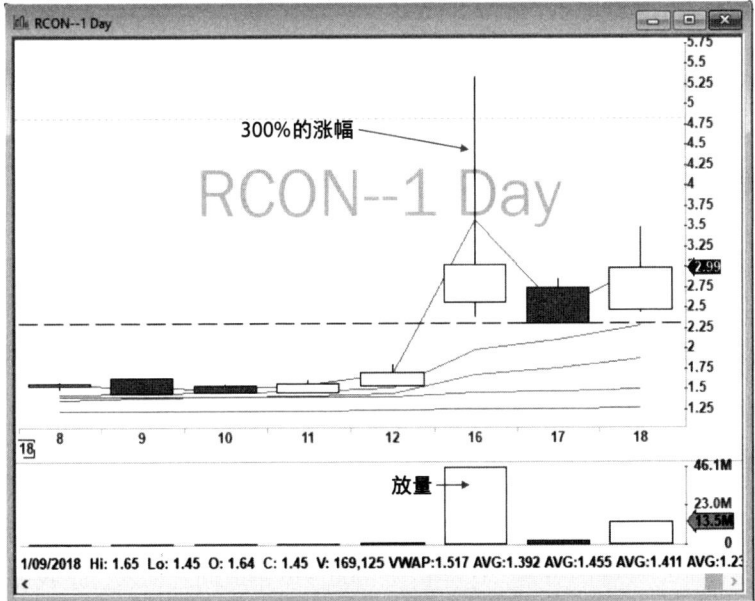

图3.4 前跑动股中网载线和研控科技

新手的交易结果差异很大的一个主要原因是，他们交易了不同类型的股票并得到了不同的结果。有的新手在低流通量股的交易中损失惨重，在中流通量股的交易中获得了少量盈利，之后他们再次交易了低流通量股并获利丰厚。这就是他们的投资组合经常上下波动的原因。但通常情况下，他们的资本会逐渐缩水，有时则会快速缩水。

我强烈建议交易者在职业生涯的初期阶段避免交易低流通量股，专注地锻炼交易中流通量股的技能。根据我的经验，在低流通量股交易中遭受损失是新手爆仓的首要原因。

盘前跳空股

经验丰富的交易者很重视在正确的时间买入正确的股票，因为即使是世界上最出色的交易者，买入了错误的股票也会赔钱。正如我所提到的，你只能和你交易的股票一样好。每天早上，我们的交易社群都会使用交易点子（Trade Ideas）扫描器寻找可交易股。寻找这类股票的方式有两种：

- 盘前观察清单
- 实时盘中扫描

我们为盘前跳空股扫描器设定的标准为：

- 盘前跳空上涨或跳空下跌的幅度至少为2%
- 截至上午9:00，盘前成交量至少为10万股
- 日均成交量超过50万股
- 股票的真实波动幅度均值（即日均波动幅度）至少为50美分
- 该股有一个基本面催化剂

为何订立这些标准？

当存在基本面催化剂时，股票会出现异常的盘前活动。在股市开盘前，可交易股会被大量交易（如10万股），股价会出现跳空上涨或下跌。

我寻找流动性强的股票，这样买卖1000股就不成问题，这正是我关注日均成交量超过50万股的股票的原因。我也寻找波动幅度不错的股票，这是我重视

ATR指标的原因。如上所述，ATR是指股票的日均波动幅度。如果某只股票的ATR是1美元，那么你可以预期其价格每天的波动幅度为1美元左右，这是很不错的数字。如果你持有1000股这只股票，那么你可以从对它的交易中获利1000美元。但是，如果一只股票的ATR只有10美分，那么它对我来说没什么吸引力。

图3.5显示了我的观察清单截图。在纽约时间2017年4月17日上午9:00，我的扫描器上显示了这些股票。

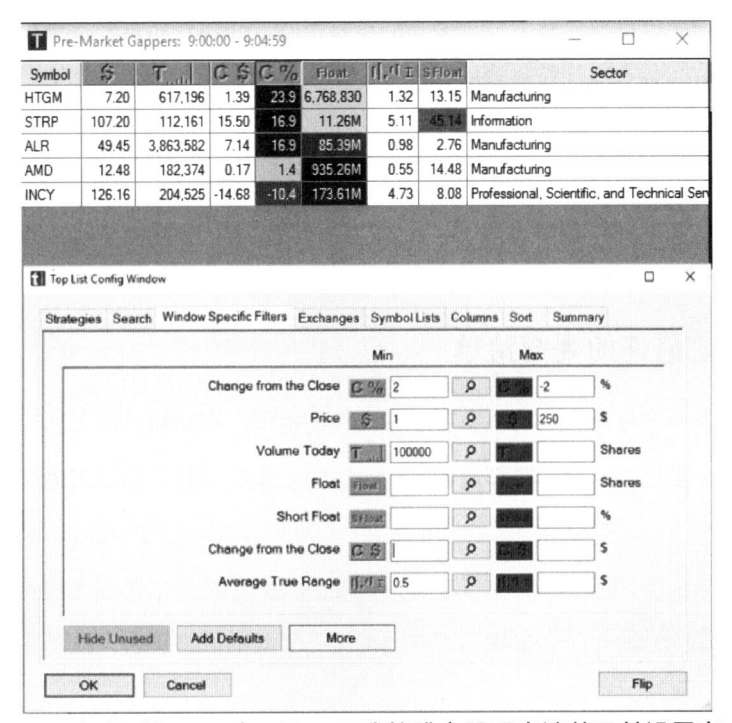

图3.5　东部时间2017年4月17日我的跳空股观察清单及其设置窗口

Pre-Market Gappers：盘前跳空股
Min：最小值　Max：最大值　Change from the Close：较前日收盘价涨跌幅
Price：价格　Volume Today：今日成交量　Float：流通量
Short Float：卖空股占流通股比例　Average True Range：真实波动幅度均值

如你所见，我输入了拟搜索的股票的参数。窗口有很多参数，比如流通量、卖空股占流通股的比例、价格、较前日收盘价涨跌（幅度）等。交易者可根据自己的交易风格设定参数，创建独特的观察清单。

从图3.5的顶部可以看出，我在观察清单中突出显示了跳空幅度和流通量这两列参数。我从7000多只股票中只找到了5只候选股。在上午9:30股市开盘之前，我会审视每一只股票的情况，查看它们的新闻，了解它们的股价为什么会出现跳空缺口。这只股票有没有基本面催化剂？有什么新闻报道或迹象表明该公司发生了极端事件吗？

经过一番调查后，我通常会从中选出两三只股票密切关注。你无法同时密切观察八只股票的行情，并且，好的候选股通常不会超过两三只。我会密切关注屏幕上最好的两三只候选股，寻找潜在的交易机会。我会在股市开盘前制订好交易计划，等着开盘，然后执行我的交易计划。

有时运用跳空股扫描器甚至无法找到一只符合我交易标准的股票。在这种情况下，我会使用盘中实时扫描器来寻找可交易股（我将在后面做详细的解释）。不过，我的首选始终是我盘前跳空股观察清单中的"可交易股票"。

如何确定最终的观察清单

我的下一步是缩小盘前跳空股观察清单的范围。有时候，进入这一清单的股票可能有十多只，这些股票都是可以交易的吗？我要把它们都纳入最终的观察清单吗？非也。

为了缩小选择范围，我除了查看每只股票是否存在基本面催化剂外，还会研究它们的盘前活动。我会寻找是否有明确统一的盘前价格行为，以及是否有明确的交易水平。

什么是明确统一的盘前价格行为呢？我们来看一些例子。

2017年4月17日，因塞特医疗股票（INCY）进入了我的跳空股观察清单（如图3.5所示）。图3.6显示了这只股票的盘前活动状况。如你所见，这只股票的盘前成交量分布相对一致，其5分钟K线图上显示的价格走势也很明确。这只股票的交易从上午7点左右开始活跃，有着明确的交易水平，股价缓慢上涨至127美元左右，而且在9周期指数移动均线处获得了潜在的支撑。

2017年4月17日，艾利尔公司的股票（ALR）也出现在了我的跳空股观察清

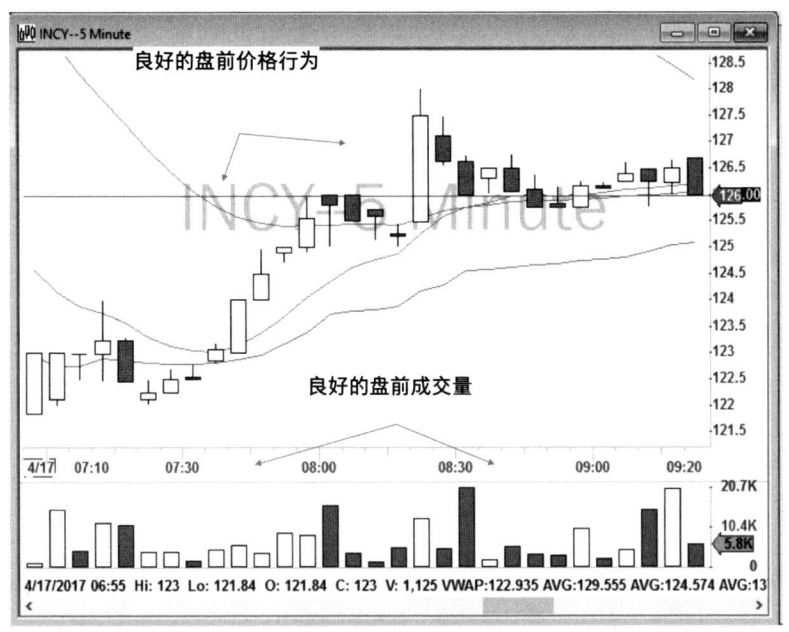

图3.6　因塞特医疗股票的盘前活动

单上，其盘前活动如图3.7所示。从图3.5所示的跳空股观察清单可知，这只股票的盘前成交量约为380万股。仔细观察其价格走势图（图3.7），你会发现其盘前的价格走势几乎是平的，没有表现出明显的波动或变化。这样的价格行为对日内交易者很不利。盘前成交量高但价格没有起伏，这通常是"股权收购"新闻的迹象。这意味着股票是以商定的价格买入的，尽管价格出现了跳空缺口，但当天没有交易它的机会。事实上，在查看新闻后，我得知雅培（ABT）已于2017年4月14日（星期五）宣布以每股51美元的价格收购艾利尔公司。

　　因股权收购导致股价出现跳空缺口的现象在股市里很常见。但需要记住的一点是，这类股票是不适宜交易的。当一家公司收购另一家公司时，收购价是已确定的，通常不会有什么波动，所以你就没有什么交易机会。图3.8显示的另一个例子。是黑鹰网络控股公司股票（HAWK）被银湖和P2资本合伙人以每股45.25美元的价格收购（总交易额为35亿美元）。收购价格比2018年1月12日（周五），即前一个交易日的收盘价36.50美元高出了24%（2018年1月15日是美国节假日），这是一个很大的缺口，但这只股票是不适宜交易的。

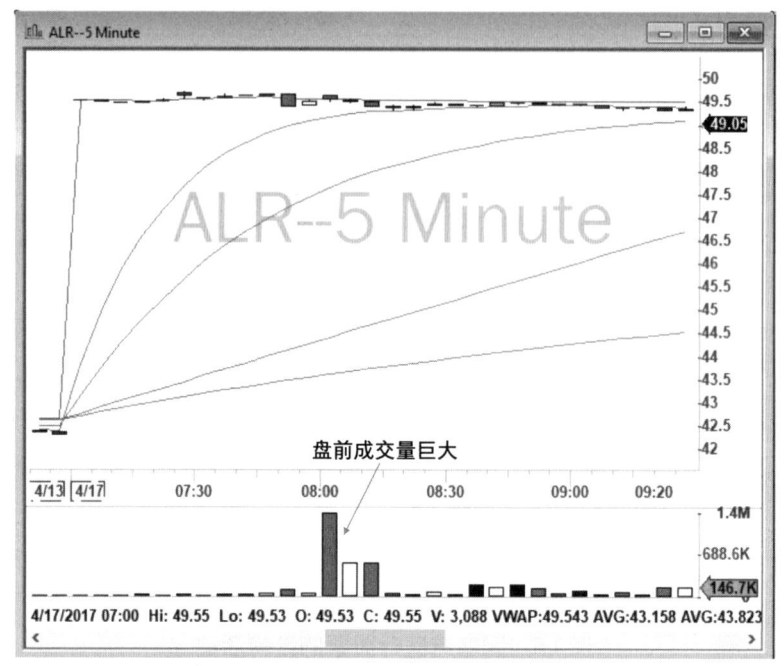

图3.7 显示了2017年4月17日（周一）艾利尔股票盘前活动的5分钟K线图。雅培已经于2017年4月14日以每股51美元的价格收购了艾利尔公司。17日这只股票的价格走势平缓，交易价格接近收购价。当天交易这只股票没什么意义

交易者可以通过以下两个指标识别此类收购：

（1）盘前的价格走势几乎是平的，盘前交易价格接近于（通常是略低于）收购价。就黑鹰网络控股公司的股票而言，其盘前交易价格为每股44.95美元，接近每股45.25美元的收购价；

（2）以固定价格成交的股票的数量很多。如此大的成交量意味着参与交易的是机构交易者和投资者。

黑鹰网络控股公司刚被两家公司以每股45.25美元的价格收购。其盘前股价接近于收购价，价格走势平稳。交易这只股票没什么意义。

我们现在举另一个从盘前活动中看出不适合交易的股票例子。如图3.9所示，诺萨特股票的价格在盘前出现了跳空上涨，但其盘前的价格行为和成交量不明确。

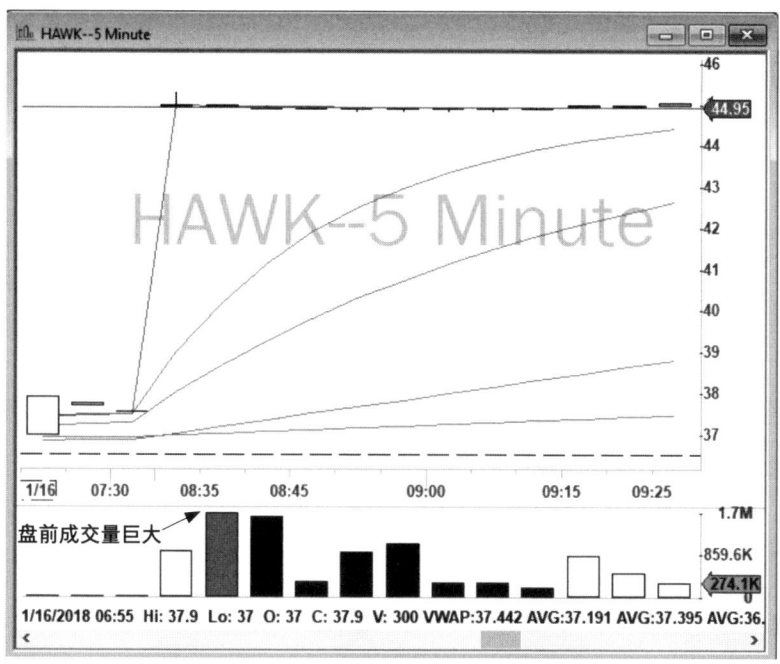

图3.8 显示了2018年1月16日黑鹰网络股票盘前活动的5分钟K线图

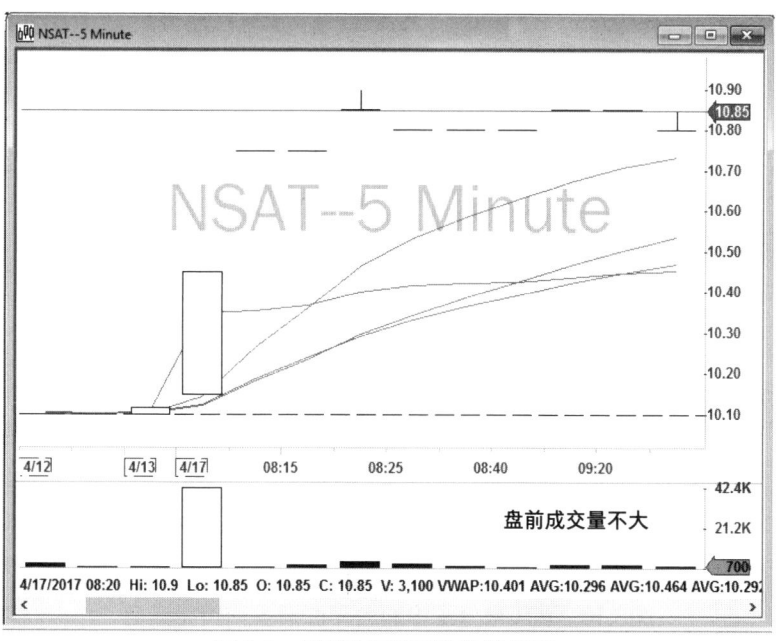

图3.9 诺萨特股票的盘前活动

在开盘前缩小股票观察清单的范围有时可能具有较强的主观性。交易者对股票的盘前活动可能有不同的看法。你在每个交易日早上为你的最终观察清单找到正确股票的技能将随着经验的积累而提高。

图3.10显示的是HTGM分子诊断公司股票的价格走势，它是我2017年4月17日观察清单上的另一只股票。如你所见，这只股票的盘前价格走势相对明确统一，成交量数据也不错。

不过，我必须再次强调，不同的交易者对明确价格行为的界定有差异，而且在不同的交易日里，交易者对此的界定也有所不同。你每天早晨要做的就是找到最好的价格行为。在一些日子里，你可能会发现很多价格行为明确和成交量大的股票，而在另一些日子里，你可能只能找到少数几只这样的股票。不管怎样，你要记住这一点：宁缺毋滥，宁可观察清单上空空如也，也不要拿成交量少、没有什么盘前活动的股票充数。

图3.10　HTGM分子诊断公司股票盘前价格走势

正如我之前提到的，为了选出最适合交易的股票，你需要在盘前考虑这两个因素：成交量和明确的价格行为。切记这两个因素都要考虑到，只考虑盘前成交量是不够的。为了说明这一点的重要性，我们来看看图3.11，它显示的是2017年10月25日我的跳空股观察清单截图。

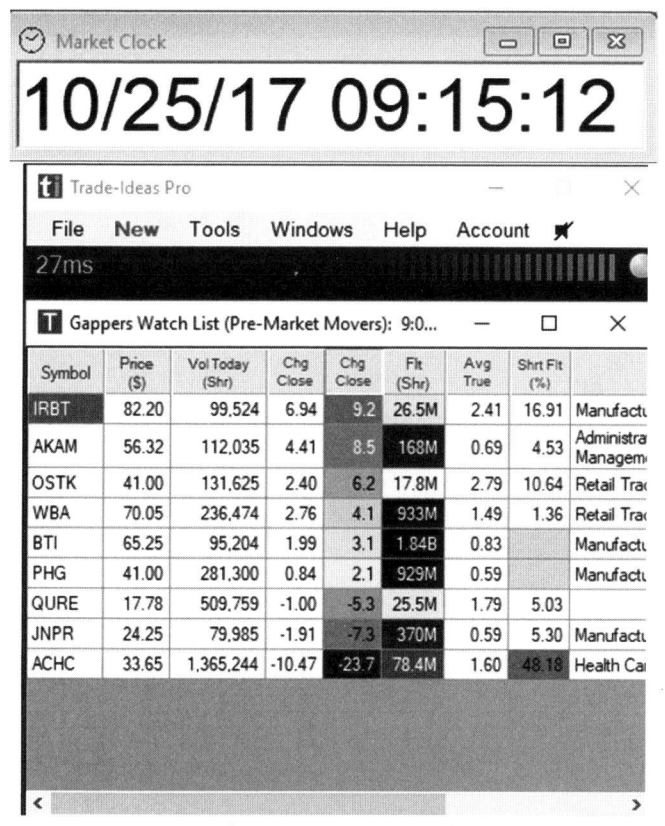

Symbol	Price ($)	Vol Today (Shr)	Chg Close	Chg Close	Flt (Shr)	Avg True	Shrt Flt (%)	
IRBT	82.20	99,524	6.94	9.2	26.5M	2.41	16.91	Manufactu
AKAM	56.32	112,035	4.41	8.5	168M	0.69	4.53	Administra Managem
OSTK	41.00	131,625	2.40	6.2	17.8M	2.79	10.64	Retail Trad
WBA	70.05	236,474	2.76	4.1	933M	1.49	1.36	Retail Trad
BTI	65.25	95,204	1.99	3.1	1.84B	0.83		Manufactu
PHG	41.00	281,300	0.84	2.1	929M	0.59		Manufactu
QURE	17.78	509,759	-1.00	-5.3	25.5M	1.79	5.03	
JNPR	24.25	79,985	-1.91	-7.3	370M	0.59	5.30	Manufactu
ACHC	33.65	1,365,244	-10.47	-23.7	78.4M	1.60	48.18	Health Ca

图3.11　2017年10月25日我的跳空股观察清单

从图中可以看出，飞利浦股票（PHG）赫然在列。当日，这只股票的价格跳空上涨了2%以上，成交量在28.1万股以上。从这两个数据来看，它似乎是一只适合日内交易的好股票，但仔细分析其盘前的价格行为，你会发现事实并非如此。

图3.12显示，飞利浦股票盘前的所有交易活动仅表现为一笔价格为40.96美元、数量为20万股的大交易，这是一笔"大宗交易"。大宗交易或大宗订单，指的是买卖双方以约定的价格买卖大量股票的交易或订单，有时为减少交易对股票

价格的影响，交易发生在开盘时间之外。一般来说，1万股及以上、价格不低于10美元的股票的交易，或价值不低于20万美元的股票的交易，被视为大宗交易。正如你所见，飞利浦股票进入我的扫描器，正是因为这笔大宗交易。但除了这笔交易外，当天没有交易者交易这只股票的活动或兴趣。这只股票没有被列入我的最终观察清单，因为尽管它符合我的最低成交量的要求，但它的盘前成交量和价格行为不够明确。

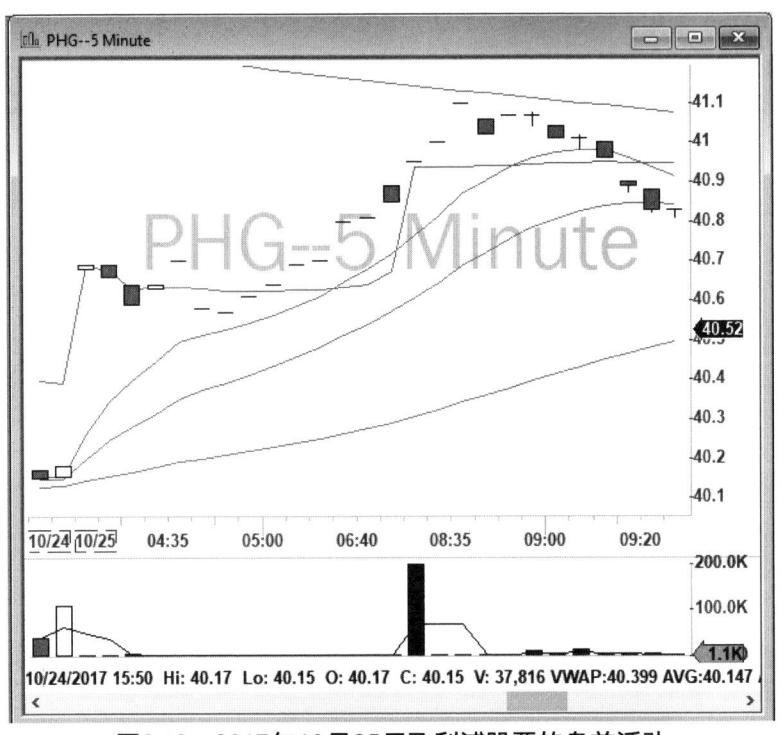

图3.12　2017年10月25日飞利浦股票的盘前活动

经常有交易新手问我，若没有交易点子扫描器，该如何创建跳空股观察清单呢。我建议他们使用网络上（如www.finviz.com）免费提供的扫描器。达斯交易平台有基础的扫描器，用户可免费使用，但它不允许用户通过更改真实波动幅度或流通量等参数来定义更复杂的扫描器。如果你使用的是达斯交易平台，那么你的跳空股观察清单上的许多股票也会经常出现在顶部列表窗口。图3.13显示的是我2017年10月25日的跳空股观察清单，旁边的是当天我的顶部列表窗口。正如你所看到的，许多跳空股观察清单上的候选股票出现在了达斯交易平台的顶部列表中。我在图中做了标记。

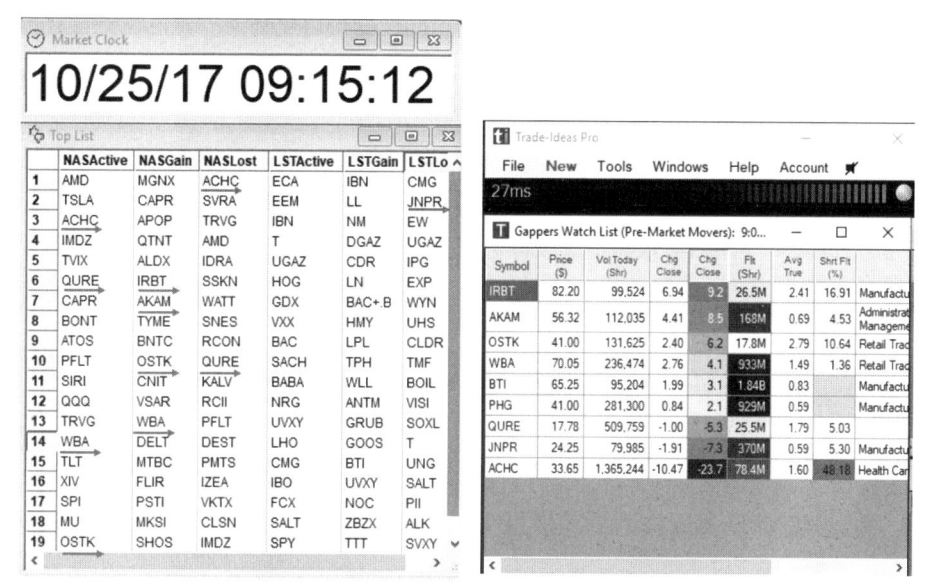

图3.13　交易点子扫描器中的跳空股观察清单与达斯交易平台顶部列表的比较

用箭头做出标记的股票既出现在了跳空股观察清单（右）中，也出现在了顶部列表（左）中。

总之，要从跳空股观察清单中寻找可交易股票，交易者应该：

1. 在5分钟K线图和日线图上，审视候选股票的价格行为，寻找不错的盘前活动。

2. 好的盘前活动是相对而言的，但5分钟K线图上盘前明确统一的价格行为和成交量很重要。在我看来，足够明确的价格行为的具体表现是：股价逐步上涨或下跌，确立明晰的盘前价位，尊重VWAP和移动均线。

3. 将最佳候选股票纳入最终观察清单。

4. 查看日线图，找到重要的交易点位。

实时盘中扫描

有时你在跳空股观察清单上找不到任何好的可交易股。有时许多股票在开盘后会因各种原因，比如之前讨论过的突发新闻，变得可交易了。你通常无法在盘前发现这些股票。因此，在上午9:30股市开盘后，利用盘中扫描器找到活跃股就变得非常重要了。

一些交易者利用专用扫描器来寻找这些股票。根据交易者的策略，可以为扫描器设置众多不同的参数和筛选条件。我自己有一些简单的扫描器，它们通常足以让我找到可交易股。它们并不复杂，只遵循少数基础的基本面和技术面规则。它们很有效，我利用它们取得了不俗的业绩。许多交易平台都有扫描器，你可以使用它们。各种在线网站和供应商既提供基础的实时扫描器，也提供更复杂的实时扫描器。

交易者有很多选择。我个人使用交易点子软件（网址：www.trade-ideas.com），而且我与社群的交易者分享我的扫描器。这是一款收费软件，使用者需按月或按年向公司支付费用。该公司还提供各种服务，感兴趣的读者可登录前述的网址查看。

图3.14显示了我每天使用的扫描器的概况。接下来我将简要介绍每一部分的内容。感兴趣的读者可登录我们的网站查阅有关扫描器的详细信息。如果你是我们社群的成员，你可以轻松地将我的相关设置下载到你的交易点子软件中。

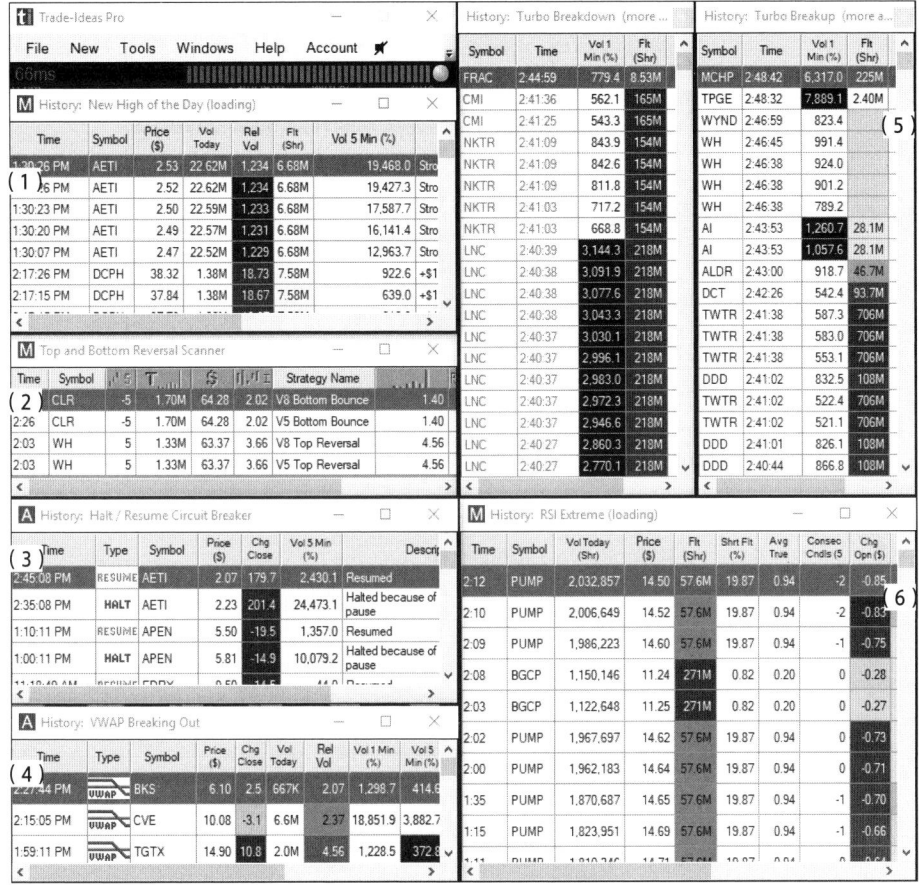

图3.14 我的交易点子扫描器概况：（1）当日新高；（2）顶部和底部反转；
（3）熔断；（4）成交量加权均价突破；（5）巨量创新高和巨量创新低；
（6）相对强弱指数（RSI）极值。

当日新高

对于牛旗策略，你要找到价格上涨的低流通量股票。这些股票的价格通常会走向极高，并不断创下当日新高。除非你使用了优质的盘中扫描器，否则你无法发现这些股票。这个扫描器可以找到那些以强劲的势头创下当日新高的股票。为了找到出现这类价格走势的股票，我在交易点子软件中设定了一个当日新高扫描器。每当符合条件的股票的价格创下当日新高时，扫描器就会发出提示。

图3.15显示的是当日新高扫描器示例。图3.16显示的是2018年1月9日该扫描

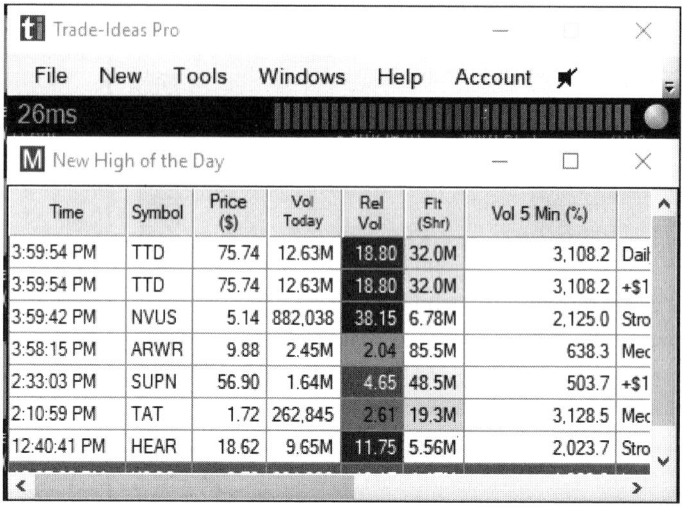

图3.15 我的当日新高扫描器示例

New High of the Day：当日新高 Rel Vol：相对成交量
Flt(Shr)：流通量 Vol 5 Min(%)：5分钟成交量（%）

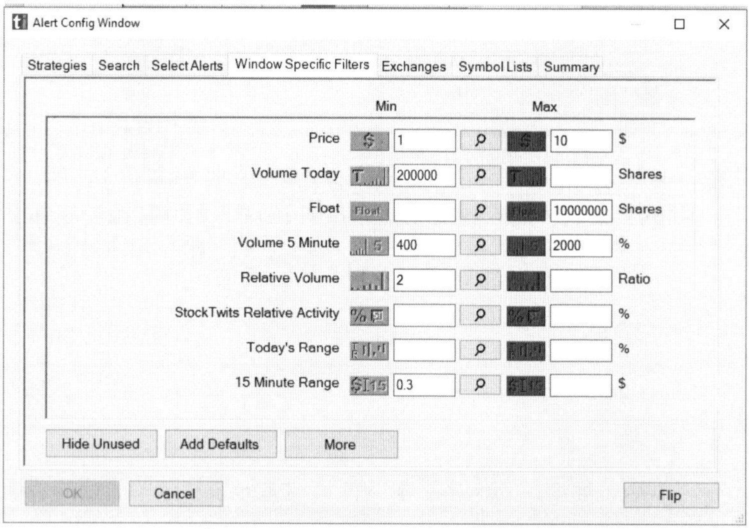

图3.16 2018年1月9日我的盘中实时当日新高扫描器设置

Float：流通量 Volume 5 Minute：最近5分钟成交量
Ralative Volume：相对成交量 15 Minute Range：15分钟价格波动幅度

器设置的截图。通过以下标准我找到了创下当日新高的低流通量股：

- 价格范围：1—10美元
- 今日成交量至少为20万股
- 流通量最多为1000万股
- 最近5分钟的成交量为平时的400%—2000%
- 当前的成交量至少是平时平均成交量的2倍
- 15分钟的价格波动幅度至少为0.30美元

顶部和底部反转扫描器

你无法在盘前使用顶部和底部反转策略寻找股票，你必须使用盘中实时扫描器。图3.17显示的是我的顶部和底部反转扫描器截图，图3.18显示的是我的扫描器设置的截图。

正如你所看到的，我正在对市场进行实时扫描，寻找正遭抛售或价格飙涨的股票，以便我在交易中使用反转策略。我将在第6章介绍更多有关这些策略的内容。

我在这里仅展示了扫描器的截图，没有详细介绍具体细节。我将在第6章解释针对每一种策略运用扫描器筛选各类股票的方法。如果你自己制定了新的交易策略，你也可以自行定义新的扫描器。这些扫描器易于调整，你可以随时更改参数。这里显示的是对我有用的参数。随着你经验的积累，在了解了更多的策略和你的交易风格后，你可能会决定自行定义新的扫描器。

许多交易新手最初并不需要扫描器。如果你加入了我所在的日内交易者社群，你将能实时看到我的扫描器。使用这些扫描器的费用不低，每月大约需要100美元。在你向日内交易职业生涯过渡的早期，你可能希望尽量降低开支。

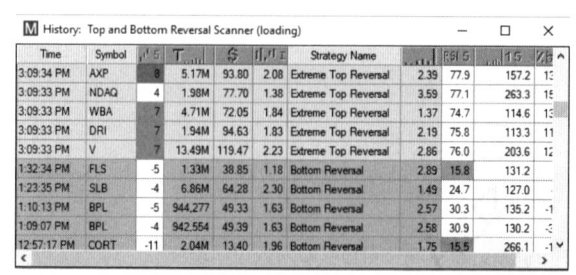

图3.17 我的盘中实时顶部和底部反转扫描器

表格第一行的含义：

| 时间 | 股票代码 | 连续的K线数量 | 今日成交量 | 价格 | 真实波动幅度均值 | 策略名称 | 相对成交量 | 5分钟相对强弱指数 | 15分钟成交量 | 在布林带中的位置 |

表格中策略名称：

Extreme Top Reversal：极端顶部反转　Bottom Reversal：底部反转

Average True Range：
真实波动幅度均值
Position in Bollinger Bands (5 Minutes)：
在布林带的位置（5分钟）
Change 30 Minute：
30分钟变化
2 Minute RSI：
2分钟相对强弱指数
Consecutive Candles：
连续的K线数量
5 minute candles：
5分钟K线
Average Daily Volume(5D)：
日均成交量（5日）
5 Minute RSI：
5分钟相对强弱指数
Volume 15 Minute：
15分钟成交量
Volume 5 Minute：
5分钟成交量

图3.18 （A）我的顶部反转扫描器设置；（B）我的底部反转扫描器设置

成交量加权均价突破

我定义的另一个扫描器是成交量加权均价突破。当一只可交易股放量向下或向上突破成交量加权均价时,此扫描器就会向我发出提示。图3.19显示了我的成交量加权均价突破扫描器及其设置。

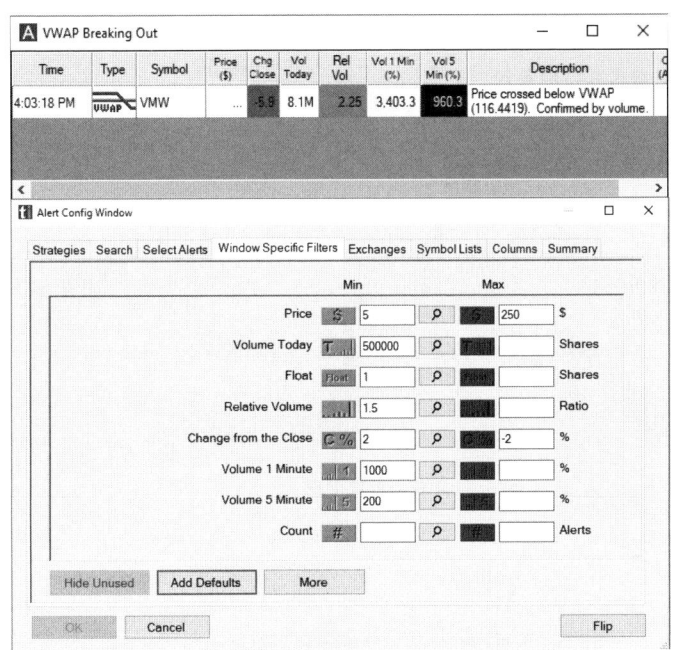

图3.19 我的成交量加权均价扫描器及设置

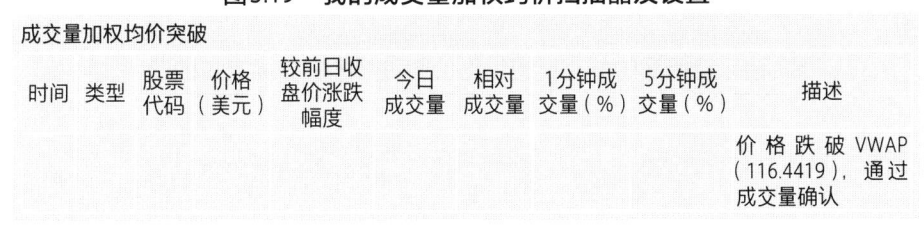

成交量加权均价突破

时间	类型	股票代码	价格(美元)	较前日收盘价涨跌幅度	今日成交量	相对成交量	1分钟成交量(%)	5分钟成交量(%)	描述
									价格跌破VWAP (116.4419),通过成交量确认

正如我将在第6章中解释的那样,成交量加权均价是最重要的日内交易指标。交易者可参考第6章介绍的成交量加权均价策略交易股票。

图3.20是我使用扫描器的示例。2018年3月2日,我交易了京东股票(代码:JD)。京东的股价从前一天的收盘价43.81美元跳空下跌,盘前交易价格约为42美元。开盘时,价格走高,但在触及前一天的收盘价43.81美元时开始回落。正

077

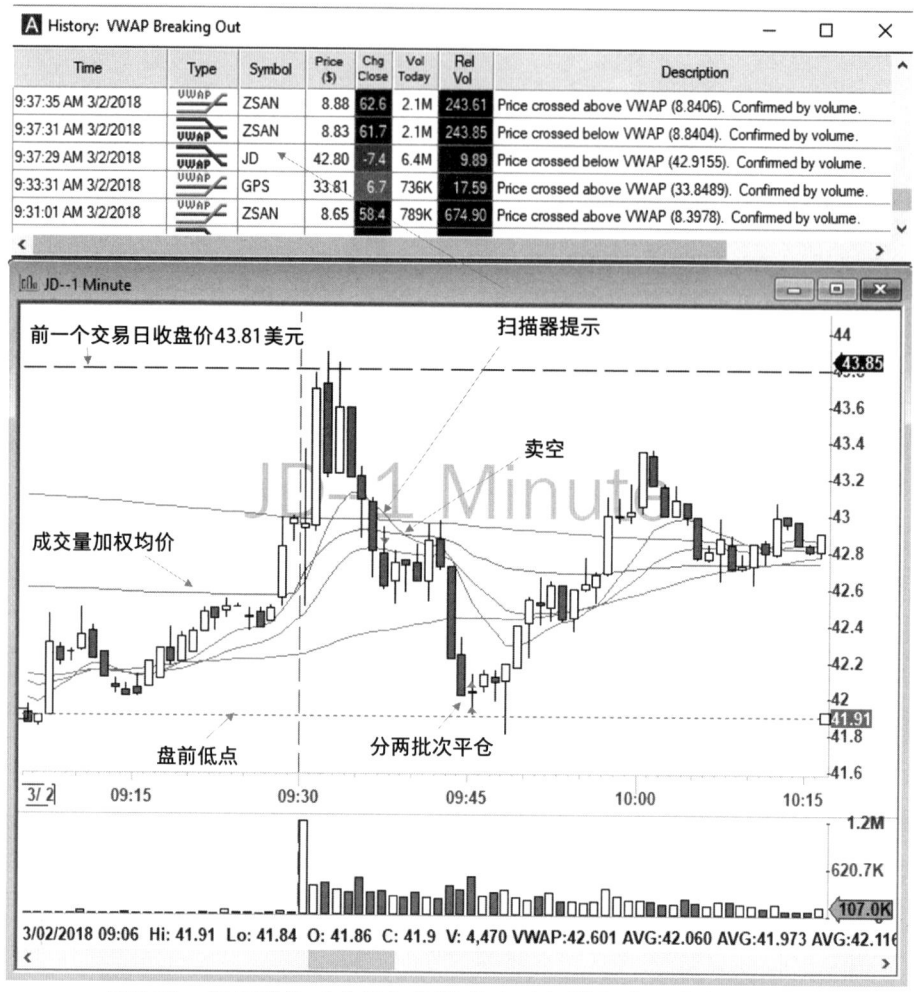

图3.20　运用我的成交量加权均价突破扫描器交易京东的示例

如我将在第4章解释的那样，前一天的收盘价是重要的支撑位和阻力位。

价格未能突破前一天的收盘价，之后向当日低点下行，在放量跌破了成交量加权均价后，于上午9:37:29触发我的扫描器发出了提示。

我评估了价格走势，以42.80美元的价格卖空了1000股京东股票，把止损价设定为43美元。大约20分钟后，京东的股价急剧下跌至41.91美元的盘前水平，我立即平仓，获得了1375.92美元的利润，小赚了一笔，图3.21显示了我的盈亏截图。

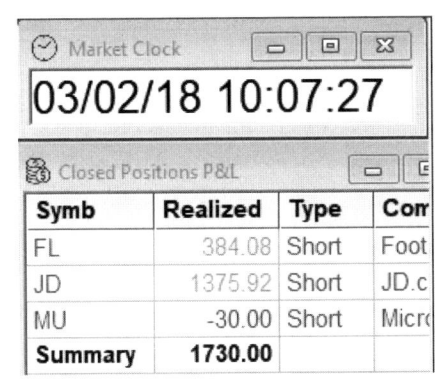

图3.21 我交易京东股票的盈亏截图
Closed Positions P&L：已平仓仓位的盈亏
Realized：已实现盈亏
Short：卖空

巨量创新低和巨量创新高

当一只可交易股的价格创下日内新高时，相对成交量通常会极高。有许多股票创下了日内新高或新低，但它们的相对成交量没有很高。

为了筛选出巨量创下日内新高或新低的股票，我定义了两个简单但有效的扫描器。巨量创新低扫描器可以找到1分钟巨量创下当日新低的可交易股。类似地，巨量创新高扫描器可以找到1分钟巨量创下当日新高的可交易股。图3.22显示了这两个扫描器的设置。

图3.23显示了这两个扫描器的示例。2018年3月2日，在美国总统唐纳德·特朗普宣布对进口铝和钢材征收全球关税一天后，欧盟宣布了一项报复计划，对从波旁威士忌到哈雷-戴维森摩托车的一系列美国产品征收25%的关税。

欧盟委员会主席让-克洛德·容克在接受德国电视台的记者采访时说："我们将对哈雷-戴维森摩托车、波旁威士忌和李维斯牛仔裤征收关税。"

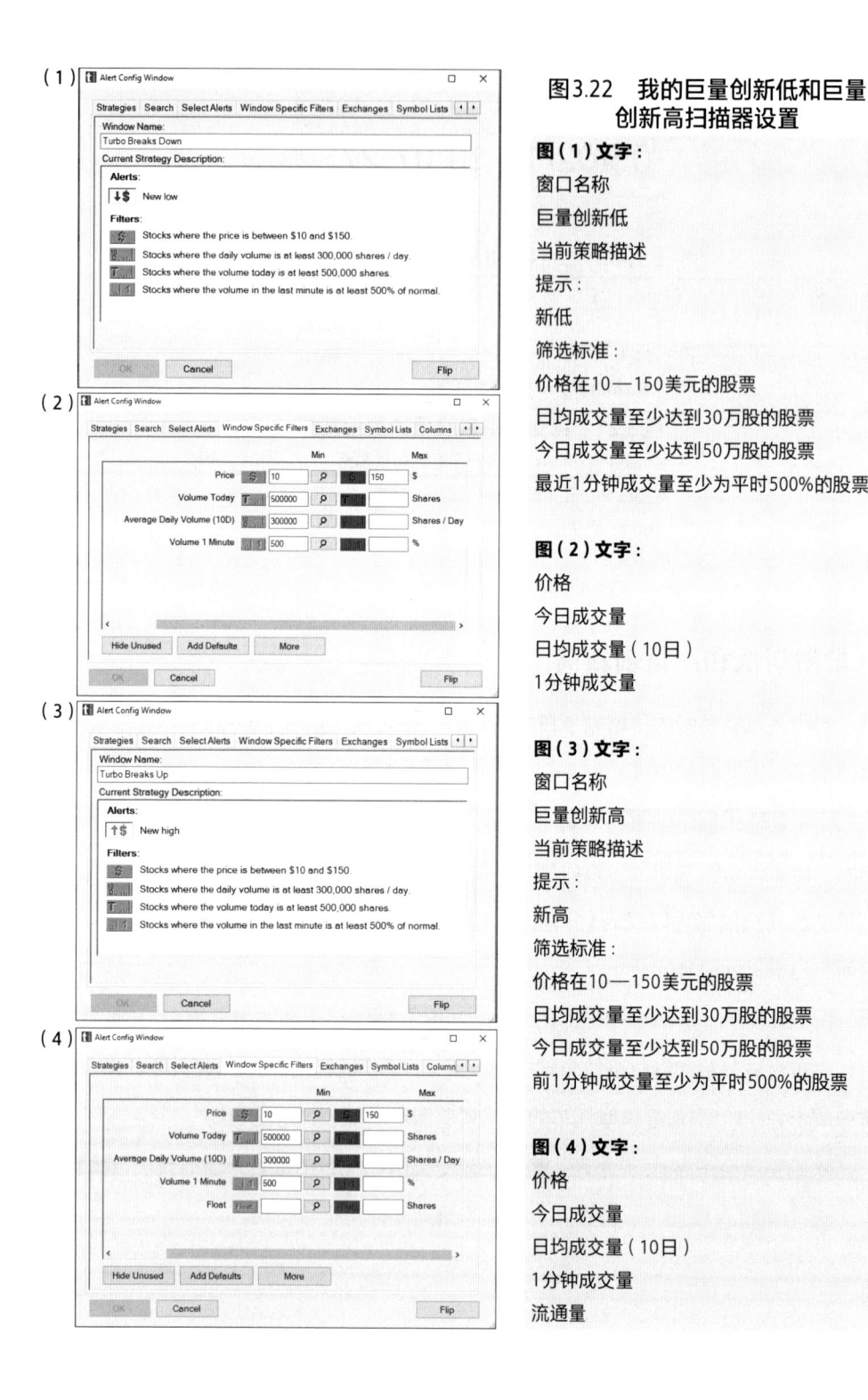

图3.22　我的巨量创新低和巨量创新高扫描器设置

图（1）文字：

窗口名称

巨量创新低

当前策略描述

提示：

新低

筛选标准：

价格在10—150美元的股票

日均成交量至少达到30万股的股票

今日成交量至少达到50万股的股票

最近1分钟成交量至少为平时500%的股票

图（2）文字：

价格

今日成交量

日均成交量（10日）

1分钟成交量

图（3）文字：

窗口名称

巨量创新高

当前策略描述

提示：

新高

筛选标准：

价格在10—150美元的股票

日均成交量至少达到30万股的股票

今日成交量至少达到50万股的股票

前1分钟成交量至少为平时500%的股票

图（4）文字：

价格

今日成交量

日均成交量（10日）

1分钟成交量

流通量

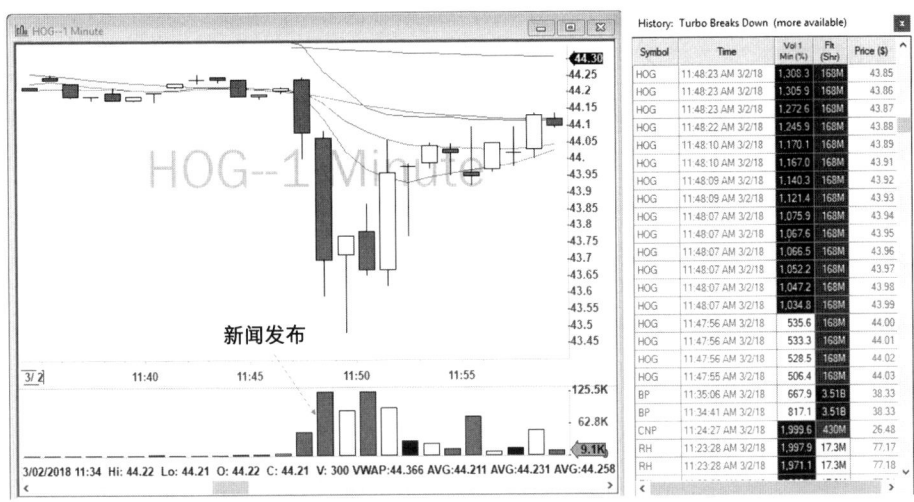

图3.23　2018年3月2日哈雷-戴维森股票触发了我的巨量创新低扫描器

金融市场的投资者都不希望发生贸易战。上午11:47新闻一发布，哈雷-戴维森公司的股票（代码：HOG）就开始遭抛售。这只股票当天不在我的观察清单上，在新闻发布之前，它也没有任何交易活动。然而，在上午11:48，其股价从44.20美元跌至43.45美元，触发了我的巨量创新低扫描器。

另一个例子是2018年3月5日我对京东股票的交易，当时这只股票突破了成交量加权均价，我采用开盘区间突破策略交易了它，并把利润目标价设定为42.04美元。在我的日线图中，利润目标价恰好位于200周期简单移动均线。如图3.24所示，在日线图中，200周期简单移动均线是很强大的支撑位和阻力位（更多信息见第4章）。

2018年3月5日上午，我的跳空股观察清单上没有任何股票，我希望能从实时扫描器中找到一些。股市开盘后，京东股票以巨大成交量触发了我的巨量创新低扫描器。查看其日线图后，我发现在成交量加权均价以下至200周期简单移动均线之间存在绝佳的卖空机会，如图3.25所示。

如图3.26所示，我从这笔交易中获利颇丰，交易点子软件功不可没。

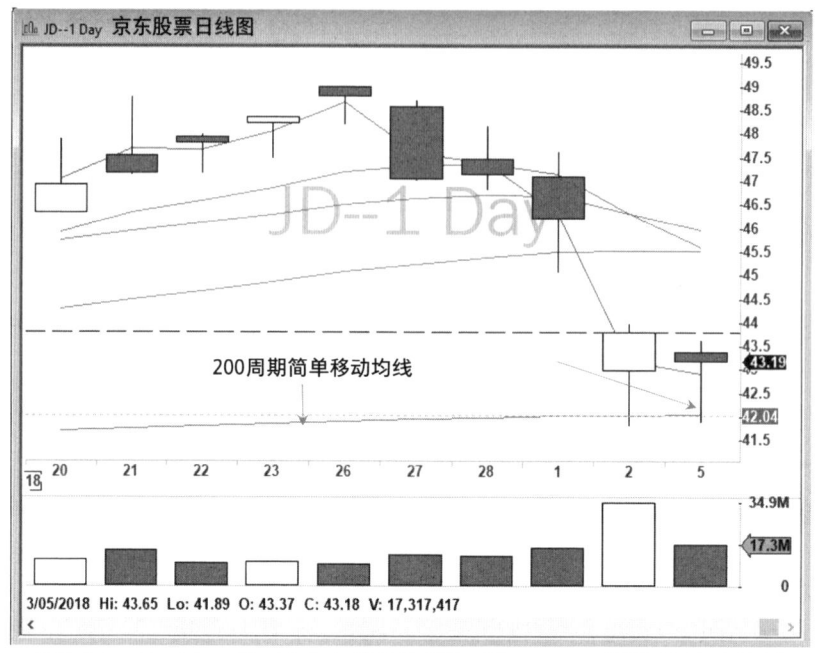

图3.24 2018年3月5日京东股票日线图显示200周期简单移动均线是强大的支撑位和阻力位

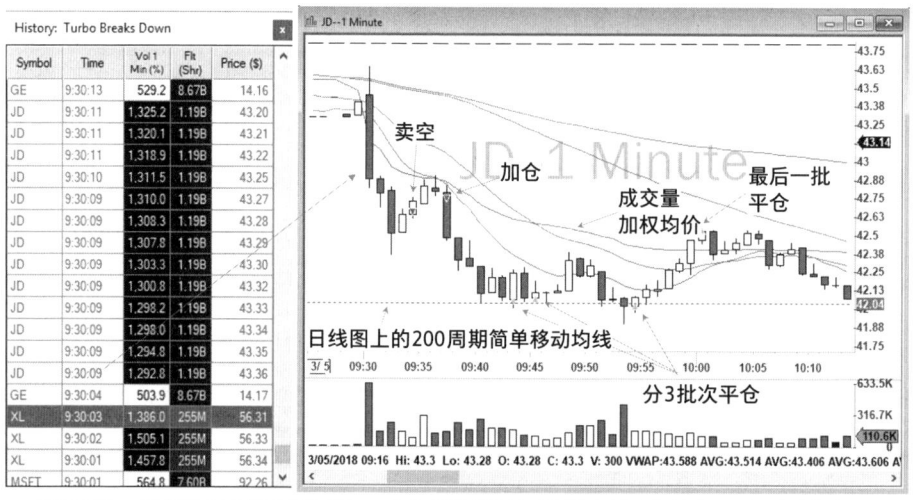

图3.25 尽管2018年3月5日，京东股票不在我的观察清单上，但它触动了我的扫描器。我运用开盘区间突破策略，在股价跌破成交量加权均价时交易了它，并把利润目标价设定为42.04美元

图3.26 我交易京东股票的盈亏截图

熔断

低流通量股可能会出现极端的盘中走势。我目睹过这类股票在一个交易日里从1美元暴涨至100美元以上的情形。虽然日内交易者喜欢股价波动，但这么极端的波动对市场和投资者来说都是很危险的。有时，由于突发新闻造成的混乱，股票的波动性会显著增强。为了稳定市场和保护投资者，交易所和主管部门可以通过暂停某只股票的交易来限制其价格大幅度的涨跌。美国证券交易委员会定义了涨跌区间的"上限"和"下限"，从而确定了可交易的阈值。熔断是由该区间以外的涨跌触发的，区间由股票价格及股票的上市条件所确定。不同股票的具体阈值不同，但通常情况下，股价在5分钟内上涨15%会导致熔断机制生效。

熔断发生时，交易通常会被暂停5分钟，之后恢复。但是，如果价格仍剧烈波动，交易所会继续停止该股票的交易，直到其价格波动恢复至可接受的阈值。通常情况下，股价的剧烈波动会在两三次熔断和恢复交易后结束。在突发新闻出现的情况下，有时交易所可能会暂停股票交易，直到公司发布官方信息并向投资者做出澄清为止。

日内交易者总是在寻找波动性强的股票，因此我定义了一个熔断扫描器，这样当股票因极端的波动被中止交易时，它就会向我发出提示。例如，2018年3月2日，创新生物医药公司股票（代码：INNT）的价格在一个交易日内从6美元飙涨至约15美元，如此极端的涨幅导致它当日被数次熔断和恢复交易，具体情形如图3.27所示。

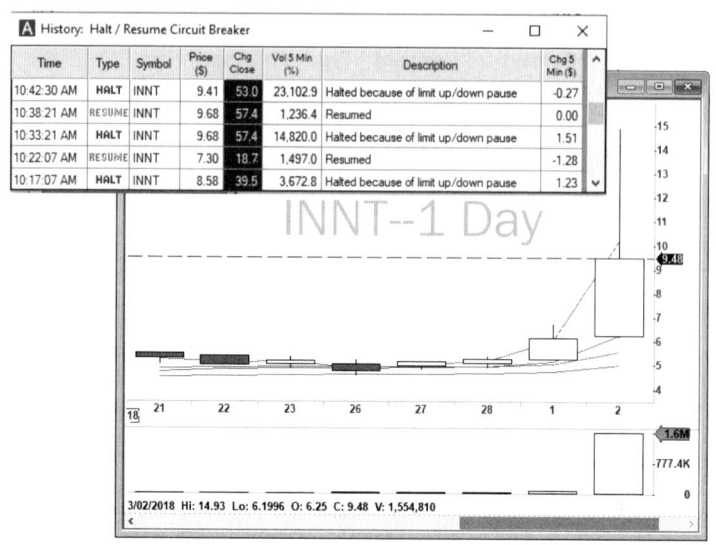

图3.27 2018年3月2日创新生物医药股票熔断/恢复扫描器提示

Halt：熔断 Resume：恢复
Halted because of limit up/down pause：因涨跌限制熔断

相对强弱指数极值

相对强弱指数（Relative Strength Index，RSI）是一种动量指标，该指标通过比较特定时间段（例如5分钟或1日）内股票的涨跌额，以衡量股价变化的幅度和速度。波段交易者通常运用每日相对强弱指数来确定超买或超卖的价格区间，而日内交易者有时会使用5分钟或15分钟的该指数寻找潜在的反转机会。相对强弱指数的最低值为0，最高值为100。一般来看，指数值为70或以上表示股票正在被超买或估值过高，价格可能出现反转或回调。该指数值为30或以下可能表明股票正在被超卖或估值过低，这可能预示着价格趋势即将发生变化或向上的价格反转即将出现。

我的相对强弱指数扫描器只显示5分钟内该指数值达到90以上或低于10的股票。图3.28显示了我相对强弱指数极值扫描器的设置。我只想寻找当天成交量至少为100万股、交易价格在10—100美元、5分钟内相对强弱指数值低于10或高于90的股票。

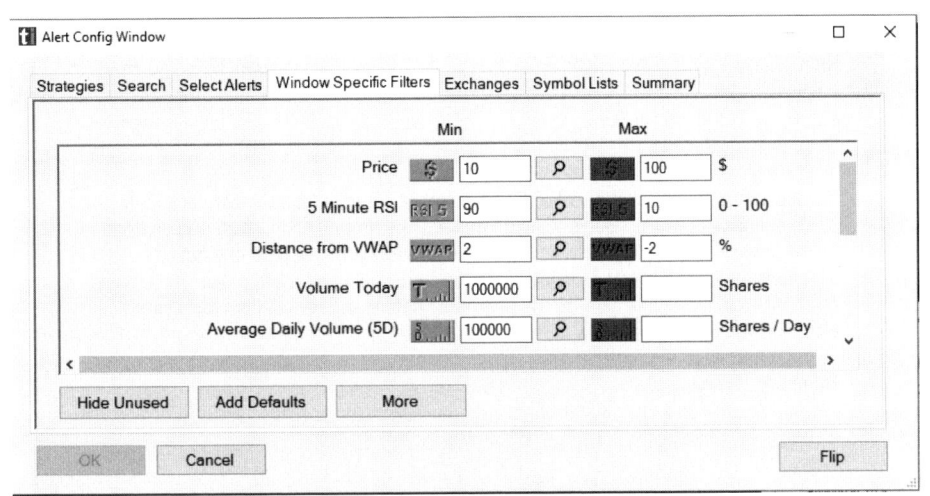

图3.28　我的相对强弱指数极值扫描器设置

Distance from VWAP：与成交量加权均价的距离

我发现，当天触发了相对强弱指数极值扫描器的几乎所有股票都是可交易股。我不一定交易所有这些股票，但它们确实常常提供了良好的交易机会。

根据扫描器制订交易计划

上述扫描器仅仅是你可以在交易点子软件或其他软件上设置的部分扫描器。交易者多达数百万，毫无疑问，每个人都有自己定义的扫描器，而且，随着时间的推移，他们会重新定义和调整设置！在这本书中，我介绍了最适合我个性和账户规模的简单但有效的扫描器。我发现，它们对我们社群的交易者以及我本人的交易都很有效。有一天，我决定不再与聊天室的成员共享我的成交量加权均价突破扫描器，一些交易者随后发来了电子邮件请求我继续分享。我很少根据这个扫描器做交易，但显然一些交易者利用它"轻松地"赚到了钱！2018年1月17日交易者尼克（Nick）给我发来了一封电子邮件，图3.29即为这封信的截图：

这封邮件的内容为：

　　安德鲁晚上好，

　　感谢你分享的VWAP假突破扫描器。记得在2017年7月，我总会在9:45—10:20之间运用该扫描器做交易，一天就都能轻松获得1000

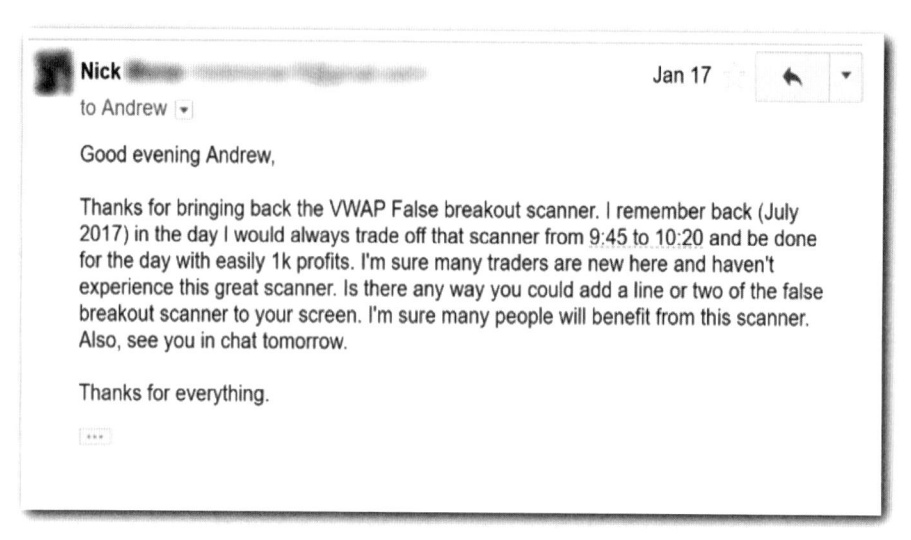

```
Nick                                    Jan 17
to Andrew

Good evening Andrew,

Thanks for bringing back the VWAP False breakout scanner. I remember back (July
2017) in the day I would always trade off that scanner from 9:45 to 10:20 and be done
for the day with easily 1k profits. I'm sure many traders are new here and haven't
experience this great scanner. Is there any way you could add a line or two of the false
breakout scanner to your screen. I'm sure many people will benefit from this scanner.
Also, see you in chat tomorrow.

Thanks for everything.
```

图3.29 尼克请求我继续分享VWAP突破扫描器的电邮截图

美元的收益。我相信很多交易者都是新手，没有体验过这么棒的扫描器。你能否在你的显示器上添加一两行假突破扫描器？相信有很多人会从中受益。明天聊天室见。

　　谢谢你所做的一切。

　　我喜欢仔细观察跳空股观察清单上股票的行情，因为这些股票是我在盘前选定的，我有足够的时间查看它们的图表、日交易水平，还可以在盘前观察它们的价格走势。到股市开盘时，我会继续观察它们的图表，并依据第6章详述的策略制订交易计划。我通常会选出三到五只可交易股，并在我的四台显示器上分别观察它们的走势。当我看到机会出现时，我会制订和执行交易计划。

　　但是，我对触发我实时扫描器的股票更陌生，我需要投入更多的时间了解它们的行情，然后才能做交易。正因为如此，交易实时扫描器选定的股票更加困难。做日内交易需要交易者以极快的速度做出决策，有时你可以在几分钟之内制订交易计划，而有时必须在几秒钟之内做出决策。这就是为什么交易新手需要在模拟炒股软件中进行数月练习的原因，只有这样他们才能深入透彻地理解整个决策过程。

　　此时有必要强调一下耐心在交易中的重要性。有很多交易者犯了过度交易的大忌。过度交易可能意味着交易者每天交易20、30、40次，甚至60次。你委托你的经纪人来做每一笔交易，这将让你损失本金和佣金。许多经纪人为每笔交易收取4.95美元的佣金，因此，若你每天完成40笔交易的话，你要向经纪人支付200美元的佣金，这可不是个小数目。过度交易会使你的经纪人变得更富有，而你会变得更贫穷！记住，你的目标是做好交易，而不是过度交易。

过度交易的另一个问题是承受的风险大。做交易是有风险的，除非你能证明交易值得做，否则不要冒险。

股市受机器和高度复杂的算法控制，因此存在相当高频的交易。高频交易会在价格走势中产生显著的噪声，被专门用于将你我这样的散户洗出局。你一定要聪明。不要让自己暴露在他们面前。盈利的交易者通常每天只做两三笔交易，然后，他们会把收益落袋为安，享受当天接下来的时光。

每当一只股票触发我的扫描器时，我就会在交易平台上审视它的行情，并根据第6章中介绍的策略决定是否交易它。记住，股票触发我的扫描器并不意味着我会盲目地交易它。扫描器的提示能引起我对某只股票的注意，但我不一定会交易它。就像一名躲在丛林中的游击队员一样，我会观察股票，寻找交易机会。到目前为止，我还没有一个能发出100%可做交易提示的扫描器，我认为这样的扫描器根本就不存在，至少对散户来说是如此。顺便说一下，你可能以前没有接触过游击交易这个词，游击交易的意思是，就跟打游击战一样，交易者要等待机会在短期内以最低的风险进入和退出金融战场，快速获利。

我以2017年12月27日完成的一次交易为例解释这一过程。光桥公司（Lightbridge Corporation）股票（代码：LTBR）是一只低流通量股，流通量仅为1000万股。上午9:30:21，股市刚刚开盘，这只股票就触发了我的扫描器，如图3.30所示。这只股票既不在我的跳空股观察清单上，也不在我的顶部列表中，我在股市开盘前没有交易它的打算。当它在上午9:30:21触发我的扫描器时，我快速地查看了其图表、成交量和价格走势，意识到它可能提供了一个交易机会。我立即查看了其日线图，发现一个1.70美元的价位。但是，我一直等待，直到我能找到一个非常好的进入点。图3.31展示了整个过程，我在图中标记了交易这只股票

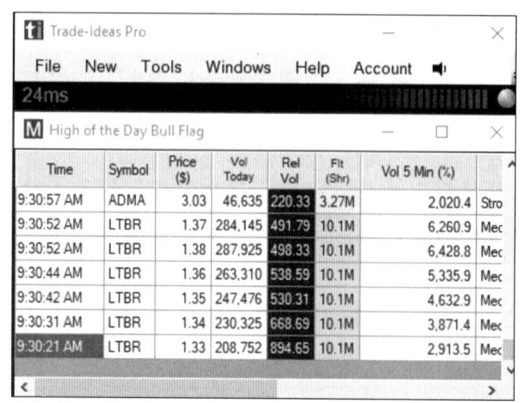

图3.30 股市开盘21秒后，光桥公司股票触发了我的扫描器

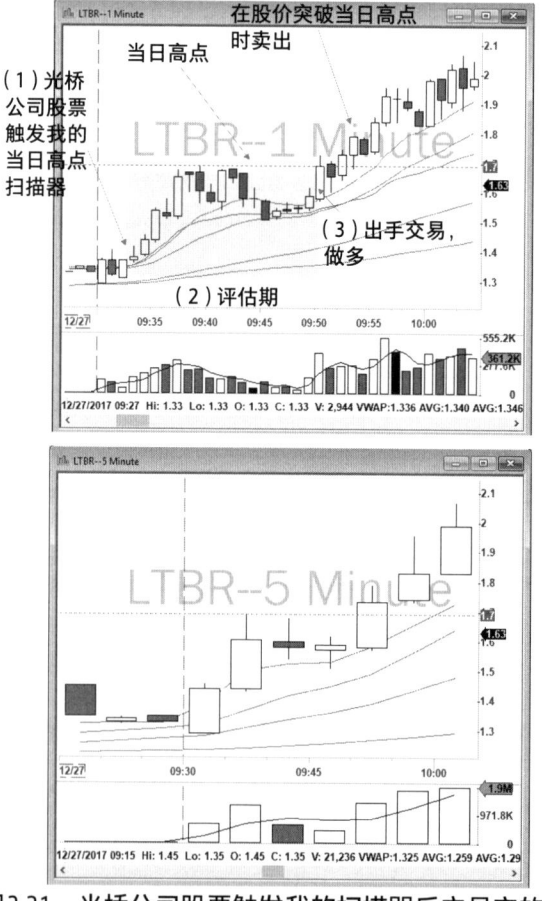

图3.31 光桥公司股票触发我的扫描器后交易它的过程

的情况。图3.32显示的是我当日交易盈亏的截图。

你会注意到，我的评估时间大约是20分钟。我耐心地观察着这只股票的行情，等待着绝佳的入场机会出现。做日内交易可能有些无聊——大多数时候你只是坐在那里盯着显示器看。事实上，当你不觉得日内交易无聊时，你可能已经陷入过度交易的大坑了。

图3.32　我的盈亏截图显示光桥公司股票（LTBR）的交易结果

第 4 章

支撑位和阻力位

引言

为了做好交易,你需要为选定的"可交易股"确定重要的支撑位和阻力位,以便参照它们采取行动。找到支撑位和阻力位的方法有很多,并且有很多种支撑位和阻力位。

多年来,我发现许多交易者都喜欢绘制倾斜的趋势线,这是他们确认和绘制的最常见的价位线。但我个人认为,市场并不认可倾斜的趋势线。在我看来,这些价位线是个人绘制出来的,带有主观性,而且具有自欺性。你几乎可以在任何地方以任何方式绘制趋势线。例如,当你想买入股票时,你可以绘制出股价急剧上行的趋势线,而另一位交易者可能会根据同一张K线图绘制出斜率不同的另一条趋势线。当你想卖空股票时,你会为自己绘制出一条股价下行趋势线。

我个人对趋势线持怀疑态度,但我知道,大多数交易者在使用它们。在我看来,大多数趋势线都在一定程度上体现了交易者的主观愿望,因为他们会根据想买或卖的心情来确定看涨或看跌趋势。

当你想做多时,你可以绘制出像图4.1(A)中所示的那样一条趋势线,而当你想卖空时,你可以绘制出像图4.1(B)所示的那样一条趋势线。请注意,图4.1(A)和(B)所示的是相同的日线图,但呈现出了两条完全不同的趋势线。

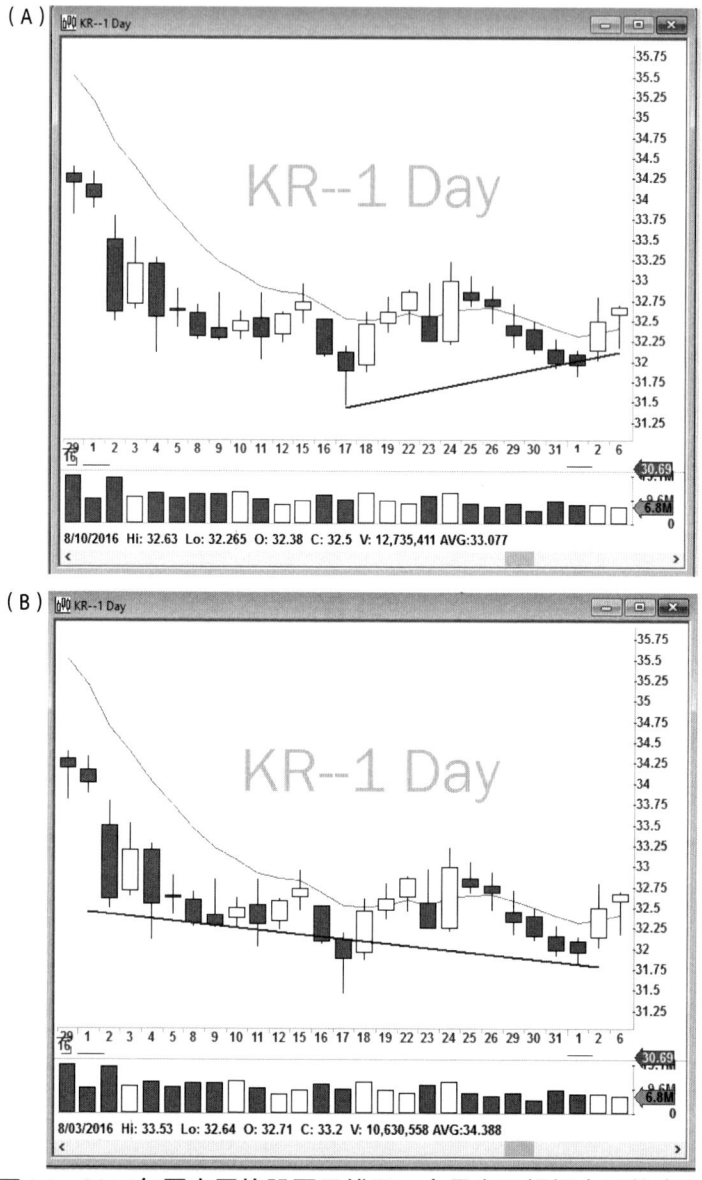

图4.1 2016年夏克罗格股票日线图。交易者可根据自己的意愿在同一张K线图中画出不同的趋势线

我只看K线图中水平的支撑位和阻力位，因为市场只记得价格水平，这正是在之前的价位上寻找支撑位与阻力位有意义，但绘制倾斜的趋势线无意义的原因。事实上，在我看来，趋势线是所有交易工具中最具欺骗性的，因此，我避免使用它。

许多交易者可能不同意我的看法，他们认为趋势线、三角形、上升楔形、下降楔形和通道很重要。我必须强调的一点是，我在本书中讨论的是我的交易风格，它对我很有效，但不一定对每个人都有效。交易方式无所谓对错，每位交易者都要找到适合自己的交易方式。最重要的一点是记住，从某些方面来看，日内交易者与专业运动员最为相似。专业运动员都有自己的训练计划和安排，但没有两位运动员的训练方式完全一样。

一个团队的教练可能会实施某种训练方案，而另一个团队的教练可能会实施完全不同的另一种方案。从运动员比赛当日的表现来看，两种方案可能都是正确的，他们都取得了良好的成绩。同理，你可以学习多种交易风格，它们可能都是正确的，但你交易的总结果取决于你每天对所学知识的践行。

什么是支撑位和阻力位

支撑位是买方进入交易或卖空者平掉空头头寸，其力量大到使价格无法进一步下跌的价位。

阻力位是指卖方进入市场或过去的买方抛售股票，其力量大到使价格无法进一步上涨的价位。

支撑位和阻力位是非常重要的参照点，因为许多交易者能识别出它们而且相信它们的重要性。这是从众心理在作祟。如果有足够多的交易者相信支撑位的重要性，那么在价格达到这个水平之前，交易者就不会买入。此外，卖空者在股价达到这一水平之前不会平仓。当他们能够以更低的价格买入或平仓时，他们为何要花更高的价格呢？

同理，当所有交易者都知道附近有阻力位时，他们就会在这个价位开始卖出股票，因为他们担心，在他们以可盈利的价格卖出之前，价格会回落。空头也会在阻力位卖空股票，因为他们认为，股价会从这个水平下跌。

正是在这些价位上，买卖双方之间的力量平衡常常会发生变化。例如，当买方积极买入股票的行为推动了股价上涨，突然间许多交易者愿意以比上一个价格更低的价格卖出股票从而导致价格立即出现反转时，市场停止上涨的那个价位现在就是一个阻力位。是什么导致力量的天平从买方转移到卖方无关紧要，因为导致价格反转的原因有很多，真正重要的是，交易者会记住，市场在那个特定的价位发生了反转，因此，在未来，这个价格在交易者的心目中将具有一定程度的重要性。

如果价格上一次在接近这一水平时发生了非常强烈的反转，那么许多交易者就会认为，价格在接近这一水平时可能会再次发生反转，他们很有可能会据此采取行动。

在本书中，我将教你如何在K线图中识别支撑位和阻力位。一旦支撑位和阻力位形成且被识别，它们就会对你的交易计划非常有帮助。

你可能听说过，之前的支撑位变成阻力位，之前的阻力位变成支撑位。这一见解是正确的，不过你要记住，当你在图表中确认了一个价位时，它是支撑位还是阻力位要看股价是从哪个方向接近它的。

找到支撑位和阻力位

找到重要交易价位的方法有两种。第一种是从预先存在和确定的价位中寻找，通常交易平台会自动标示出这些价位，无须交易者自行做出判断。第二种方法是交易者自行判断，确认价位。

预先确定的重要价位包括：

- 前一个交易日收盘价
- 昨日低点和高点
- 前日低点和高点
- 历史高点和低点
- 52周高点和52周低点

需要自行确认的价位包括：

- 日线图中的极端价位
- 日线图和5分钟K线图中的移动均线
- 重要的盘前价位

接下来我将依次详细介绍确认这些价位的方法。

前一个交易日收盘价

最重要的支撑位和阻力位是前一个交易日收盘价（PCL），达斯等交易平台会自动标示出它。

这个价位之所以重要有几个原因。它是交易日结束前做市商和机构交易者商定的价位，许多"大宗交易"常常是在这个价位完成的。正如我在前面提到的，大宗交易指的是买卖双方以约定的价格完成的大量股票的交易，为了降低交易对股价的影响，这类交易通常发生在公开市场之外。

投资者、交易者、金融机构、监管机构和做市商以这个价位为参照，评估股票在特定时期（如一年或一周）内的表现。事实上，投资者和其他利益相关者会参考它做出决策。例如，机构投资者为了做出有关投资组合的决策会监测股票的收盘价。

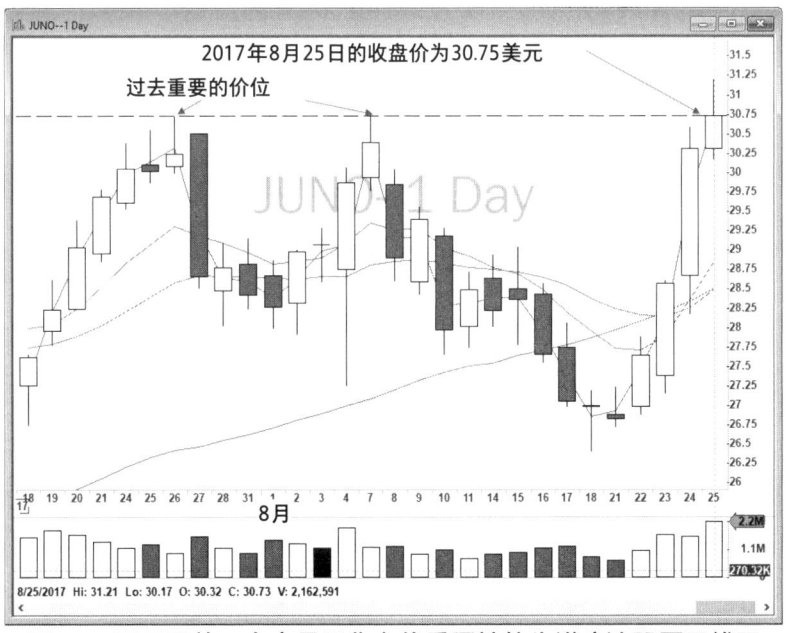

图4.2　显示了前一个交易日收盘价重要性的朱诺疗法股票日线图（2017年8月25日 vs.2017年8月28日）

为了证明前一个交易日收盘价的重要性，我们来看看图4.2，它显示的是2017年夏朱诺疗法公司股票的日线图。8月25日，这只股票的收盘价为每股30.75美元。第二天，其价格跳空上涨了15%以上。要了解30.75美元这个价位的重要性，我们需要观察这只股票的价格最近几周的走势。注意，股价从8月7日和7月26日的价位有很大跌幅。价格出现如此大的跌幅并非巧合。在朱诺疗法公司公布盈利数据之前，做市商和其他主要参与者不愿意为其股票支付高于30.75美元的价格。第二天公司的盈利数据公布，股价跳空上涨，这只股票自然也成了我们聊天室成员眼中的可交易股。

图4.3显示的是马林克罗制药公司（Mallinckrodt Public Limited Company）股票（代码：MNK）的5分钟K线图，这只股票的例子很好地说明了为什么前一个交易日收盘价对于下一个交易日是非常重要的价位。2017年1月19日，这只股票是一只可交易股。股市开盘后，其走势比较疲弱，价格跌至成交量加权均价之下。我想卖空它，但除了前一个交易日收盘价46.52美元（如图4.3中的虚线所示）外，附近没有支撑位和阻力位。因此，我决定在47.80美元左右的成交量加权均价处卖空它，将利润目标价设定在前一个交易日收盘价46.52美元处，这样我每股获得了1.20美元的利润。

图4.3　显示了前一个交易日收盘价重要性
（2017年1月18日 vs. 2017年1月19日）的马林克罗制药股票5分钟K线图

我们再来看另一个例子。图4.4显示的是梭子鱼网络有限公司（Barracuda Networks, Inc.）股票（代码：CUDA）2017年1月10日的5分钟K线图。从这张图中我们可以看出，这只股票在开盘时出现了同样的价格走势。由于利好的盈利数据发布，这只股票的价格在盘前出现了跳空上涨。开盘时，可能是由于隔夜股东和长期投资者为了把收益变现开始抛售股票，其价格大跌。在成交量加权均价附近震荡了大约20分钟后，股票被大量抛售，价格向前一个交易日收盘价23.81美元逼近。在突破前一个交易日收盘价失败后，股价于中午向成交量加权均价反弹。在下午早些时候，股票再遭抛售，股价再次向前一个交易日收盘价下行，之后再次反弹。

在这个例子中，前一个交易日收盘价23.81美元是一个有力的支撑位。在早盘和午盘期间，这只股票存在从成交量加权均价24.40美元左右开始，目标价23.81美元的卖空机会，但我没有出手交易它，因为在此期间我忙着交易另一只股票。

图4.4　显示了前一个交易日收盘价作为重要支撑位的2017年1月10日梭子鱼网络股票5分钟K线图

价格标记（PriceMarker）：昨日低点/高点和前日低点/高点

与前一个交易日收盘价类似，昨日和前日低点和高点通常是之后交易日的重要盘中价位。我运用了名为价格标记的工具，在我的达斯交易平台中它被称为"研究（Study）"，它能自动在我监控的股票的K线图中标记出以下四个价位：

昨日低点：Y Low

昨日高点：Y High

前日低点：YY Low

前日高点：YY High

点击每一只股票的代码后，其K线图中会自动显示出这五个支撑位和阻力位：前一个交易日收盘价、昨日高点、昨日低点、前日高点和前日低点。它们都是极为重要的支撑位和阻力位。图4.5显示的是价格标记研究（PriceMarker Studies）窗口的截图，图4.6显示的是价格标记工具自动在K线图中标注出了这些价位的示例。

现在我们来看看2017年7月10日凡利亚药品国际公司股票的K线图。如图4.6所示，图中的两个价位线都是价格标记自动绘制的。你会发现，在早盘和早盘后期，16.56美元的前日低点确实是很强大的支撑位。股价曾多次从这一水平反弹，之后价格在成交量加权均价之上。在午后的交易时段，股价从未突破16.76美元的前日高点。

另一个例子来自色拉布（Snap Inc.）公司，它是色拉布（Snapchat）应用软件的开发商。图4.7显示了色拉布股票（代码：SNAP）2018年2月20日的价格走势。这只股票的价格在股市开盘前跳空下跌至19美元附近，跌幅超过了5%。上午10:00左右，股价止跌回升，回升至成交量加权均价以上。我以19.40美元的价格做多了这只股票，将利润目标价设定为昨日低点19.75美元。我在价格达到目标价之前就清了仓。大约30分钟后，它完成了ABCD形态的盘整，我再次以19.60美元的价格做多，并以19.73美元的价格卖出了一部分仓位。我保留了最后一部分仓位，希望价格能突破19.75美元，但在上午11:45左右，我等得不耐烦了，

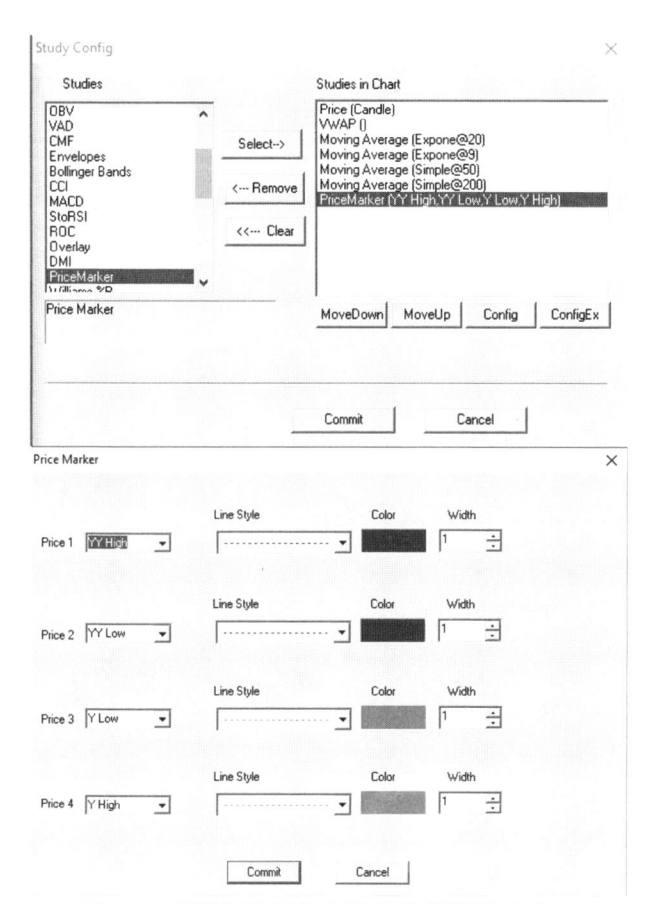

图4.5 达斯交易平台中的价格标记研究窗口

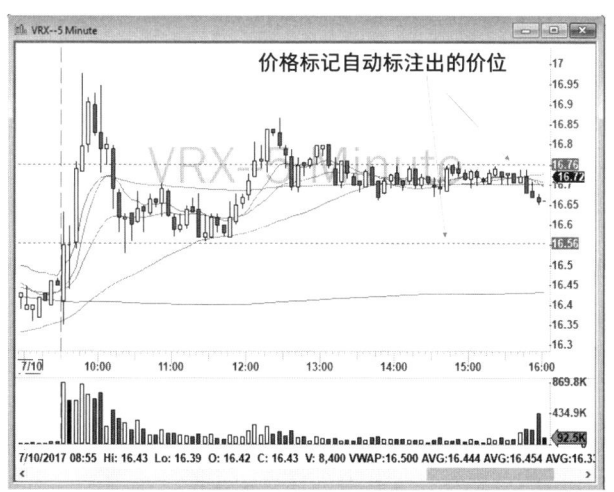

图4.6 显示价格标记工具自动标注出支撑位和阻力位的
凡利亚药品国际公司股票5分钟K线图

遂以19.66美元的价格清仓。

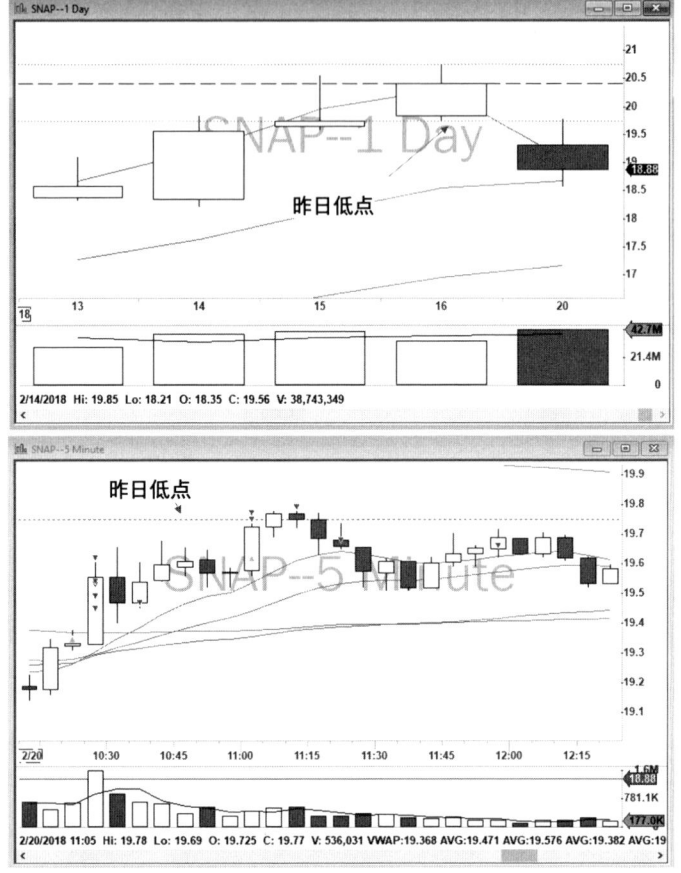

图4.7　根据昨日低点交易色拉布股票的示例

另一个例子如图4.8所示。我于2018年2月26日交易了美国钢铁公司（United States Steel Corporation）股票（代码：X）。之前交易日（2月23日和22日）的重要价位如图4.8的上半部分所示。2018年2月24日和25日是周末，没有交易活动。这只股票的开盘价约为45.25美元，我在这个价位卖空了它，把利润目标价设定为了44美元，这是昨日和前日的高点。

参考前一个交易日收盘价、昨日低点、昨日高点、前日高点、前日低点做交易的好处是，这些价位是由交易平台自动标示出来的，你无须寻找它们。对于我选定的任何股票，这些价位会自动被标示在其图表中。

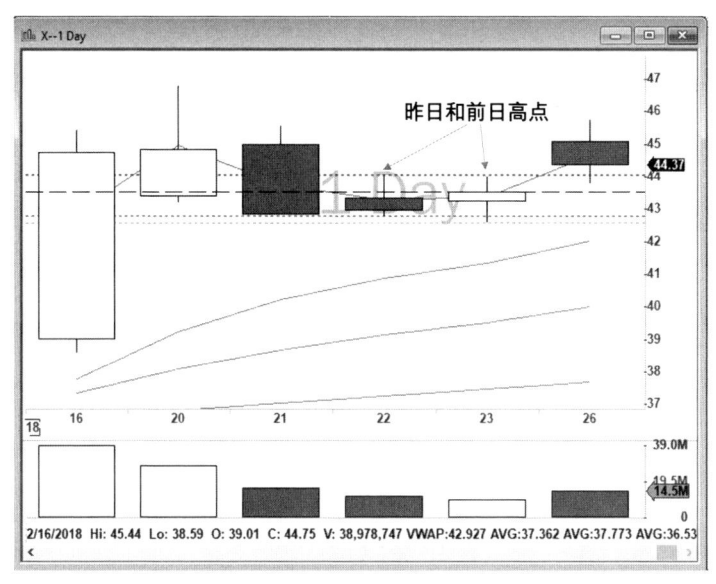

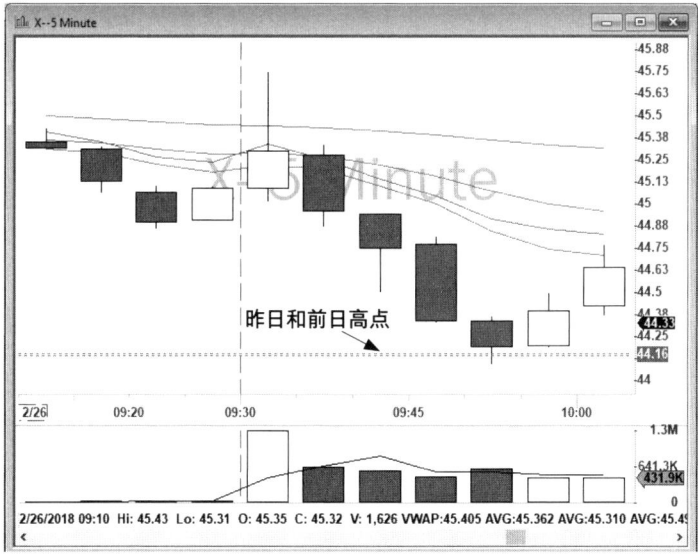

图4.8　根据之前交易日的重要价位交易美国钢铁股票的示例

然而，正如我在前面提到的，交易者还需要自行寻找其他价位，具备相应的技能需要练习。

盘前价位

正如我在第3章解释的，可交易股通常有明确的盘前活动，这是我将跳空股列入最终观察清单的重要标准之一。它们是交易活跃的股票,你能从它们的盘前活动中找到一些模式。对日内交易者而言,两个比较重要的价位是盘前高点和低点。通常情况下,这两个价位也是盘中的重要交易价位。我们来看一些例子。

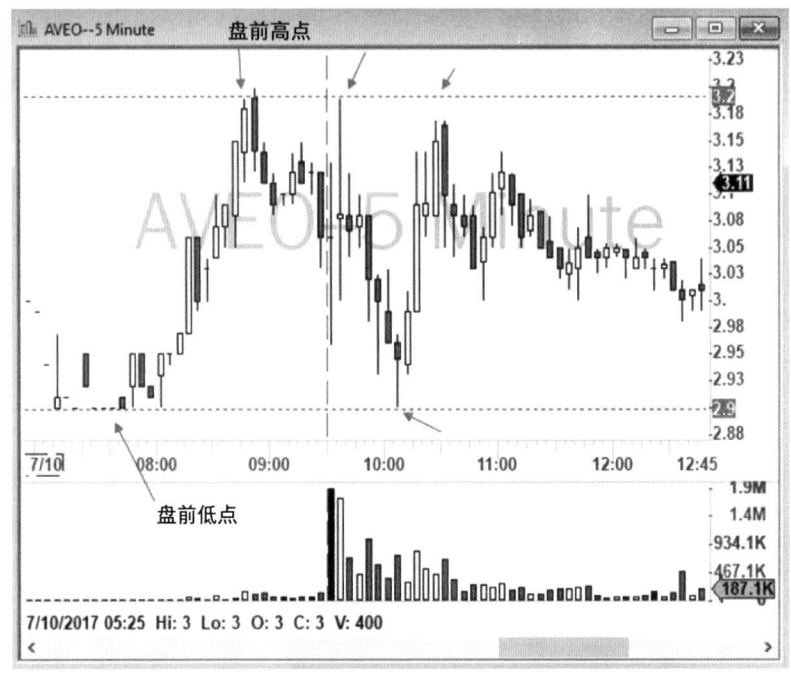

图4.9 影响AVEO制药公司股票交易的盘前价位示例

如图4.9所示,2017年7月10日,AVEO制药公司的股价出现了跳空上涨。盘前高点约为3.20美元,盘前低点约为2.90美元。从图中可以看出,上午9:30开盘时这只股票的价格先是上涨至3.20美元,后下跌至2.9美元,接着向盘前高点反弹,盘前高点也是当日的高点。

另一个例子是2017年7月10日的英伟达股票。如图4.10所示,盘前其价格跳空上涨了3%以上,在148.83—149.89美元的窄幅区间内震荡。股市开盘时价格上涨,之后向盘前低点下行,盘前低点是一个很好的支撑位。随后价格走高,在149.89美元处遇阻。

你可能会问,我如何参考这些价位做交易呢?此时此刻,你先不要考虑如何做交易,你应该先考虑如何找到这些价位,然后理解股价走势与这些价位的关

图4.10　影响英伟达股票交易的盘前价位示例

系。我将在后面讨论交易策略，不过在做出任何交易之前，你都要能找准这些价位。

移动均线

在日线图和5分钟K线图中，移动均线是重要的支撑位和阻力位，尤其是50周期简单移动均线和200周期简单移动均线。价格在触及这些均线时通常会反弹。你可以预期在这些移动均线附近会出现大量的交易活动。

我们来看看图4.11，它显示的是2016年10月、11月应用光电股票的日线图。如图所示，股价在这些均线附近的反弹很显著。

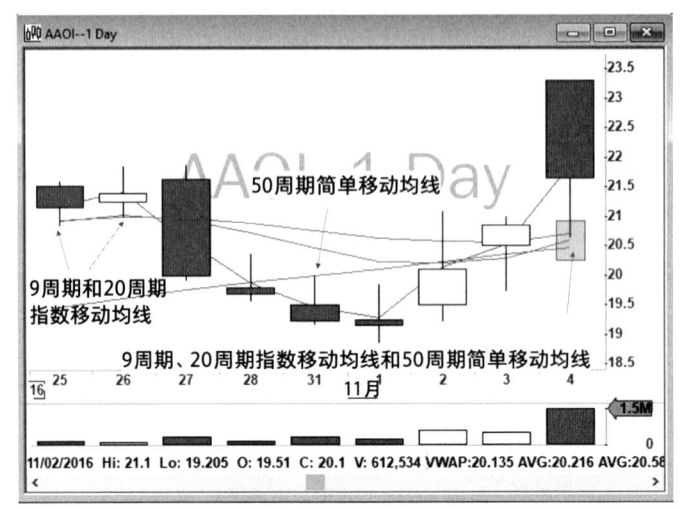

图4.11　显示了移动均线是重要支撑位/阻力位的应用光电股票
2016年10月、11月份日线图

另一个例子是2017年8月的加拉帕戈斯股票（代码：GLPG），其价格走势如图4.12所示。8月10日，这只股票的价格在盘前跳空上涨了14%以上，股市开盘时价格为83美元，但后来价格下行，收盘价接近于50周期简单移动均线，约为78美元。在盘前分析中，我把78美元附近的区域标注为了支撑位和阻力位，如图所示。

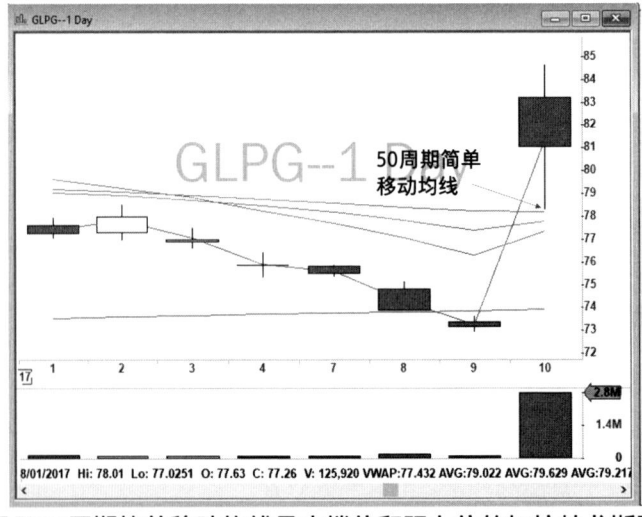

图4.12　显示50周期简单移动均线是支撑位和阻力位的加拉帕戈斯股票日线图

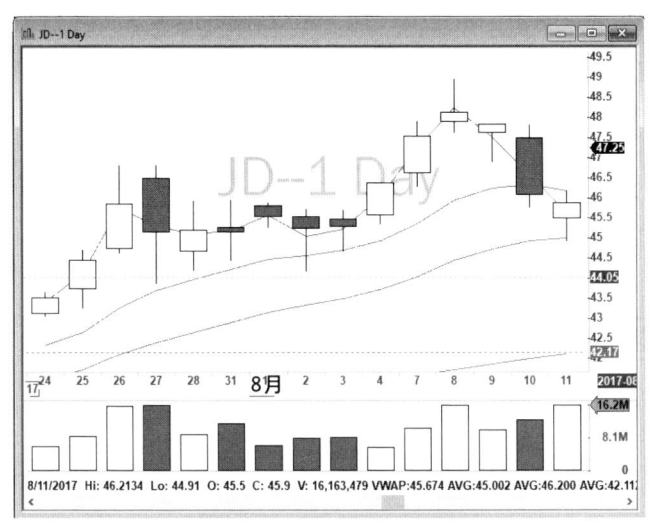

图4.13 京东股票日线图

另一个例子来自2017年8月的京东股票。2017年8月11日是个周五，当日京东股票的收盘价为45.80美元。8月14日，周一，这只股票的价格跳空下跌至44美元，显然当日它是一只可交易股。我马上审视了它的日线图，如图4.13所示。我发现50周期简单移动均线位于42.17美元处。正如你在图4.14中看到的，我在日线图中标示出了50周期简单移动均线（虚线），然后研究了这只股票的盘前活动状况。

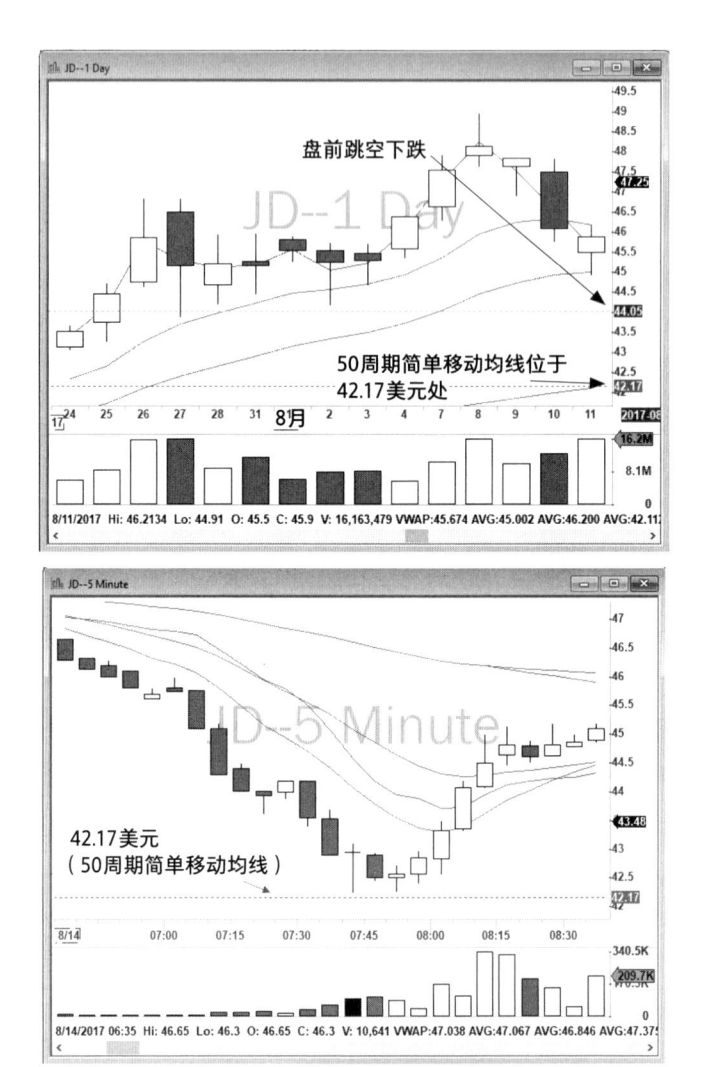

图4.14 京东股票的盘前活动

如你所见，京东的股价在盘前先是跌至42.17美元左右，之后出现反弹。

接下来的例子来自2017年10月24日的伊奥尼斯制药股票（IONS）。如图4.15所示，这只股票2017年10月23日的收盘价为62.50美元，10月24日的盘前交易价格跌至56.25美元左右，在日线图中与50周期简单移动均线很接近。正如你可以看到的，10月24日，股价从20周期指数移动均线和50周期简单移动均线处反弹。

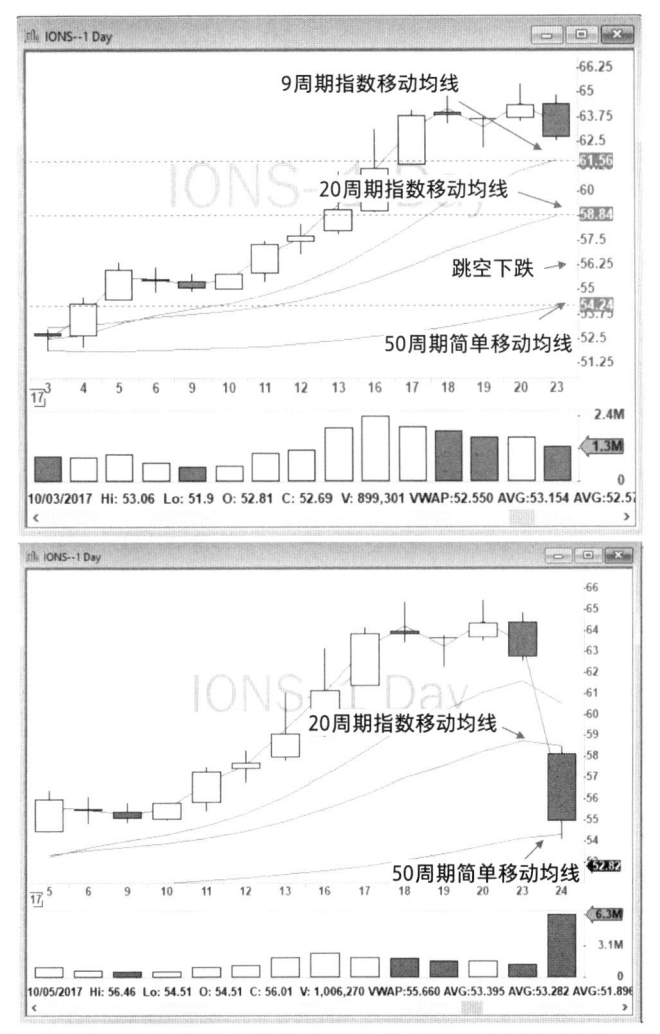

图4.15　显示移动均线是支撑位和阻力位的伊奥尼斯制药股票日线图

我运用开盘区间突破策略在成交量加权均价下方卖空了这只股票，并且把利润目标价设置为54.21美元。在股价向54.21美元下行期间，我平了空仓，获得了474美元的收益。正如你在图4.16中看到的，此后股价从这个价位反弹了。

107

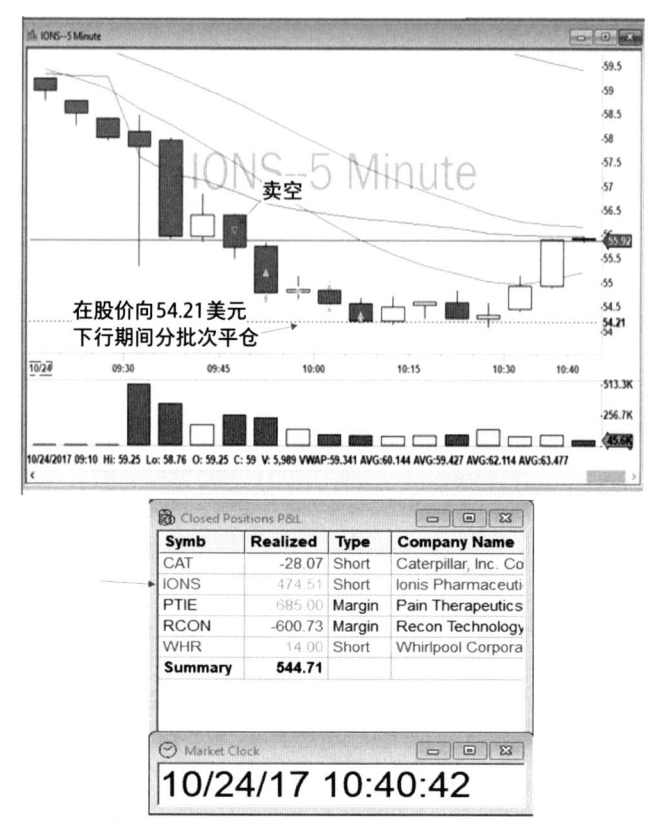

图4.16 2017年10月24日我交易伊奥尼斯制药股票的盈亏结果截图

我们能从很多股票的日线图中看出移动均线是重要的支撑位和阻力位。图4.17显示的是格雷电视股票（代码：GTN）2017年11月和12月的日线图，从我做的标记可以看出股价是如何从200周期简单移动均线反弹的。

另一个例子来自我2017年12月13日对鲁蒙特股票的交易，当日这只股票放量跳空大跌，9周期指数移动均线是作为阻力位。在接下来的几个交易日里，20周期指数移动均线也成了更高水平的阻力位（如图4.18中的箭头所指）。

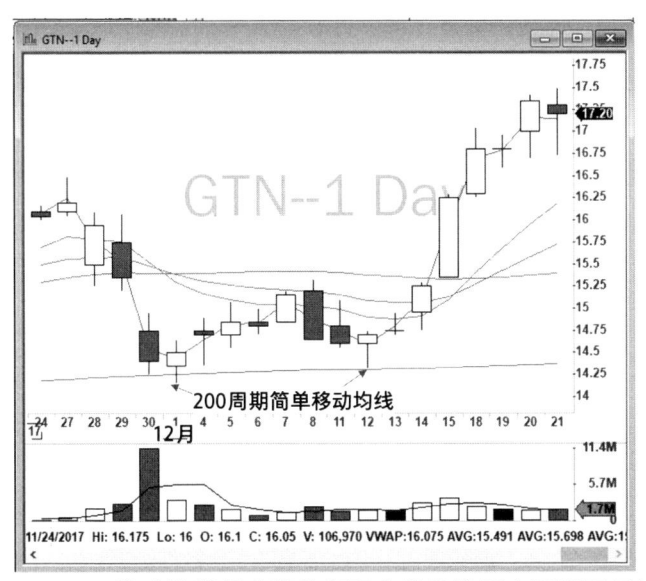

图4.17 显示移动均线是支撑位和阻力位的格雷电视股票日线图

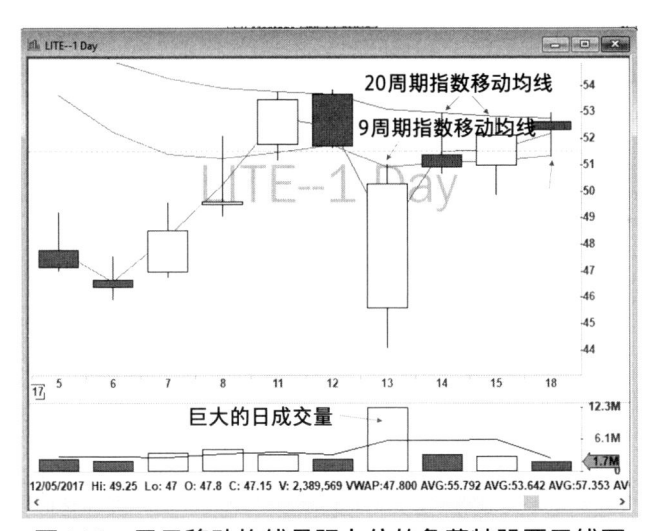

图4.18 显示移动均线是阻力位的鲁蒙特股票日线图

除了日线图外，盘中K线图（如5分钟和1分钟K线图）中的移动均线也可以成为支撑位和阻力位。图4.19显示的是2017年10月4日爱美医疗（FOLD）的盘中K线图。如你所见，在股市开盘时，这只股票遭到抛售，在盘整之后，我在上午9:40卖空，将利润目标价设置在了移动均线处。我在股价触及200周期简单移动均线时平了仓。我交易了2000股，赚了594美元。

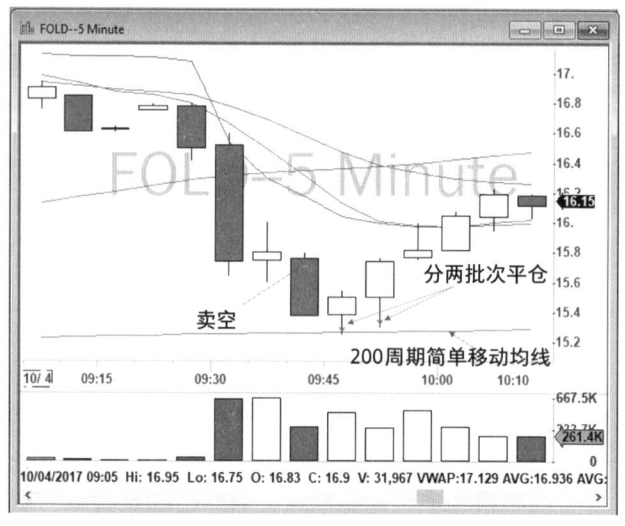

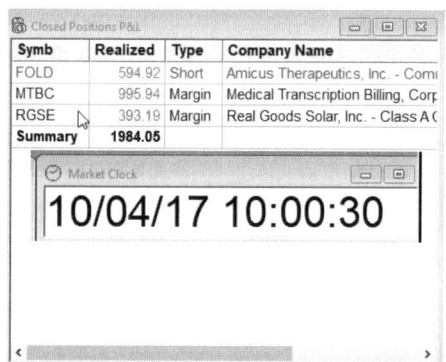

图4.19　2017年10月4日爱美医疗股票的5分钟K线图，我以移动均线为支撑和阻力位交易了这只股票

即使是在1分钟K线图中，你也能看出移动均线是潜在的支撑位和阻力位。例如，从朱诺疗法股票2017年11月2日的1分钟K线图可以看出，股价从200周期简单移动均线处反弹。我再次卖空了这只股票，并在股价向这条移动均线下行期间分批次平了仓，如图4.20所示。

图4.20　2017年11月2日我以移动均线为支撑位和阻力位交易朱诺疗法股票的1分钟K线图

请注意，根据经验法则，K线图的时间范围越长，以及移动均线的时间框架越长，它们的支撑和阻力效力就越强。日线图中的200周期简单移动均线可能是最强大的支撑位和阻力位。而1分钟K线图中的移动均线支撑力和阻力往往不那么强。

日线图>5分钟K线图>1分钟K线图

200周期简单移动均线>50周期简单移动均线>20周期指数移动均线>9周期指数移动均线

日线图中的反转点和极值点

日线图上的反转点是重要的支撑位和阻力位。如前所述，在股市开盘前，我会查看股票的日线图，找到过去重要的价位。通常情况下，你可以从日线图中看到股价在连续多个交易日的区域出现重大反转。日线图中长的上影线和下影线会立即引起我的注意（参见图4.22，我在2017年1月5日迈克高仕控股公司的K线图中标记出了它们）。我通常以触及反转点和长影线数量最多的横线确认那个水平。这条线越触及极端价格线，其支撑力和阻力就越强，对交易的参考价值就越大。有时你不清楚哪条线最佳，不必在意，尽力即可。

价格必须从这一水平明显反转,如果你不确信价格已从这里反转,那么它可能就不是支撑位和阻力位。在日线图中,重要的支撑位和阻力位尤为明确,它们似乎在对着你喊:"我在这里,快来抓我呀。"

对日内交易者而言,最好是在日线图中触及极端价格或长影线的位置画支撑线和阻力线,而不是在K线收盘价的位置画。这与波段交易者完全相反。波段交易者需要在收盘价的位置处,即K线实体的边缘处画支撑线和阻力线,他们不会在极端价格处画这些线,他们经常忽略日线图上的长影线。这是因为,在波段交易者看来,收盘价比代表极端价格的长影线更为重要。日线图中股票的收盘价是做市商和专业的交易者商定的价格。之前极高和极低的影线是由日内交易者造成的,所以你应该关注它们。为了更好地说明上述观点,我们来看一看图4.21,上面显示的是没有画出支撑线和阻力线的太阳城公司股票(代码:SCTY)日线图,下面显示的是画出了这些线的日线图。

你会看到,我在日线图中标记出了股价反转的区域。

另一个例子如图4.22所示,我在图中标记出了两个价位。为了画出这些价位,我标记出了引起我关注的区域。请注意,我本可以在这张日线图中标记出更多的价位,但为了说明问题,我只标记出了这两个价位。

有时候,在日线图中找到支撑位和阻力位并非易事,因此你无法明确地画出它们。如果我不能明确地看到支撑位和阻力位,我不会强行画出它们。很有可能其他交易者也不能明确地看到这些线,所以没有必要强行画出它们。在这种情况下,我会根据成交量加权均价或移动均价或之前讨论过的其他价位来谋划交易。

在日线图中画支撑线和阻力线的一个窍门是,查看与股票盘前价格走势最接近的最新数据。如果股票的盘前价格为20美元,在交易价格为40美元的区域寻找支撑位和阻力位没什么意义,因为股价不太可能触及这一区域。你要在以往的数据中查找接近当日交易价格范围的数据。有时你需要回到几周前,有时你可能需要回到几年前才能找到接近这一价位的支撑位和阻力位。

为了说明这一点,我们来看看图4.23所示的家得宝股票(HD)的日线图。

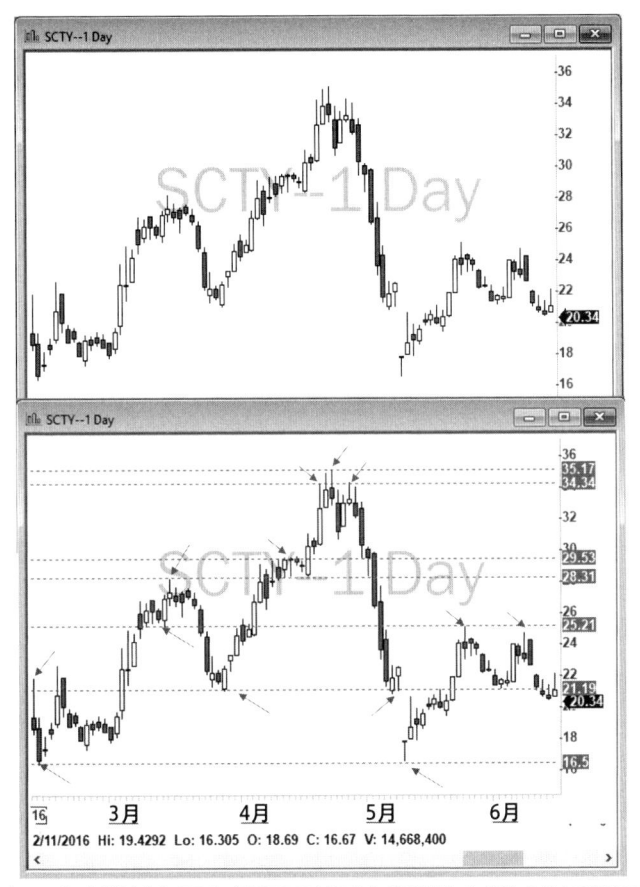

图4.21 没有画出支撑线和阻力线和画出了这些线的太阳城公司股票日线图示例

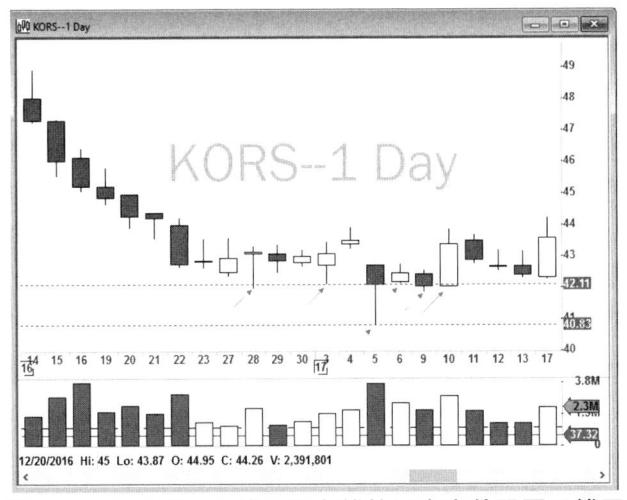

图4.22 显示了支撑线和阻力线的迈克高仕股票日线图

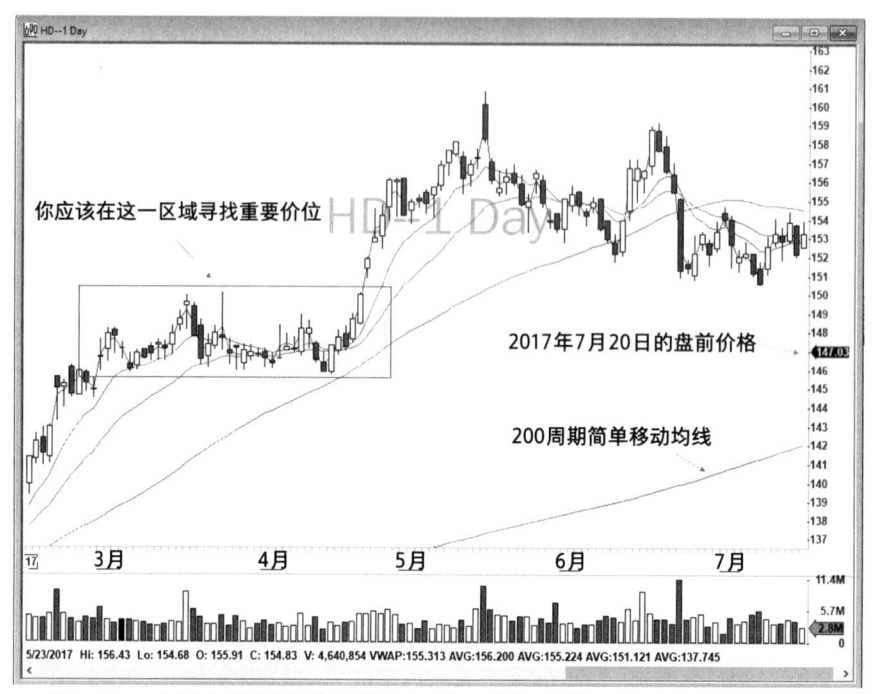

图4.23　家得宝股票的价格跳空下跌，我们来找一找重要价位在哪里

2017年7月20日，家得宝的股价在盘前出现了跳空下跌，交易价格在147美元左右。除了日线图中位于142美元附近的200周期简单移动均线之外，附近没有任何其他重要的价位。为了找到更多重要的价位，我不得不查看这只股票以往的数据，我看到了2017年4月的价格行为。我仔细查看那个区域，并找到了重要的价位，如图4.24所示。我用箭头标记出了引起我关注的区域。

现在我们来看看2017年7月20日家得宝股票的实际交易情况。图4.25显示了其盘中走势。正如你所看到的，当日股市开盘时，这只股票被大量抛售，股价几乎跌破了我标注出的所有价位。在开盘时，股价从148.33美元快速反弹至成交量加权均价（如箭头所示），但抛压如此强大，以至于反弹无法持续。上午10:00之前，股价最终跌破了成交量加权均价，之后在145.90美元处企稳，这是我预先确认的价位（见图4.24所示的家得宝股票2017年3月、4月日线图）。

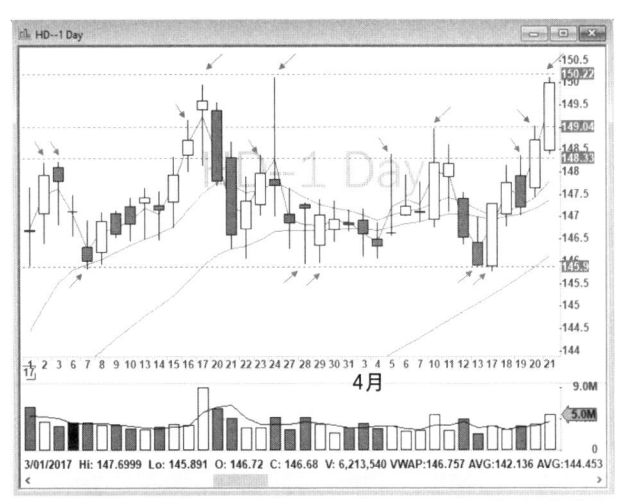

图4.24 回溯家得宝股票的历史数据，找到重要的支撑位和阻力位

图4.25 家得宝股票2017年7月20日盘中K线图

我尽力画出了最具参考意义的价位线，其他交易者可能会根据同样的点位画出稍微不同的价位线，因此我们必须牢记这一点：支撑线和阻力线实际上是一个"区域"，而不是确切的数字。例如，当你以145.90美元左右的区域作为支撑线时，你必须预料到价格会在这个价位附近波动，但不一定正好是145.90美元。根据这只股票的价格，5至10美分的差异是合理的。在上面的示例中，实际的支撑价位可能在146美元至145.85美元之间！

另一个从极端价位反弹的例子如图4.26所示,这是迈克高仕股票2016年12月和2017年1月的日线图。同样,我在图中标记出了我发现的重要价位,而且为了画出支撑线和阻力线,我用箭头指明了引起我注意的区域。

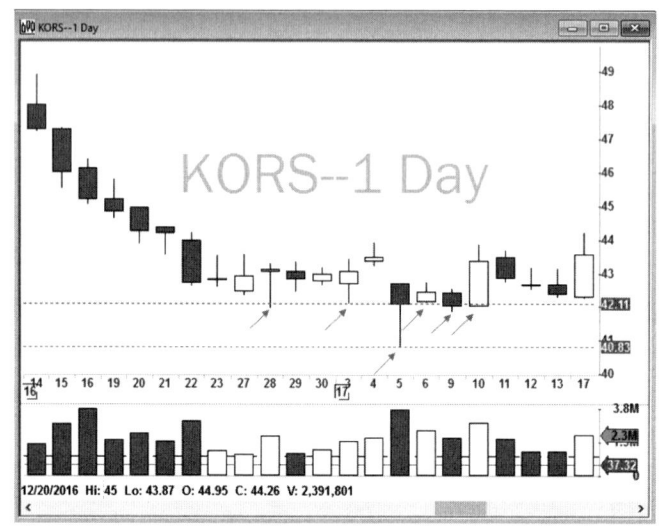

图4.26 标记了重要价位线的迈克高仕股票日线图,
图中的箭头指明了引起我关注并助力我标出这些价位线的区域

历史高点、历史低点、52周高点和52周低点这些价位也极其重要。我们来看看2017年10月2日佐格尼克斯公司股票(代码:ZGNX)的表现。如图4.27所示,这只股票的价格在盘前上涨了4%以上,交易价格在36.50美元左右。在前一个交易日里,其价格从15美元飙涨至35美元。查看其日线图后我发现,附近没有任何重要的价位,直到我发现2014年创下的历史高点41.47美元,如图4.27所示。我在这里使用了周线图是因为我无法插入日线图。插入日线图的话无法阅读。不过,如果你查看这只股票的日线图,你仍然会找到41.47美元这个价位。

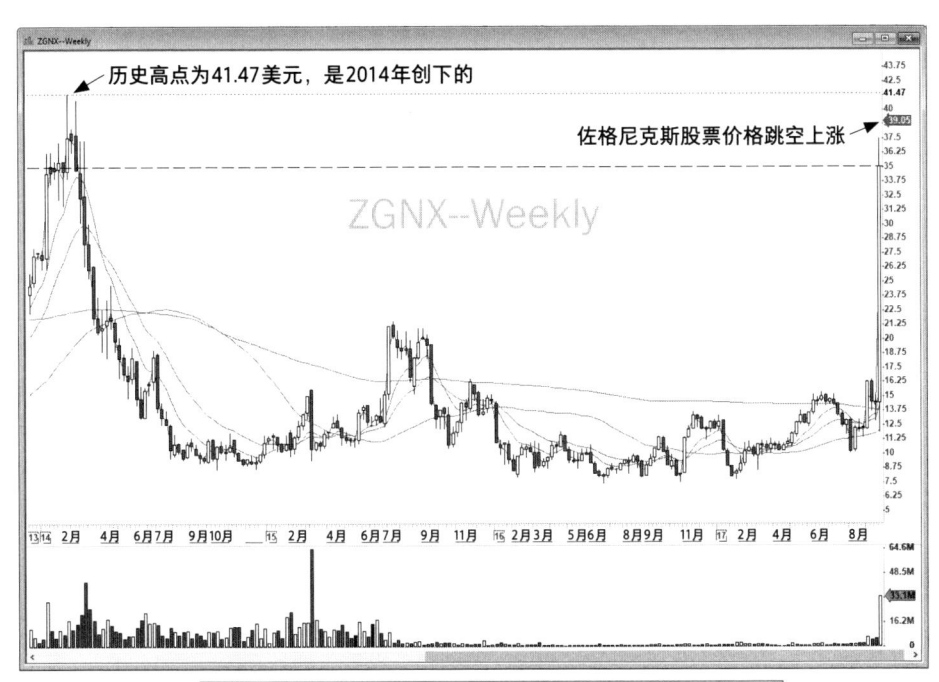

图4.27　2017年10月2日，佐格尼克斯股票出现在了我的跳空股观察清单中。我发现了2014年创下的历史高点41.47美元，正如这张周线图所示

2017年10月2日股市一开盘，这只股票的价格马上向41.47美元上行，不出意料，这个价位是阻力位。在上午11点左右的20分钟的时间里，价格一直试图突破这个价位，但未成功，随后价格缓慢向成交量加权均价回落，最终收于这个价位附近，如图4.28所示。

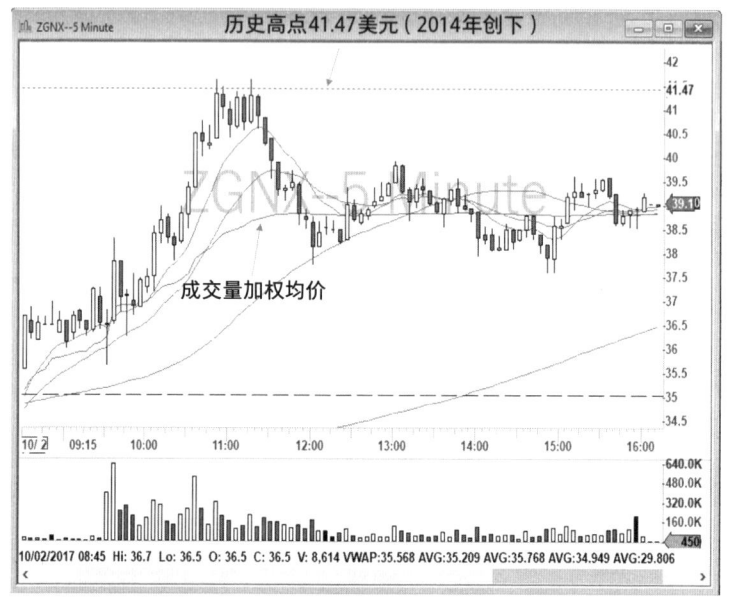

图4.28　佐格尼克斯股票2017年10月2日的5分钟K线图，从中可以看出，2014年创下的历史高点41.47美元在2017年是强大的阻力位

52周高点和52周低点也是散户和机构交易者关注的重要价位。我们来看看2018年3月1日美国钢铁公司股价的走势。与2018年2月28日的收盘价相比，股价出现了跳空上涨。我倾向于做多，认为股价会向52周高点迈进。正如你在图4.29中看到的那样，这只股票的交易价格向52周高点逼近，我希望能利用这次价格突破的机会交易。

股市一开盘，这只股票就被抛售，价格走到成交量加权均价之下，但随后股价从50周期简单移动均线处反弹。当它一回升至成交量加权均价之上，我就做多，并在接近46.30美元（当日高点）和46.86美元（52周高点）时卖出。我总共交易了1600股，从中获利490美元。如图4.30所示，在52周高点46.86美元处，股票被大量抛售。事实证明，这个价位是非常强大的阻力位。

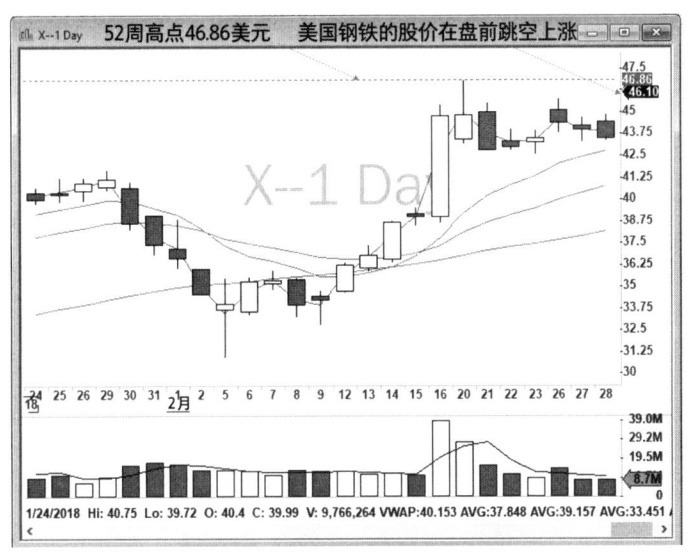

图4.29　美国钢铁股票日线图，
图中显示，价格在不到两周之前创下了52周高点

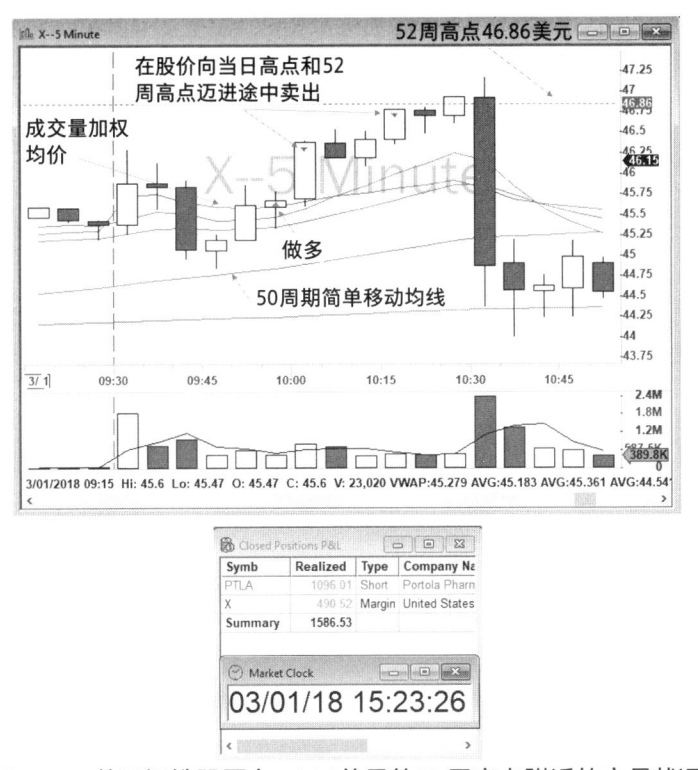

图4.30　美国钢铁股票在46.86美元的52周高点附近的交易状况

可把截至目前我们讨论的内容总结为：

1. 前一个交易日收盘价是图表中最重要的价位之一。

2. 之前交易日的高点和低点（通常是昨日和前日的）很重要，一些平台会自动绘制出这些价位线。在达斯交易平台中，价格标记研究会为你完成这项工作。

3. 明确的盘前价位（低点和高点）通常是重要的盘中价位。

4. 日线图和盘中K线图中的移动均线通常也是重要的价位。移动均线的周期数越大，它的支撑和阻力就越强（例如，200周期简单移动均线就比9周期指数移动均线的效力更强）。此外，均线覆盖的时间框架越长，其支撑和阻力就越强。例如，5分钟K线图中的20周期指数移动均线要比1分钟K线图中的20周期指数移动均线效力强。

5. 股价从日线图上的极端价位出现了反转，这些极端就是重要的价位。向上或向下的长影线也代表着极其重要的价位。

6. 确认重要价位时要始终参考最新的数据，而且要尽量从接近盘前价格的价位中寻找。寻找不在当天价格波动范围内的重要价位没有意义。

7. 历史高点、历史低点、52周高点和52周低点也是在盘前筛查中应标记出的重要价位。

尽管确认支撑线和阻力线不容易，但一旦掌握了窍门，它就变得很简单了。不过，掌握窍门需要勤加练习。每天早上，当我发现"可交易股"的支撑位和阻力位时，我都会在聊天室中与大家分享，感兴趣的读者可随时进入查看。

第 5 章

价格行为、蜡烛图和交易管理

成功的交易者需要学会实时盯盘和研究过去的数据，从价格走势中提取重要的信息。因此，本章将介绍价格行为和蜡烛图的基本原理。部分内容可能与我第一本书的内容重复，不过我在这里对图表形态和交易管理的技术性讨论要深入得多。

众所周知，17世纪，日本人开始在大米交易中使用技术分析和一些早期版本的蜡烛图，这主要归功于日本坂田镇的传奇大米贸易商本间宗久（Homma）。虽然早期的技术分析和蜡烛图与今天的有所不同，但许多指导原则非常相似。我们今天熟知的蜡烛图最早出现在1850年之后。本间宗久最初的思想在多年的交易中不断被修正和完善，最终形成了我们现在使用的蜡烛图系统。除了蜡烛图，还有其他表现价格行为的形式，包括条形、线条、点和图形。然而，我个人认为，蜡烛图更具有视觉吸引力，也更容易理解。

要绘制蜡烛图，你必须获得以下数据：（1）开盘价，（2）选定时间段内的最高价，（3）该时段内的最低价，（4）收盘价。

时间段可以是1日、1小时、5分钟、1分钟或你喜欢的其他任何时段。蜡烛的空心（白色）或实心（红色）部分被称为"实体"。实体上方和下方的细长线表示最高价/最低价的范围，它们被称为"影线"。上影线顶端表示最高价，下影线底端表示最低价。图5.1为两个示例。当股票的收盘价高于开盘价时，则绘制空白的蜡烛，实体的底部表示开盘价，顶部表示收盘价。当收盘价低于开盘价时，则蜡烛实体是实心的（通常显示为红色），实体的顶部表示开盘价，底部表示收盘价。

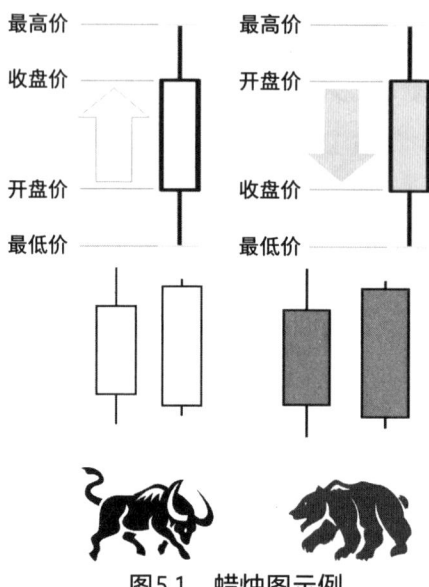

图5.1 蜡烛图示例

每一个蜡烛图都是一幅易于解读价格走势的图，交易者可根据它们确认开盘价和收盘价以及高点和低点之间的关系。开盘价与收盘价之间的关系是至关重要的信息，是蜡烛图提供的最基本的信息。

空心蜡烛图中，收盘价高于开盘价，代表买压。实心蜡烛图中，收盘价低于开盘价，代表卖压。

价格行为与群体心理

每一刻，股市里都有三种交易者：买方、卖方和观望者。买方显然希望支付尽可能低的价格，而卖方则希望获得尽可能高的价格，这种冲突可通过买卖价差表现出来（第2章）。"卖价（Ask）"或"报价（offer）"是卖方提出的股票出售价格。"买价（Bid）"是买方愿意为股票支付的价格。交易的实际价格是特定时间点交易者（包括买方、卖方和观望者）交易行为的结果。

面对着伺机而动的观望者，买方（多头）和卖方（空头）都有压力。这些观望者可能突然出手达成其他人正在考虑的交易。如果买方等待了很久都无法决定交易，其他人可能会抢先出手，抬高价格。卖方等待一个更高的价格的时间过长时，其他人可能以更低价卖出，压低股价。犹豫不决的观望者给买卖双方都带来了交易压力。

买方之所以出手买入股票，是因为他们预计股价会上涨。多头买入会推高股价，或者用我的话说就是"买方掌控一切"，我称他们为"激进的买方"。其结果是，买方愿意支付的价格越来越高，而且你争我抢，相互竞价。他们认为，若现在不采取行动，他们最终将付出更高的代价。观望者的存在让买方产生紧迫感，加速了股价上涨，使得买方迅速买入，导致股价进一步上涨。

卖方之所以卖出股票，是因为他们预计股价会下跌。空头抛售会压低股价，或者用我的话说就是"卖方掌控一切"，我称他们为"激进的卖方"。结果是卖方愿意接受的价格越来越低，他们担心不能以更高的价格卖出，担心错过了现在的机会，就不得不以更低的价格卖出。观望者的存在也会让卖方产生紧迫感，加速股价下跌。接着卖方竞相卖出股票，进一步压低股价。

成功的日内交易者的目标是确认哪一方最终将掌控一切，然后瞅准时机快速出手，对占上风的一方下注。这是游击战术的实际运用。你要分析买方和卖方的实力，并把注押在赢家身上。幸运的是，蜡烛图是这场斗争和群体心理活动的反映。成功的日内交易者是电脑和制图软件背后的社会心理学家。做交易需要研究群体心理。

蜡烛图能告诉你很多有关股票总体趋势和市场中买方或卖方实力的信息。刚"出生"的蜡烛是中性的，但之后它们逐渐会变得看跌或看涨，或者在极少数情况下变得不明确。蜡烛刚"出生"时，交易者不知道它会如何变化。他们可能会做出猜测，但直到蜡烛最终成形（股市收盘），他们才真正知道它是什么样儿的。蜡烛一"出生"，战斗就打响了。牛熊争斗，蜡烛显示谁是赢家。如果买方掌控了一切，你会看到蜡烛上移，形成看涨蜡烛。如果卖方控制了价格，你会看到蜡烛下移，变成看跌蜡烛。你可能会认为这一切都是显而易见的，但许多交易者并不能看出蜡烛是买卖双方斗争的体现。小小的蜡烛是出色的指示器，它会告诉你赢得战斗的是多头（买方）还是空头（卖方）。

看涨和看跌蜡烛图

图5.1左侧显示的是大的实体朝上的看涨蜡烛图。这意味着买方控制着价格行为，他们很可能继续推高股价。蜡烛图不仅告诉你价格信息，还告诉你买方正在赢得战斗，他们实力强大。

看跌蜡烛图是显示出看跌实体的蜡烛图。那么，看跌蜡烛能告诉你什么信息呢？它告诉你，卖方控制着市场的价格行为，买入或"做多"是馊主意。

有很大实体的实心蜡烛，如图5.1的右侧所示，这意味着开盘价高，收盘价低。这是市场看跌的好指标。当你想做多时，在看到一系列的看跌大蜡烛后，你肯定就不想做多了。你不想身处跌势之中。而当价格趋势持续时间很长，蜡烛实体变得越来越小，如果你想做多的话，此时可能是利用反转出手操作的时机。

只要学会解读蜡烛图，你就会对股票行情，即"价格行为"有了一个整体的看法。在日内交易中，确认哪一方控制着价格行为是极其重要的技能。正如我提到的，成功的交易者都是善于使用电脑和交易软件的社会心理学家。做日内交易需要研究群体心理。

成功的日内交易者需要判断最终控制局面的是买方还是卖方，然后把赌注押在获胜的那一方。当买方的力量更强大时，你应该买入并持有股票；当卖方的力量更强大时，你应该卖出和卖空股票。如果两方实力相当，聪明的交易者会坐山观虎斗，直到等到能确定哪一方会获胜时，他们才会出手交易。你永远都不想站错队，因此，学会解读蜡烛图很重要，在交易中解读价格行为也很重要。

涨跌不明的蜡烛图

十字星蜡烛图（Dojis）：简单形、射击十字星、锤子形

十字星是一种重要的蜡烛图形态，具有不同的表现形式。不过，这种蜡烛图一个显著的特点是，没有实体或实体很小。图5.2即显示了一些十字星蜡烛图的

示例。十字星蜡烛图通常也被称为涨跌不明的蜡烛图。在这些蜡烛图中，买卖双方的实力几乎相当，虽然没有哪一方能控制价格，但双方的争斗仍在继续。通常情况下，出现这些蜡烛图时，股票的成交量比较低，因为交易者正在观望，看是卖方还是买方能在争斗中获胜。在涨跌不明的蜡烛图形成后，价格趋势会很快发生变化，因此在价格走势中识别它们非常重要。

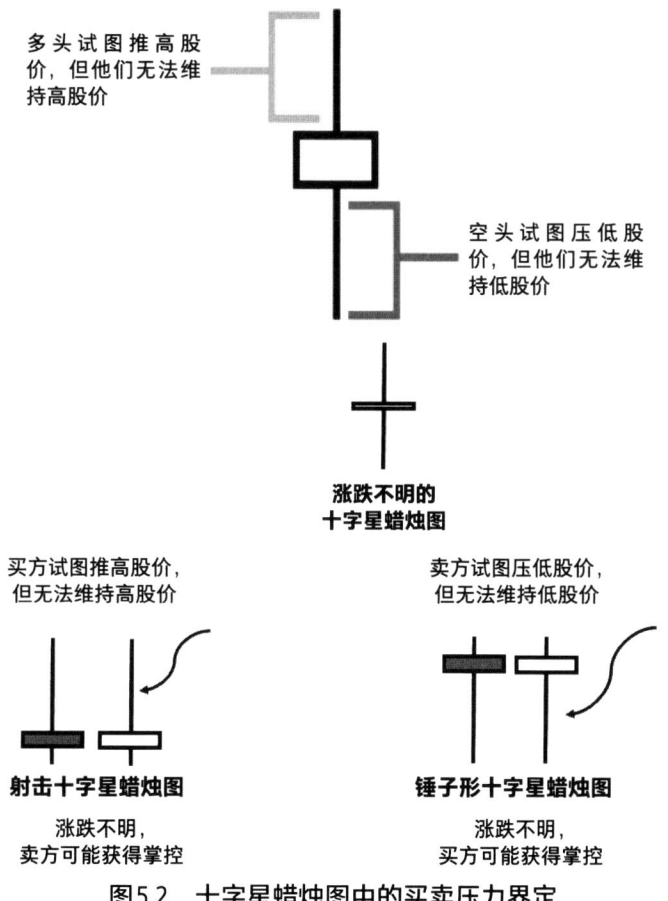

图5.2　十字星蜡烛图中的买卖压力界定

在简单形十字星蜡烛图中，上影线和下影线长度相似，而在其他十字星蜡烛图中，上下影线不相等。上影线较长意味着买方试图推高价格，但没有成功。这类十字星蜡烛图，例如射击十字星，依然是涨跌不明的蜡烛图，但它们可能表明，买方的力量正在减弱，卖方可能会占上风。

下影线较长，形成锤子形的十字星蜡烛图，这意味着卖方试图压低价格，但以失败告终，表明多头正逐渐掌控。

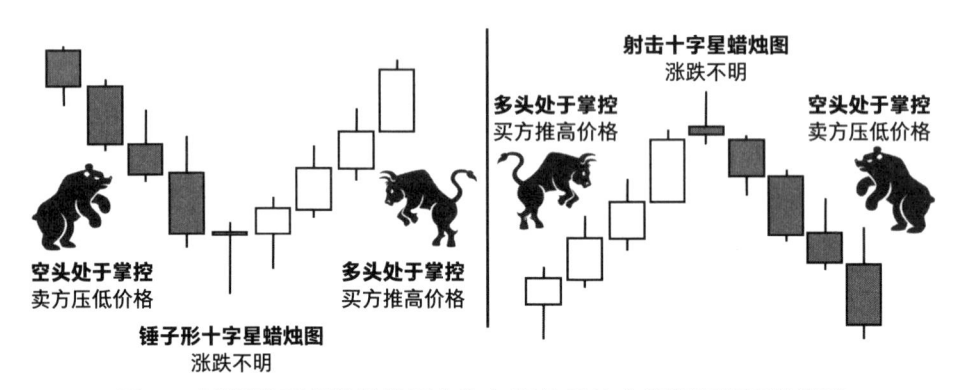

图5.3 以涨跌不明的蜡烛图作为入场信号的底部和顶部反转策略

所有的十字星蜡烛图都表示股价走势不明朗。当在趋势中形成十字星时，说明股价走势有可能出现反转。在上涨趋势中形成十字星，表明多头已经筋疲力尽，空头正在反击以控制价格。同理，在下跌趋势中形成十字星，表明空头已经精疲力竭，多头（买方）正在反击以控制价格走势。图5.3即为示例。

学会识别这些蜡烛图后，不要过于兴奋，贸然交易。蜡烛图并不是完美的依据。如果你每次在看到十字星形成时就出手交易，那么你最终会遭受重大的损失。永远记住，这些蜡烛图只表明股价的走势不明朗，并不表示股价一定会反转。要高效地利用涨跌不明的蜡烛图，你就必须找到能确认股价走势的蜡烛图，而且在理想情况下要把蜡烛图与其他形式的分析（如支撑位和阻力位）结合起来使用，我们在第4章中解释过支撑位和阻力位。

蜡烛图形态

许多交易员喜欢识别复杂的图表形态，并据此做出交易决策。在谷歌中搜索时，你会发现数百种名字富有创意的蜡烛图形态，包括头肩形态（Head-and-Shoulders）、杯柄形态（Cup-and-Handle）、弃婴形态（Abandoned Baby）、乌云盖顶形态（Dark Cloud Cover）、向下跳空并列阴阳线形态（Downside Tasuki Gap）、蜻蜓形态（Dragonfly）、晨星形态（Morning Star）、黄昏之星形态（Evening Star）、下三法形态（Falling Three Methods）、身怀六甲形态（Harami）、竖状三明治形态（Stick Sandwich）、三乌鸦形态（Three Black Crows）、白三兵形态（Three White Soldiers）等。相信我，这些名字没有一个是我编造的。这些蜡烛图形态很流行，不过在我看来，许多蜡烛图形态虽然名字有趣，却毫无用处，令人困惑。它们是特别武断和主观的。

令人眼花缭乱的图表形态存在的最大问题是，交易者会对它们做出一厢情愿的解读。你会根据自己是想买入还是想卖出来确定形态是看涨还是看跌的。当你想买入时，你会在某处发现看涨形态。当你想卖空时，你会在某处"看到"看跌形态，比如头肩形态。我甚至怀疑最著名的形态，比如上面提到的杯柄形和头肩形的效力。

图5.4显示的就是这种主观和一厢情愿的想法的例子，这是两张一模一样的日线图，但它们标注了两条完全不同的趋势线。两名交易者在看到一张K线图时，会在情绪的影响下画出两条不同的趋势线。在我看来，这些形态都不是客观的。许多图表形态和趋势线难以量化。我在本书中不讨论这类形态。然而，理解图表形态是成功的日内交易者应具备的基本能力，因此，我在第6章中介绍了基于ABCD形态的日内交易策略。

然而，我比较重视5分钟K线图上显示的两类形态：（1）更高的高点和更高的低点（Higher highs and higher lows）这一看涨形态以及更低的低点和更低的高点（Lower Lows and Lower Highs）这一看跌形态，以及（2）看涨吞没形态和看跌吞没形态。我将在下面详细介绍它们。

更高的高点和更高的低点、更低的低点和更低的高点

效力最强大的一种图表形态是更高的高点和更高的低点形态，尤其是在更长时间框架K线图（如5分钟K线图和日线图）中显示的这种形态。我通常不会在1分钟K线图中寻找这种形态。更高的高点和更高的低点由两个蜡烛图组成，第二根蜡烛的高点高于第一根的高点，第二根蜡烛的低点也高于第一根的低点，如图

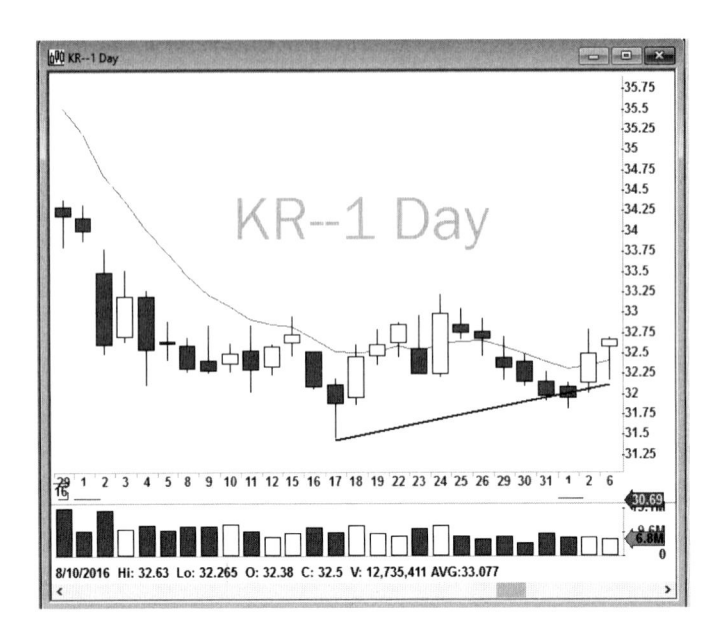

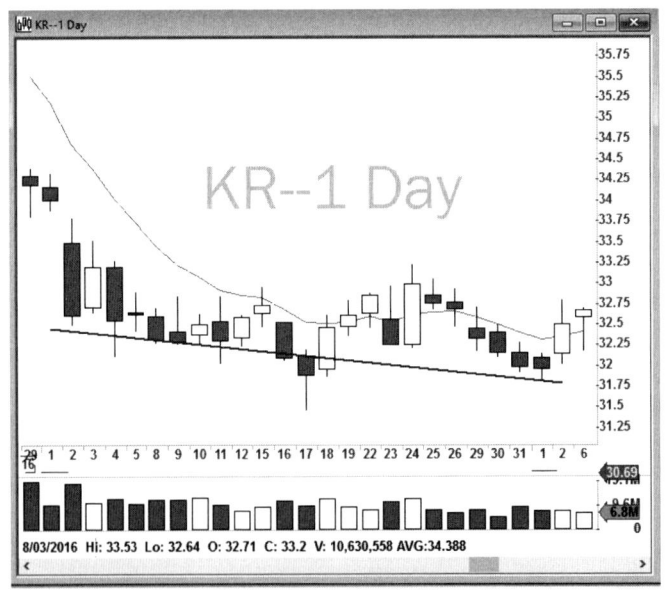

图5.4 2016年夏克罗格股票日线图。
交易者可根据自己的意愿在同一张K线图中画出不同的趋势线

5.5左侧所示。正如你所看到的，随着更高的高点和更高的低点形态出现，买方更加激进，不断推动股价创出新高（与之前的蜡烛相比），而卖方的力量不足以将股价压低至比前一根蜡烛更低的水平。这是非常看涨的趋势。

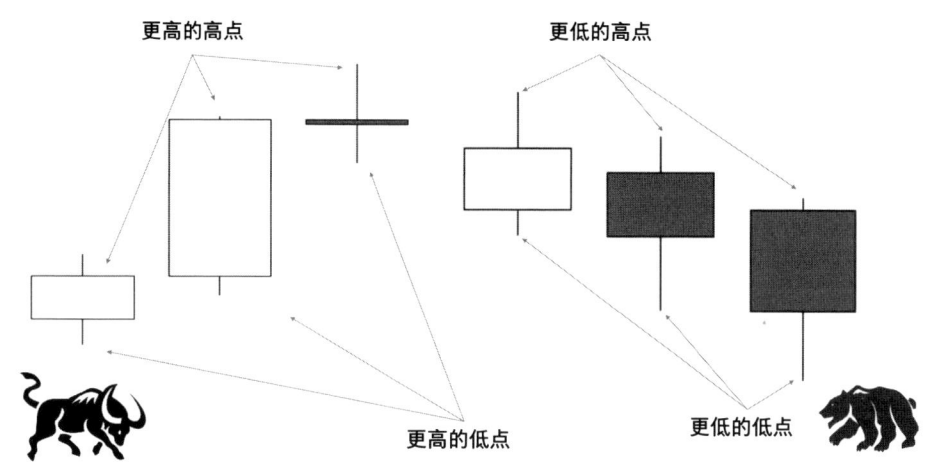

图5.5　更高的高点和更高的低点（看涨形态）和更低的低点和更低的高点（看跌形态）

看跌形态正好相反。与之前的蜡烛相比，新蜡烛的低点和高点均更低说明看跌趋势形成，如图5.5的右侧所示。蜡烛实体是红色还是白色无关紧要，重要的是与之前的蜡烛相比，新蜡烛高点和低点的位置。

识别这些形态对我交易的成功至关重要。我做交易非常谨慎，当低点和高点不断降低时，我不会做多股票。同样，当我卖空了股票，且高点和低点不断提高时，我会在为时已晚之前平仓。我在课上向交易新手们展示了图5.6，询问他们涨势从哪里开始时，大多数人都认为，涨势是从蜡烛D开始的。事实上，在蜡烛B形成后就可以确认上涨趋势了，因为蜡烛A和B已经形成了更高的高点和更高的低点形态了。专业的交易者可能会在蜡烛B形成后做多股票，抓住较好的入场机会，承担更低的风险，但业余的交易者会在蜡烛D，甚至是蜡烛E形成后才入场，那个时候涨势早已开启，且持续了一阵了。

我又问交易新手们涨势在哪里结束，他们认为是在蜡烛F处，但事实上，即使是在红色的蜡烛I形成后，涨势依然在持续，因为更高的高点和更高的低点形态依然存在。

当红色的十字星蜡烛G出现时，缺乏经验的交易者可能会获利了结，但专业的交易者会继续持有部分仓位，直到在5分钟K线图中看到新的低点出现、更高的高点和更高的低点形态被打破。

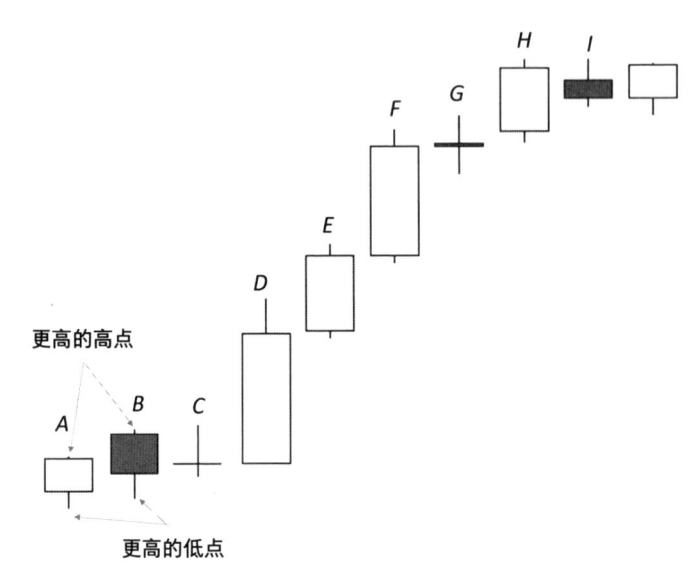

图5.6　一系列蜡烛表明了更高的高点和更高的低点形态从哪里开始。你认为上涨行情会在哪个位置结束？

请注意，截至目前我还没有介绍我的任何交易策略。我将在第6章详细解释我喜欢运用的策略，在此之前，保持耐心很重要。我并不建议你每次在看到更高的高点和更高的低点形态出现时都做多股票，每次看到更低的低点和更低的高点时都卖空股票，绝非如此。识别这些形态很重要，但如何利用它们做好交易是我们在后面的章节中将要探讨的内容。记住，做好交易需要分析众多的指标和参数，价格行为和图表形态只是其中的一部分。

为了说明应如何利用这些知识管理交易，我将在后面回顾我完成的一些交易，有的交易很成功，有的则不然。我每天都会在油管（YouTube）上公布我的交易结果、我的交易策略的分析以及当天我眼中的可交易股的价格走势。

吞没形态

我在5分钟K线图中寻找的另一种重要的形态是"吞没形态"。看涨吞没形态和看跌吞没形态是我最喜欢参考的一类蜡烛图形态。类似于更高的高点和更高的低点形态，这类形态涉及两根蜡烛而不是一根。

如图5.7所示，当一根蜡烛的开盘价低于前一根蜡烛的收盘价，而其收盘价高于前一根蜡烛的开盘价时，看涨吞没形态就形成了。在这种形态中，前一根蜡烛的实体较小，后一根蜡烛的实体较大，好似"吞没"了前一根蜡烛的实体。

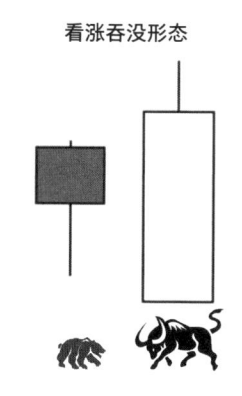

图5.7　看涨吞没形态

为什么这种形态如此看涨呢？可以说，它体现的是卖方和/或卖空者（空头）的重大失败。当第二根蜡烛的实体开始形成时，卖方已经将价格压至低于前一根蜡烛收盘价的水平。你可能会认为，空头一方赢了，然而，买方开始入场并积极买进股票，他们不仅能扭转开局的方向，而且还设法把价格推高至前一个交易日卖方出手时的水平之上。可以把"看涨吞没形态"视为战斗中的一次"意外胜利"，在这场战斗中，卖方不仅损失了在前一天获得的收益，还损失了更多。

我发现看涨吞没形态是极好的反转指示信号（否则我不会详细讨论它）。然而，正如迄今为止我多次提到的那样，这种形态也是一种参考，要确认反转，交易者还需要观察股票后续的价格行为和其他指标。若交易价格再次低于这一形态，该形态也许就失效了。

同样，看跌吞没形态出现在上涨趋势结束时，可能预示着重大的反转即将出现。与看涨吞没形态类似，看跌吞没形态也由两根蜡烛组成。后一根蜡烛的开盘价高于前一根蜡烛的收盘价，收盘价低于前一根蜡烛的开盘价。前一根蜡烛的实体较小，后一根蜡烛的实体较大，好似吞没了前一根蜡烛的实体。图5.8显示了看跌吞没形态。

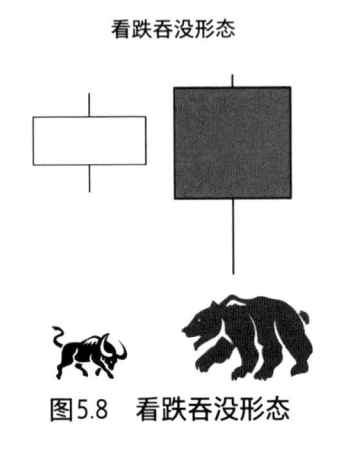

图5.8 看跌吞没形态

基于价格行为的交易管理

两名交易者运用同一种策略进入了交易。刚开始是盈利，后有所回撤。第一位交易者害怕收益回吐，因此迅速地将少量收益变现，退出了交易。第二名交易者在回撤时加了仓，最终获得了更多的收益。俩人运用相同的策略，却得到了不同的结果，这是思维和交易管理风格差异导致的结果。

出色的交易管理是交易成功的关键，与最初制订的交易计划的质量一样重要。我这里所说的交易管理与找到"可交易股票"然后实施策略不同，它指的是你在入场之后、离场之前对仓位的管理。

正确的交易管理决定了交易者是持续盈利还是最终亏损。交易新手们认为，进入交易后，他们不应该做任何其他事情，只需要耐心地等待价格达到他们的利润目标或止损水平。这与专业交易者的做法背道而驰。专业的交易者知道，仅这么做是远远不够的。当你制订好了交易计划并持有仓位时，你对市场和自己交易想法的有效性知之甚少。进入交易后，随着大盘行情的波动，你将收到有关价格行为和你最初交易想法的新数据：股票的价格行为要么支持你的交易想法要么不支持。因此，你需要管理持有的仓位。

交易管理意味着，你在进入交易后必须积极处理信息，你不能只盯着你的仓位或离开你的电脑，等着利润目标价被触发，交易订单被执行。例如，如果你希望股价突破强有力的支撑位下行，而且想通过持有空头仓位在股价下行的过程中获利，你可能想卖空100股股票。短线者和算法交易者通常会在股价从支撑位下跌时开始获利了结，每股获得5—10美分的利润。当这些短线者获利时，股价往往会回升至支撑位，进而测试支撑位是否变成了新的阻力位。如果股价保持在支撑位以下（现在变成了阻力位），那么你可以在股价下行的过程中继续增加空头仓位。如果它没有起到阻力位的作用，价格回升了，那么你将止损离场，你的损失不大，因为你只卖空了100股。

要想成为一名持续盈利的交易者，首先需要学好交易管理，但是新手又很难通过阅读图书实现这一目标。交易管理需要经验和实时做出决策，这就是我强烈建议新手加入交易者社群的原因。他们可以在社群里观察经验丰富的老手如何操作，并聆听后者分享的交易管理思路。这听起来像是在为聊天室和社群打广告，但老实说，若是经验丰富的交易者愿意分享经验，无论是在聊天室还是在其他什么地方，能听到他们的交易管理思路都是非常有好处的。

当两位经验丰富的交易者选择了同一只股票，但一人做多，另一人卖空时，我总是对此很感兴趣。通常情况下，俩人当天都是盈利的，这证明了交易和风险管理经验以及适当的持仓规模比股票和交易者选择做多还是卖空更重要。我和朋友布莱恩·佩兹姆（Brian Pezim）经常会反着做交易，但一天的交易结束时，我们俩都是盈利的。怎么会出现这样的结果呢？一切都源于实践、自律和在交易过程中对情绪的控制，不过我自认为比他更擅长做交易！

最重要的交易规则之一是当股价朝着有利于你的方向前行时，你要将部分收益落袋为安。你应该获利了结1/2或1/4的仓位，留下剩余仓位继续为你盈利。对我来说，当股价朝着有利的方向前行时，我会在下一个潜在的利润目标处获利了结1/4的仓位。我定义了一个热键，按下它会自动减掉我剩余头寸的1/4。例如，我卖空了一只股票，数量为800股，当我第一次按下该热键时，我200股的空头头寸会被平掉。下一次按下该热键时，我剩余600股中的1/4（150股）会被平掉。我的平台会自动计算并将其发送到市场，我不需要每次都计算和输入数据。

在举例子之前，我先介绍一下成功的交易管理的两个基本原则：

1. 绝不能让交易由盈转亏；

2. 适时调整止损价。

当你进入一笔交易时，你必须设置保护性止损价。当价格朝着你预想的方向前行时，你会获得"未实现"的利润。进入一笔交易后，当你账面上出现了可观的利润时，绝不要让盈利转变为亏损。在开始交易之前，你就要计划好从什么价位开始保护你的利润。例如，当你的交易利润目标为1000美元时，你可以把需要保护的利润设定为250美元。一旦你的浮盈增加至250美元，你就可以减少一部分仓位，并把止损价调整至盈亏平衡点。我通常会在浮盈增至利润目标的1/4时减仓，并将止损价调整至盈亏平衡点。这么做后，你就成了交易的驾驶者。你不会遭受任何损失，而且你会用股市里的钱做交易。

在你落袋250美元的第一笔利润后，你应该决定你要保护的未平仓利润的百分比。例如，你可以这样做：将止损价调整至盈亏平衡点后，你将在另一价位兑现另外1/4的未实现利润。注意，比例的设定不是一成不变的，你可以根据对交易的信心程度和风险承受能力设定不同的比例。随着局势变得对你有利，你未实现的盈亏将减少。

现在想象一下，你做多了一只股票，并在买入价下方设置了止损价。这只股票的价格先涨后跌，导致你的未实现盈亏成了负值。股价正慢慢接近止损价，你接下来要怎么做呢？

正如我上面所讨论的，你应从没有提高止损价这个错误中吸取教训。你本应该将止损价提高至盈亏平衡点，但你没有这么做，这导致你现在的选择很有限：要么马上接受少量损失离场，要么继续持仓。然而，许多交易者经常做出令人匪夷所思的选择：降低止损价，给亏损留出"更多的空间"。他们会说，只此一次，下不为例。千万别这么干！当一笔交易开始显露出恶化的迹象时，合乎逻辑的做法是坦然接受损失并离场，之后继续观察图表，做好准备，等待新机会出现时再次入场。降低止损价的做法违背风险管理规则，而且一旦这么做了，有一就有二，有二就有三。

"只此一次"违反风险管理规则的边际成本似乎可以忽略不计，但在交易中，其导致的全部成本要高得多，过多的这类做法会导致重大的财务损失和交易生涯的终结。在许多交易者的脑子里有一个声音在说："听着，我知道，按常理来说，我不该这么做，但这是笔特殊的交易，只此一次，给它留出更多的空间。"他们脑子里的声音似乎是对的；"只此一次"做错事的代价一般看上去很小，然而，它给你挖了个坑，让你陷进去了，使你看不到路的最终走向，也看不到你做的选择的全部代价。

当我想减肥时，我的私人教练给我制定了一份食谱。他主要从我的饮食中去掉了糖、面粉和简单的碳水化合物，以健康的脂肪、蛋白质和复合碳水化合物取而代之，如燕麦和山药。这是完美的饮食组合。他还允许我在一周之中训练和跑步次数最多的那一天吃顿"作弊餐"，也就是说，在那一餐里，我可以随心所欲地吃任何食物，包括冰激凌。

虽然我知道按教练制定的食谱饮食对我有好处，但我无法坚持执行。每当我吃完"作弊餐"后，我就会回到之前吃含糖量高的食物的习惯。这是一种饮食障碍，甚至可能是一种心理障碍，就像正戒酒的酗酒者一样，只要喝上一口就会前功尽弃，重拾坏习惯。世界上对食物上瘾的人最多了。糖、油和盐是人类尝试过的三种最容易上瘾的化学物质。难怪炸薯条是地球上最不健康的食物之一，但每天都有数百万人在吃它，它是三种令人上瘾的食物的结合体：糖上覆盖一层油再覆盖着盐。

我一直搞不懂我不能按减肥食谱饮食的原因，直到我决定从食谱中去掉那顿作弊餐。当我做到这点时，我就能够完美地遵循减肥食谱了，而且在夏季来临之前，我已经掉了好几磅赘肉，完成了减肥目标。我从中得到的启示是：百分之百地坚持原则要比98%地坚持原则容易。界限的作用之所以大，是因为你没有穿越它；当你有理由穿越了它一次时，就没有什么可以阻止你一次又一次地穿越它了。同样，在交易中，"只此一次"给交易留出更多的空间是一种铤而走险的行为，源于一厢情愿的想法。专业的交易者会接受少量损失离场，并为另一笔交易保持警觉。他们经常在股价走势对自己有利，并且获得巨额利润之前快速尝试几次。

为了说明上述这些观点，我们回顾一下我完成的一些交易。图5.9显示了2017年6月21日我对奥多比股票（代码：ADBE）交易的管理状况。我在上午9:40两度卖空了这只股票，平均价格为145.25美元，而且我把利润目标价设定在了144.25美元处和5分钟K线图上的50周期简单移动均线处。我最初设定的止损价约为145.70美元，高于成交量加权均价。

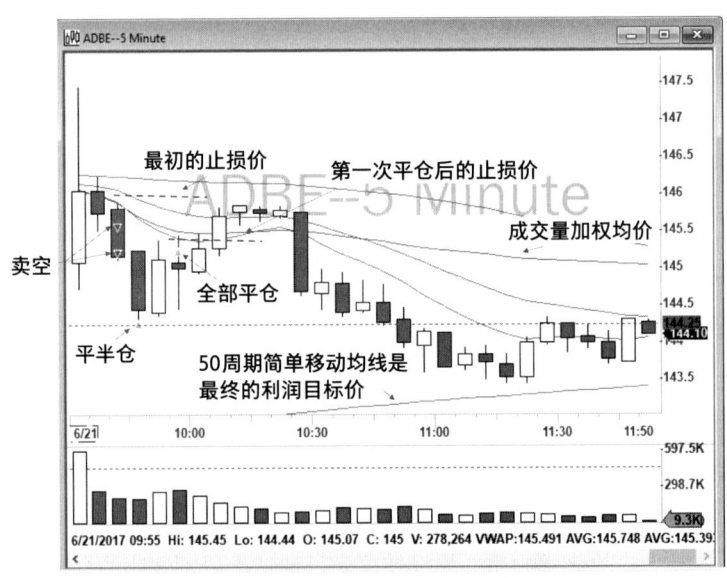

图5.9 交易奥多比股票的止损管理示例

股价很快就下跌了，我在144.25美元的第一个利润目标价处平了一半仓位。之后，我决定把止损价调整到盈亏平衡点处。这只股票不会对我造成不利影响了！现在，止损价位于我的入场平均价145.25美元附近。正如你从5分钟K线图中看到的，股价没有创下新低，反而反弹了。从K线图中可以看出，更高的高点和更高的低点形态出现了，这是一种看涨形态。于是我在盈亏平衡点处平仓离场，小赚了一笔。

在我离场后，奥多比的股价上涨至成交量加权均价之上，出现了VWAP假突破（详见第6章），最终在中午12:00左右触及了5分钟K线图上的50周期简单移动均线（图5.9中未显示）。从这个例子中可以看出，如果我坚持原来的交易计划不变，我会获得更多的收益。需要注意的一点是，这个例子是个例外，通常在这种情况下，你会因损失严重而被止损。此外，上午10:30左右，当股价走势出现VWAP假突破时，你可以重新进场交易。我在进入交易时不知道股价会在144.25美元处反转，也不知道会出现VWAP假突破。这些信息是我在持仓后才得知的，我需要调整交易计划，例如调整止损价或在适当的价位重新入场交易。

识别看跌或看涨蜡烛图及其形态有助于交易者选择更好的交易方向，减少亏损交易的数量。我们来看看我在2017年10月5日对梯瓦制药股票（代码：TEVA）完成的一笔亏损交易，如图5.10所示。股市一开盘，这只股票就被大量抛售，股价创下了15.59美元的当日低点。开盘区间突破（Opening Range Breakout）给交易者提供了一个绝佳的卖空机会（如第6章所述），但我错过了。当股价向成交量加权均价反弹时，我在上午10:05以15.75美元的价格卖空了股票，卖空价格低于成交量加权均价，而且我把利润目标价设在了当日低点及之下。股价不但没有

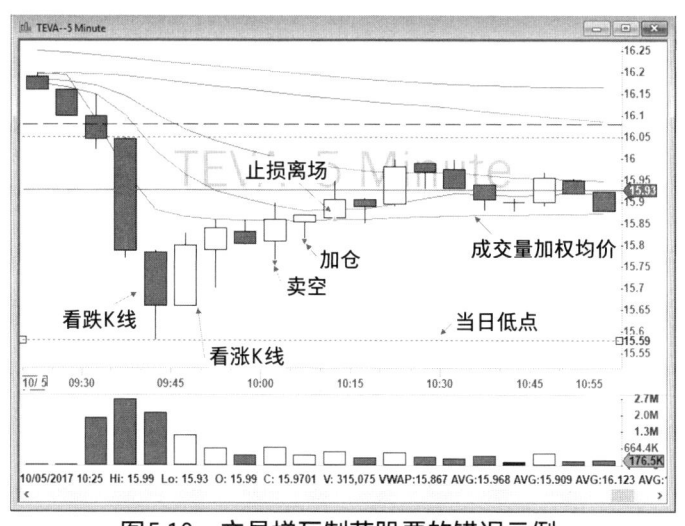

图5.10　交易梯瓦制药股票的错误示例

离开成交量加权均价，而且还上涨了。我以15.80美元的价格加了仓（我的卖空均价现在变成了15.77美元）。最终，在上午10:15，股价回升至成交量加权均价之上，我以15.85美元的价格止损离场，每股损失了大约8美分。

我哪里出错了呢？价格向成交量加权均价反弹可能是卖空股票的好机会，但在这个例子中，价格走势并没有指示卖空机会，我没有意识到这一点。当股价以看跌大蜡烛的形态下行至15.59美元后，突然出现了一根看涨蜡烛。这不太像是吞没形态，但是，在一根看跌蜡烛后出现一根看涨大蜡烛仍然不是什么好兆头。如果卖方仍然控制着局面，那么你能预料到股价将出现一段时间的震荡，一些小蜡烛或十字星会出现，之后会出现新一轮的抛售。但就梯瓦制药股票而言，上午9:50出现了一根看涨蜡烛，在股价向成交量加权均线反弹的过程中出现了更高的高点和更高的低点形态。记住，这是一种看涨形态，所以，即使梯瓦制药股票在开盘时表现不佳，卖空它也不是什么好主意。这只股票的价格走势表明，形态已经改变，押注在卖方身上已不再是明智之举了。正如你所见，在我上午11:00左右截这张图之前，这只股票的交易价格再也没有跌破成交量加权均线。

我的错误是没有认识到形态由看跌到看涨的变化。在这只股票遭大量抛售后，我没有注意到看涨蜡烛形成（这是卖方筋疲力尽的信号），当股价走势形成了更高的高点和更高的低点这种看涨形态时，我卖空了它。如果当时我意识到了这一点，我会避免做这笔交易，或者至少我会再等一等，等待更好的确认。

图5.11显示的是2017年9月13日我交易诺德斯特龙股票（代码：JWN）的截图，这是利用价格走势管理交易的又一个反例。在股市开盘后的前5分钟内，这只股票被大量抛售，我决定运用开盘区间突破策略以47.45美元的价格卖空它，并把止损价设置在成交量加权均价之上。股价走低时，我以47.30美元的价格加了仓，并把利润目标价设置在了当日低点（约为47.20美元）之下。股价未能在9:35—9:40之间创下当日新低，而且以更高的高点和更高的低点形态向成交量加权均价反弹。我一直持仓未动，直到最终以47.67美元的价格止损离场。

我哪里出错了呢？我最初的想法没有问题。这只股票在开盘时遭大量抛售，这似乎是绝佳的卖空机会。然而，股价没有创下新低，反而在上午9:35—9:50之间反弹了，在5分钟K线图上出现了一系列更高的高点和更高的低点形态。在此期间，我应该早点离场，这样我遭受的损失会少一些，或者可能不亏不盈。我原来的交易计划已经不适用了，我本应该看出这一点来。股价没有创出新低，而且更高的高点和更高的低点形态已经形成，所有的新信息都表明，蜡烛图的形态已经发生了变化。我坚持最初设定的高于成交量加权均价的止损价不变，但根据新的价格行为信息，我应该调整止损价，更早地止损离场。

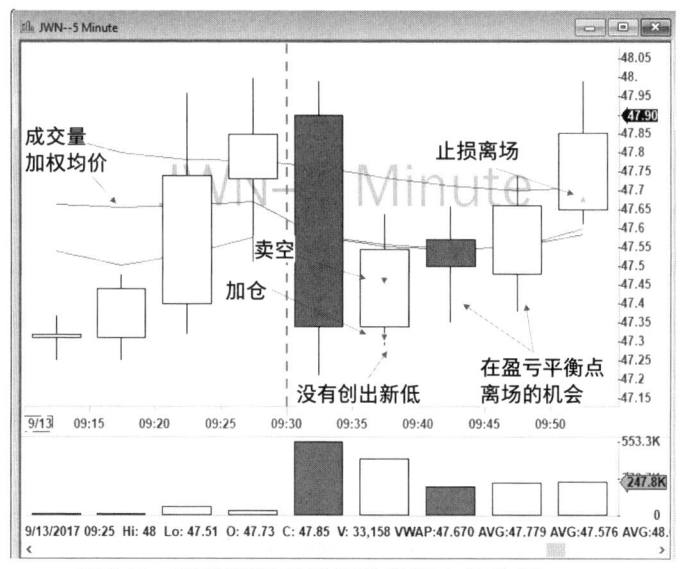

图5.11 诺德斯特龙股票的价格走势分析。
你能看出在上午9:35—9:50之间出现了更高的高点和更高的低点形态吗？

再来回顾一下我于2017年11月13日对京东股票（代码：JD）的交易状况，如图5.12所示。开盘时，这只股票的价格放量上涨，但很快就在42.74美元处遇阻，股票被大量抛售，在K线图上表现为一根巨大的看跌蜡烛。这样的股价走势看起来像是强大的看跌吞没形态，尽管在上午9:35形成的蜡烛并没有完全吞噬在9:30开盘时形成的蜡烛，然而，我认为买方大势已去，败局已定，因此以41.80美元的价格卖空了股票，并把止损价设置在了42美元左右，略高于成交量加权均价。我心里有两个利润目标价：当日支撑位41.12美元和5分钟K线图上的200周期简单移动均线。正如我预料的那样，之后京东股票被大量抛售，跌至41.12美元。我以41.12美元的价格平了1/4的仓位，以40.80美元的价格平了另外1/4的仓位。然后，我把止损价调整至盈亏平衡点处，因为我已经在交易中获得了利润。然而，我注意到股价未能在上午9:45创下新低，而是以看涨的蜡烛形态向成交量加权均价反弹，于是决定以41.13美元的价格平仓离场。

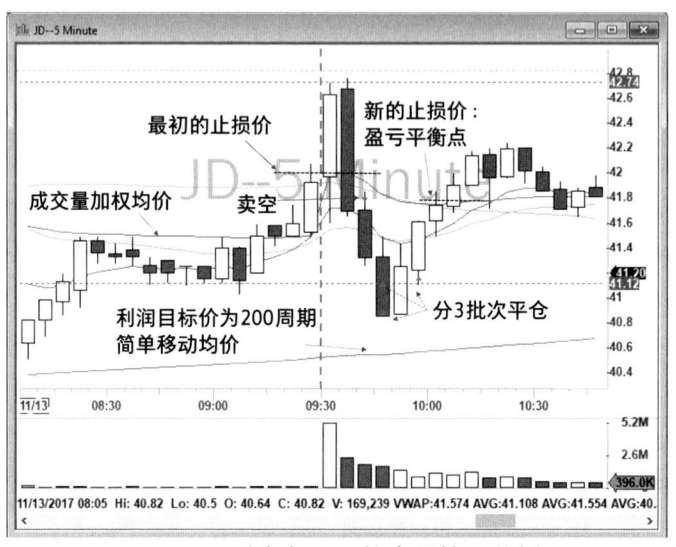

图5.12　对京东股票的交易管理分析

为什么我早早地平了仓，没有等到我在盈亏平衡点处设置的止损价被触发时再出手呢？因为我注意到，股价没有创下日内新低，看涨蜡烛出现在了看跌蜡烛旁边。虽然股价走势没有形成看涨吞没形态，但我不相信卖方有能力将股价压至新低，所以我在股价跌至调整后的止损价之前就早早地平了仓。这样做可以保住部分利润。如果我没有利用新信息，而是持仓不动，那么我会在上午10:00之后以41.80美元的价格止损离场。我不断审视价格行为，保住了最后一部分利润，取得了令人满意的结果。正如你所看到的，股价在41.12美元上方开始形成更高的高点和更高的低点形态，并在早盘后期回升到了成交量加权均价之上。

此外，请注意，我提及的日内价格不包括盘前价格。例如，在京东股票交易中，上午8:30之前股价为40.60美元，但我说的日内新低指的是开盘后价格区间的新低，不包括盘前价格。

2017年8月14日交易京东股票时，我再次做出了类似的管理，如图5.13所示。股市开盘时这只股票的表现比较弱，股票被大量抛售，股价朝着当日支撑位43.23美元下跌。在开盘5分钟之内，股价跌破了成交量加权均价，之后我以44.10美元的价格（略低于成交量加权均价）卖空了它。我最初设定的止损价为44.20美元，利润目标价一个为43.23美元，另一个更低一些，为42.50美元（在图5.13中未显示）。如我所料，之后股价朝着43.23美元的价位下行，我平了1/4的仓位。将第一笔利润收入囊中后，我把止损价调整至盈亏平衡点。不过我注意到，在我第一次平仓后，股价没有创出新低，为防万一，我决定再平掉1/4的仓位，因为此时我不确定卖方是否仍然控制着局势。之后股价反弹，在9:50创出新低，不过开始出现更低的低点和更低的高点形态逼近当日低点。我仍然希望股价会再创新低，跌破43.23美元，但在上午10:05，我发现股价未创出5分钟新低。我决定平仓离场。此时我几乎敢肯定，股价会反弹至成交量加权均价，因为它没有创下5分钟新低。

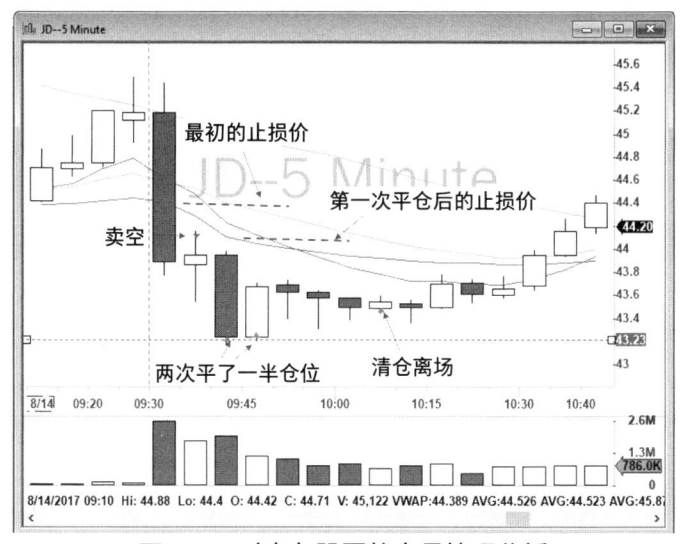

图5.13　对京东股票的交易管理分析

我的决定正确吗？正如你所看到的，在我清仓离场后，股价反弹到了成交量加权均价，并且一路上行。我本来可以持有最后一部分仓位到我设置在盈亏平衡点处的止损价（44.10美元）被触发再离场，但我决定以43.50美元的价格锁定利润，早早地离场。如果我坚持原来的计划，不分析获取的新信息，那么我就会失去剩余仓位的额外利润。

再来看看我2017年9月13日对爱美医疗股票（代码：FOLD）的交易管理。当日开盘时，这只股票的表现很亮眼，价格上涨，但在上午9:40—9:45之间，它被大量抛售，股价回落至成交量加权均价附近。我准备在成交量加权均价下方卖空这只股票，但随后我注意到，在9:45—9:50之间，一根非常显眼的看涨蜡烛出现。这根蜡烛与前一根蜡烛构成了类似于看涨吞没的形态（虽然不完美，但非常接近！）。请注意，在成交量加权均价附近通常会出现大量的机构交易。我怀疑这根看涨蜡烛意味着大机构的交易员以成交量加权均价买入。我在这里要强调的一点是，日内交易者要与这些大玩家共进退，而不是与他们对着干。这只股票在附近的阻力位是14.06美元，即昨日高点。事实上，达斯交易者专业平台的价格标记研究（见第4章）在K线图中自动标记出了这一价位。综合考虑所有这些信息后，我以13.80美元的价格做多了股票，并在股价朝14.06美元这一阻力位上涨时清仓离场，如图5.14所示。

我的进场信号是什么？在我看来，进场信号是在看跌的蜡烛旁边出现了看涨的蜡烛。我意识到卖方已经筋疲力尽，作为一名伺机而动的交易者，我加入了多头阵营，为推高股价助了一把力。我们成功了。

仓位管理

仓位管理指的是决定你每笔交易的持仓量。有些交易的结果非常明朗，你可以巨量持仓，一些人称之为"满载"。这些交易机会似乎在喊："快来啊，机不可失，时不再来。"一些交易机会具有吸引力，可以持"大"仓位，而有些交易机会，你只是想尝试一下，也许以后会加仓。知道在何时最大规模地持仓是交易新手必须掌握的技能。仓位管理不善会导致不稳定的表现。我会在下一章详细介绍2%规则，即无论机会有多好，你在一笔交易中承担的风险都不能超过你账户资金额的2%。留得青山在，不怕没柴烧，要着眼于长远，未来总有交易机会。

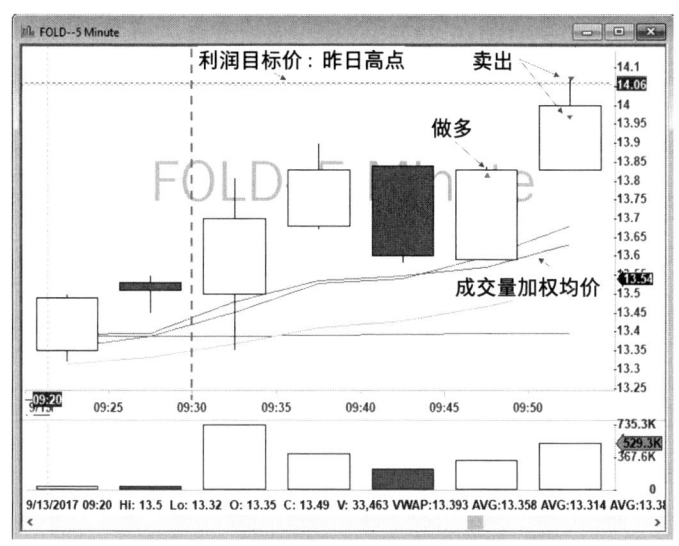

图5.14 爱美医疗股票吞没形态示例

交易新手认为，要想获得可观的利润，就必须以巨大规模的仓位交易。事实上，仓位规模适度的交易就可以让他们获利丰厚，特别是在交易中等流通量股票时。你可以通过小仓位买卖活跃股赚大钱，同样，你也可能因大仓位买卖活跃股而遭受惨重的损失。

经常有新手问我，在一笔交易中买卖多少股票合适？这不是个好问题。正确的问题是，考虑你的购买力，你能承受多大的交易规模。机构和自营交易公司比散户拥有更雄厚的资金实力，他们可以与清算公司谈判获得盘中购买力。你我这样的散户只能获得4∶1的杠杆，而业绩好的交易公司可以获得几乎无限的盘中购买力，他们可以向公司内的任何交易员提供尽可能多的购买力，不过他们不会这么做，因为他们有严格的风险控制规则，每位交易员最初的购买力都是有限的。随着交易员的进步，他们的购买力也会相应提高。富有经验的交易员可以获得更大的购买力，他们获得的利润抵消了新手和经验欠缺的交易员导致的损失，从而使公司的集体风险最小化。

当风险回报率对我有利时，我会大量持仓，不过我很清楚，我要能承受相应的风险。当我大量持仓的交易遭受重创时，我能够迅速恢复元气。在股市开盘时遭受重创不会使我一蹶不振，我能够重新评估形势并继续交易。

仓位管理基本上取决于你交易的股票类型。中等流通量股的价格波动幅度较小，在交易期间更容易管控风险。相比之下，对于在几秒钟内波动幅度可达10%或20%的低流通量股，我从不大量持仓，即使它们的价格很低（1美元—10美元），而且我有足够的购买力。

我建议交易者从100股开始做起。持仓100股的风险较低，不过回报也很低，但你得一步一步来。当你能控制好自己的情绪时，你可以慢慢提高持仓量。锻炼交易技能，让交易账户变大，慢慢增大交易规模。

我的交易规模视股票价格、账户规模和风险管理规则（第7章详述）而定，不过从近期的状况来看，对于价格在20—50美元的股票，我一笔交易的规模通常是2000股。

对于价格更高的股票（50—100美元），我的交易规模为1000股。我很少交易价格高于100美元的股票。高价股对我们这些散户交易者来说吸引力更小，它们的交易通常由计算机和机构交易者所主导。

如前所述，经验丰富的交易者从不会一笔交易就满仓，他们会逐步增大交易规模，这意味着他们会以不同的价格买入股票。他们最初持有的仓位规模可能相对较小，但随着股价走势验证了他们的推断，他们会加仓。他们最初可能只持有100股，之后逐步加仓。例如，当他们想最终持有1000股时，他们先是买入500股，然后再加仓500股，或者他们先持有100股，之后加仓200股，最后再加仓700股。操作得当的话，这是极好的风险和交易管理方法。然而，这样管理仓位非常困难，得有一家低佣金经纪公司为你效力。许多试图采用这种方法的交易新手最终陷入了过度交易的泥淖，而且还因为支付佣金、股价下跌和平摊亏损交易的成本而遭受了惨重的损失。

我基本上不会为亏损的交易平摊成本（scale down），但我会为盈利的交易加仓（scale up）。请记住，加仓是一把双刃剑，新手可能会利用它平摊亏损仓位的成本，一次又一次地把钱投进去，这是错误的做法，我不建议新手这么做。虽然加仓和为亏损的仓位平摊成本看起来很相似，但二者存在巨大的差异。为亏损的仓位平摊成本可能是交易新手最容易犯的错误，这么做几乎会导致他们的短暂生涯终结。

什么是平摊成本

想象一下，你以10美元的价格买入了1000股某家公司的股票，这个价格高于重要的盘中支撑位，而且你打算以12美元左右的价格卖出它们。但之后股价的走势正好相反，它跌破了支撑位，下行至8美元。此时你已经亏损了，你应该止损离场。你最初的想法是在支撑位上方做多股票，但现在这个价位已被跌破了，你没有理由再坚守下去了。但是，如果你以8美元的价格加仓1000股，你现在就持有2000股了，你买入它们的平均成本就变成了9美元。你认为，即使这只股票的价格不太可能回升至12美元的最初目标，它也很有可能反弹到9美元。当价格反弹至9美元时，你可以卖出这2000股，从亏损的交易中抽身，实现盈亏平衡。更好的结果是，股价反弹至9.50美元，你卖掉这2000股，从中获得1000美元的利润。你的算盘打得倒是不赖，不过这只是你一厢情愿的想法。

对于新手来说，平摊亏损交易的成本是一种清空账户的做法。记住，平摊成本的做法对日内交易者无效，这是我的切身体会。采用这种方法时，你会在大约85%的交易中获利。但是，一旦失手，你在其余15%的交易中遭受的损失就能让你的账户变得空空如也。你在15%的交易中遭受的损失将远远超过你在85%的交易中获得的收益。忘了它吧，别让它耗费你的精力了。记住，只需一次糟糕的交易就能清空你的账户，让你的日内交易生涯终结。

理解纳斯达克二级信号

正如我在第2章中所讨论的，一般情况下，交易平台中最重要的窗口通常是蒙太奇窗口或二级数据。本节的内容有助于我们理解二级数据及其释放的交易信号。二级数据通常被称为市场深度数据，有时你会在其中发现非常重要的信息。大多数时候，你在那里找不到任何明确的信号和答案，偶尔你能找到一些清晰的交易信号，除了你拥有的其他指标和信号之外，你还可以使用它们。其中一个清晰的信号是以买价或卖价挂出的大订单。当你发现以买价挂出的大订单时，这意味着有大买家打算入场了。大买家的出现是非常看跌的信号，表明股价将下跌。是的，这句话没错，大买家出现可能意味着股价将下跌。

以卖价挂出大订单可能意味着大卖家要入场了，这可能是非常看涨的信号。是的，你看到的没错，大卖家出现可能意味着股价将上涨。因此，当你看见以卖价挂出的大订单时，股价可能即将上涨。

我知道，在大多数人看来这都是违反直觉的。人们认为，与任何典型供需系统中的情形一样，大买家应该会推高股价，大卖家应该会压低股价，因为卖家可能随时抛售持有的股票，但在日内交易中并非如此，通常情况下，事实刚好相反。

我举几个例子来解释这个概念。如图5.15所示，2017年8月3日，梯瓦制药股票被大量抛售，股价暴跌了20%，我注意到在上午11:21，有很多人正以25美元的价格下单买入它。5分钟后，即11:26，股价达到了25美元，又过了20分钟，价格跌至24.52美元，此时，所有等着买入它的人都离开了。可以看出，随着时间的推移，这只股票的价格越来越低。

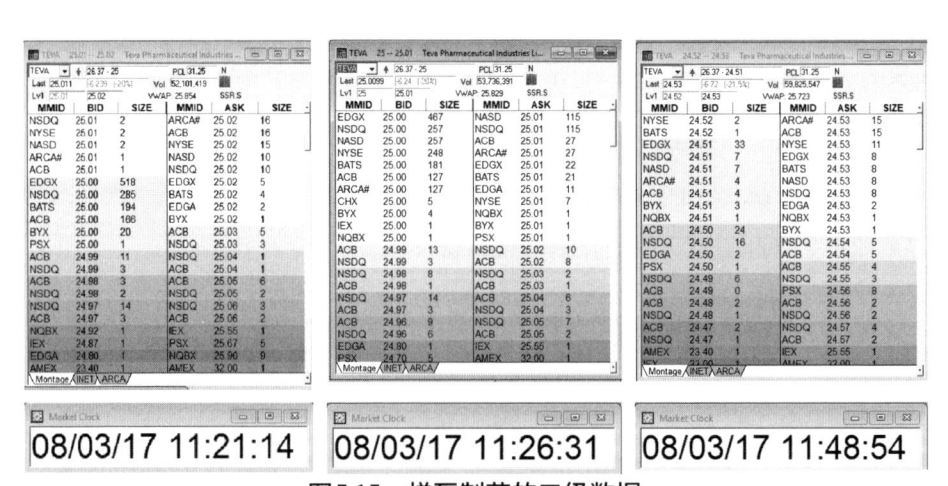

图5.15　梯瓦制药的二级数据

为什么会出现这样的结果呢？到底发生了什么事情？如果买入这只股票的人都是大买家，为什么股价没有走高呢？

要回答这些问题，你需要理解向市场发送交易订单的人的心理。正如我之前提到的，日内交易者是善于使用交易平台和制图软件的社会心理学家。在交易平台的时间和成交窗口，你能看到每一笔交易是在什么价位：是等于卖价还是高于卖价，还是处于买价和卖价之间，亦或是低于买价？交易者实际如何交易反映的是日内交易者对当前价格及其未来走势的态度。图5.16显示的是达斯交易平台中的时间和成交窗口截图。

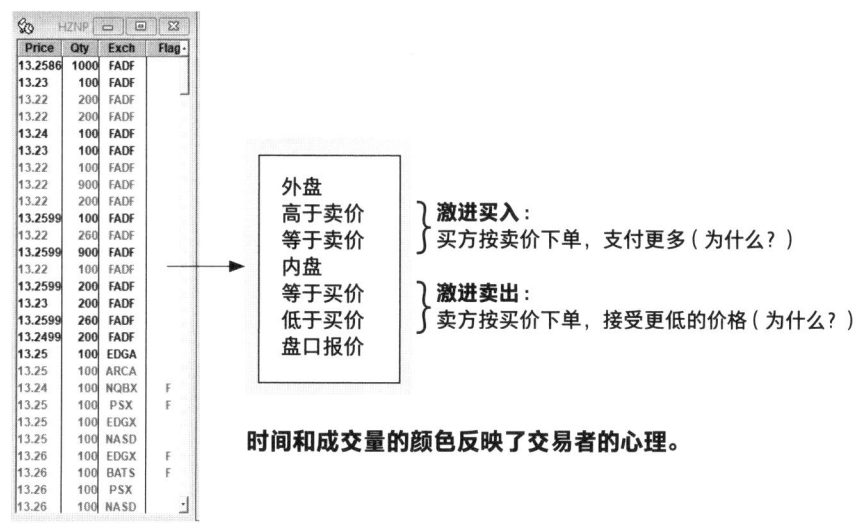

图5.16 达斯交易平台中的时间和成交窗口（Time and Sale window）截图
（如果你阅读的是本书的纸质版，那么这张截图就是黑白色的，想看彩色版的读者可登录网址www.BearBullTraders.com/audiobook。）

如果交易者以卖价或更高的价格买入股票，那么这意味着他们是激进的买家。他们愿意以卖价买入股票。如果我是个大买家，而且我一直以卖价买入股票，这意味着我已经走投无路了，我之前卖空了股票，现在不得不平仓了。我按卖价买入，不想等到股价降至买价再出手了。激进的买家一般不会等到股价降至买价再出手，他们会按卖价交易。那些不激进的买家会"故意低报价格"，他们想等到价格下跌到他们的报价。他们报出的价格越来越低，因为他们知道，价格最终会降至买价。

想象一下，当房地产市场低迷时，如果你是大买家，你知道市场低迷，你会向卖房子的人报出越来越低的买价。你想达成交易，因此一直讨价还价，争取更低的价格。但是，在炙手可热的房地产市场上，卖房人收到了多个报价，买家为了得到心仪的房子，甚至愿意支付比卖价更高的价格，就跟股市中买家愿意以二级数据中的卖价以及更高的价格成交一样。也就是说，出现这样的情形时，价格会上涨。

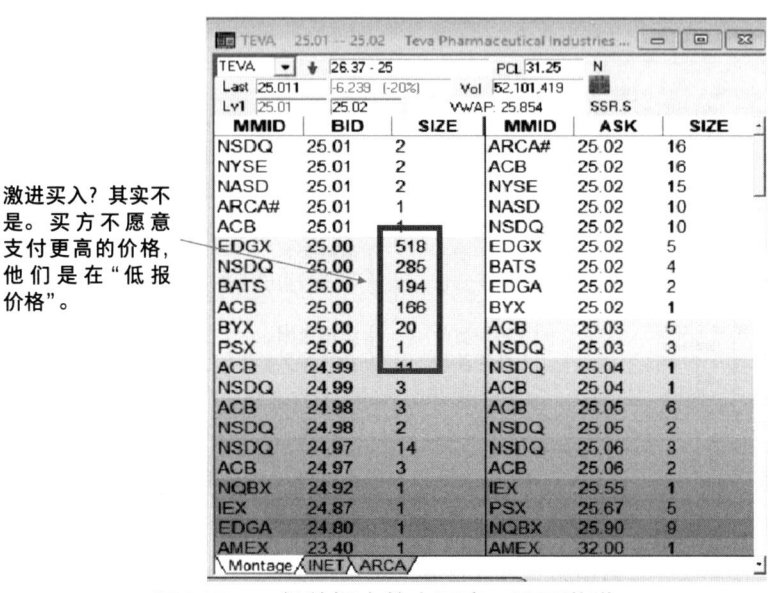

图5.17　二级数据中的大买家：是否激进

但是，若交易者不断以买价成交，或者以更低的价格卖出了持仓呢？这样的交易者是激进的卖家。他们愿意接受低价的原因可能有很多，但不管是什么原因，他们都想快点抛售掉手里的股票。

正如你所看到的，这一切都与交易心理有关。看一看图5.17，你认为我突出显示的买价是来自大买家吗？没错，它们确实都来自大买家，但大买家是在等待，他们不愿意按卖价买入股票。如果他们真的激进，他们就会一直按卖价买入。然而，他们并不激进，他们低报买价，他们等待着，迫使价格降至他们的报价。

他们很有耐心。他们不会按卖价买入股票。他们并没有处在绝望的境地，他们只是在等待价格降至他们的报价。所以，尽管他们是大买家，但他们可以等待，直到可以等到他们所寻找的更便宜的价格。

关于二级信号，需要注意的一点是，如果你想参考这些数据做交易，那么订单必须存在明显的失衡，即一方的订单量很大，另一方则没有。这种失衡必须非常明显。从图5.17中可以明显看出，按买价挂出的订单的数量更多，这是个明确的信号。然而，如果二级数据看不出哪一方力量更强大，那么它们就没有太大的参考价值。二级数据要释放出明确的信号，就必须有非常明确有力的买价或卖价。

虚假或真实的信号

做市商清楚这一点，而且有时候他们会用特殊的订单误导交易者，这类订单被称为无意成交订单（NITF）。做市商挂出这类订单是为了给人留下这样一种印象：现在市场上有资金实力极为雄厚的大买家或大卖家坐镇。要区分真实的订单和无意成交的订单，你就必须先弄清楚它们下单的价位。真实的订单的价位在买价和卖价附近，而且它们很可能成交。无意成交的订单的价位通常在离买价和卖

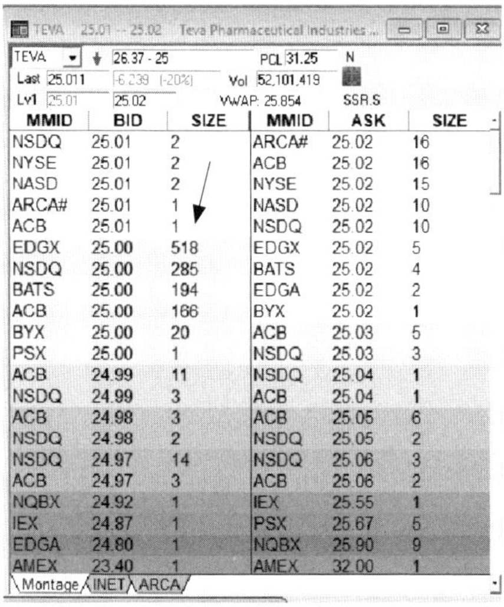

TEVA 25.01 -- 25.02 Teva Pharmaceutical Industries ...

TEVA ↓ 26.37 - 25 PCL 31.25 N

Last 25.011 -6.239 (-20%) Vol 52,101,419

Lv1 25.01 25.02 VWAP: 25.854 SSR.S

MMID	BID	SIZE	MMID	ASK	SIZE
NSDQ	25.01	2	ARCA#	25.02	16
NYSE	25.01	2	ACB	25.02	16
NASD	25.01	2	NYSE	25.02	15
ARCA#	25.01	1	NASD	25.02	10
ACB	25.01	1	NSDQ	25.02	10
EDGX	25.00	518	EDGX	25.02	5
NSDQ	25.00	285	BATS	25.02	4
BATS	25.00	194	EDGA	25.02	2
ACB	25.00	166	BYX	25.02	1
BYX	25.00	20	ACB	25.03	5
PSX	25.00	1	NSDQ	25.03	3
ACB	24.99	11	NSDQ	25.04	1
NSDQ	24.99	3	ACB	25.04	1
ACB	24.98	3	ACB	25.05	6
NSDQ	24.98	2	NSDQ	25.05	2
NSDQ	24.97	14	NSDQ	25.06	3
ACB	24.97	3	ACB	25.06	2
NQBX	24.92	1	IEX	25.55	1
IEX	24.87	1	PSX	25.67	5
EDGA	24.80	1	NQBX	25.90	9
AMEX	23.40	1	AMEX	32.00	1

Montage INET ARCA

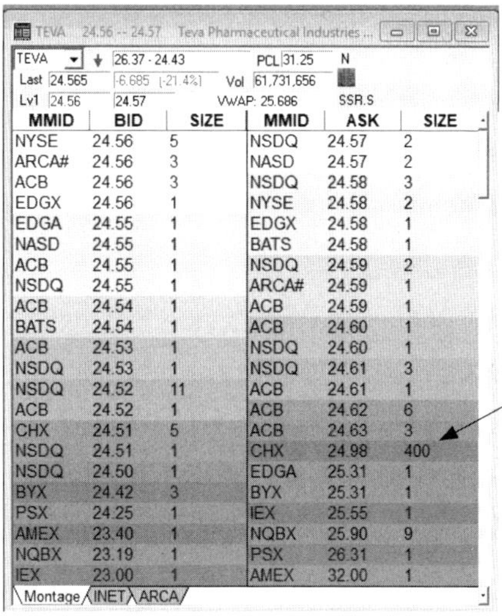

TEVA 24.56 -- 24.57 Teva Pharmaceutical Industries ...

TEVA ↓ 26.37 - 24.43 PCL 31.25 N

Last 24.565 -6.685 (-21.4%) Vol 61,731,656

Lv1 24.56 24.57 VWAP: 25.686 SSR.S

MMID	BID	SIZE	MMID	ASK	SIZE
NYSE	24.56	5	NSDQ	24.57	2
ARCA#	24.56	3	NASD	24.57	2
ACB	24.56	3	NSDQ	24.58	3
EDGX	24.56	1	NYSE	24.58	2
EDGA	24.55	1	EDGX	24.58	1
NASD	24.55	1	BATS	24.58	1
ACB	24.55	1	NSDQ	24.59	2
NSDQ	24.55	1	ARCA#	24.59	1
ACB	24.54	1	ACB	24.59	1
BATS	24.54	1	ACB	24.60	1
ACB	24.53	1	NSDQ	24.60	1
NSDQ	24.53	1	NSDQ	24.61	3
NSDQ	24.52	11	ACB	24.61	1
ACB	24.52	1	ACB	24.62	6
CHX	24.51	5	ACB	24.63	3
NSDQ	24.51	1	CHX	24.98	400
NSDQ	24.50	1	EDGA	25.31	1
BYX	24.42	3	BYX	25.31	1
PSX	24.25	1	IEX	25.55	1
AMEX	23.40	1	NQBX	25.90	9
NQBX	23.19	1	PSX	26.31	1
IEX	23.00	1	AMEX	32.00	1

Montage INET ARCA

图5.18　左图显示的是各大做市商按买价挂出的真实订单，右图显示的是做市商芝加哥证券交易所（CHX）按卖价挂出的无意成交订单。芝加哥证券交易所按卖价挂出了40000股的订单，其卖价与当前卖价相差很大，任何做市商挂出的真实卖单不会是这样的。

价较远的位置，很容易被快速取消。

如图5.18左侧所示，做市商EDGX交易所、纳斯达克证券交易所（NSDQ）、巴兹交易所（BATS）和ACB的大订单报价与当前的买价非常接近，仅相差1美分，因此它们很可能是真实的订单。然而，在图5.18的右侧，你看到了40000股的大订单，它可能是一份无意成交订单，因为其报价与当前的买价或卖价相差甚远。这只股票目前的交易价格约为24.56美元或24.57美元，但这位特立独行的做市商报出了24.98美元的卖价，与当前的交易价相差了40多美分。卖方只是随意定了一个数字，目的是操纵市场，迷惑那些不太懂行的业余交易者。这不是卖方真心实意的报价，因为股价不会立即上涨至25美元。如果卖方是认真的，他们会把卖出报价定在24.58—24.59美元。在上面的例子中，只有24.50—24.63美元的报价才是真心价，以这些价格挂出的订单都可以被立即成交。以其他价格挂出的订单都是不打算成交的。你要寻找的是那些非常接近当前买价或卖价的信号。

我们再来看一个二级交易信号明确的例子，如图5.19所示。在左侧的图中你会看到两个买入报价为42美元的大订单，这可能是卖空股票的信号。如前所述，这些大订单是看跌信号，意味着交易者预计股价会进一步下跌。不到一分钟后，股价确实从42美元下跌至41.84美元。交易者现在预计股价还会进一步下跌，因此报出的价格更低了。请记住，买方在报出低价，他们不愿意支付高价，他们预

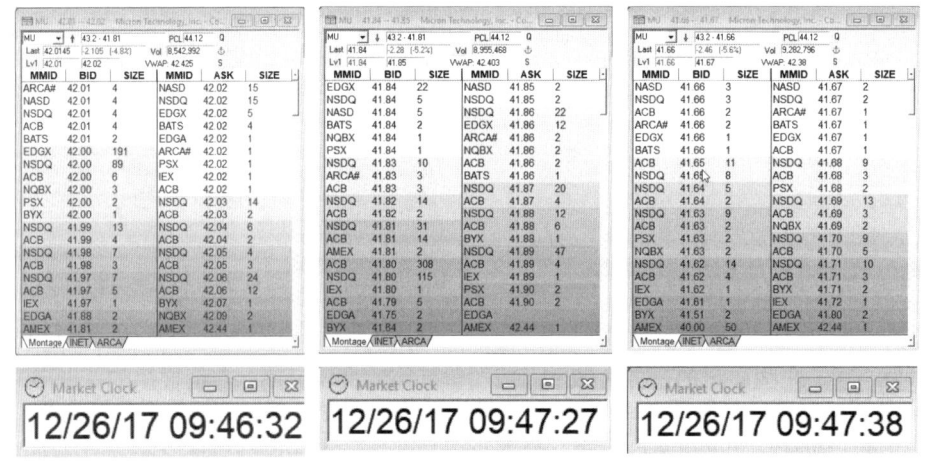

图5.19 释放了明确交易信号的美光科技有限公司股票（MU）二级数据示例

期股价下行。现在，大订单的买入报价更低了，变成了41.80美元，不到20秒后，买入报价进一步降至41.66美元。

了解了这些价位水平后，接下来一个亟待回答的问题是，每次发现这些明确的信号时，你就应该出手交易吗？非也。高频和算法交易的引入使散户的交易变得更具有挑战性了。在二级数据出现和很快消失的信号有很多，因此，切记不要只根据一个信号或指标做出交易决策。

换句话说，看到以买价挂出的大订单并不意味着你应该卖空股票，看到以卖价挂出的大订单也不意味着你应该做多股票。二级信号只是你应该留意的指标之一。我从来都不会只根据一个信号或指标做交易。你必须客观地看待二级指标，然后再看看其他指标，综合考虑之后再做决定。

价格比成交量加权均价高还是低？日线图怎样？附近有重要的价位吗？成交量怎么样？在进入任何交易之前，你都要考虑多个重要的指标。你必须确保这一点：当你决定根据二级数据信号指标做交易时，还有其他指标确认即将开展的交易是合理的。例如，从5分钟K线图上看，股票正在被大量抛售，但你从卖价中看到一个信号，你不应该只根据这个信号做多股票。在做这笔交易之前，你需要考虑许多其他指标。

图5.19显示了美光科技有限公司股票2017年12月26日的二级数据。从中可以看出，当天有两个42美元的买方大订单，这是非常明确的二级交易信号。我们再来看看这只股票当天的其他指标。图5.20显示：(1)这只股票的成交量很大，触发了我的巨量创新低扫描器；(2)5分钟K线图上出现了一系列看跌的蜡烛和更低的低点和更低的高点形态；(3)日线图显示，这只股票在日移动均线下方遭到抛售，价格向41.73美元这个重要的价位(如图中的标记所示)下行。综合考虑二级信号和其他指标可知，交易这只股票的好机会出现了。

因为这只股票的价格即将跌破一个非常重要的支撑位，非常有机会跌至41.73美元。正如你看到的，在我截图时，它已跌到了41.73美元，这个事实非常关键。其他迹象均表明，这只股票即将遭抛售。即使没有二级信号，你也可能出手交易。

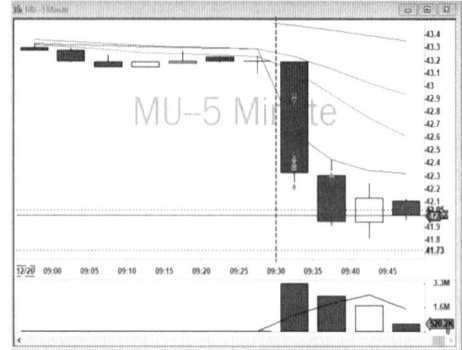

Turbo Breaks Down			
Symbol	Time	Vol 1 Min (%)	Price ($)
MU	9:38	849.6	41.91
MU	9:38	792.4	41.92
MU	9:38	792.2	41.92
MU	9:38	786.4	41.93
MU	9:38	779.6	41.94
MU	9:38	773.9	41.95
MU	9:38	770.7	41.96
MU	9:38	762.0	41.97
MU	9:38	751.1	41.98

图5.20 综合考虑美光科技股票的几个信号后发现，大好的交易机会出现了

图5.21显示了另一个二级信号范例，它来自2018年3月7日的挚文集团股票（MOMO）。这只股票在成交量加权均价之下被大量抛售，出现了适合卖空的开盘区间突破走势。我准备卖空它，但我看到了以卖价报价的大卖家。这些卖家并没有走到山穷水尽的地步，他们在"索要"更高的价格，因为他们知道，价格会朝着有利于他们的方向前行。如你所见，从上午9:39:13—9:39:53，这只股票的价格从36.92美元上涨至37.42美元以上。你还可以从图5.21中看出，做市商美国证券交易所（AMEX）以38.95美元的价格挂出了无意成交订单。

这只股票的例子很有趣，因为我确实卖空了它。我在成交量加权均价之下卖空了它，但当我看到二级看涨信号时，我快速出手平了仓，避免了遭受逼空（如果你不知道什么是逼空，请花时间阅读本书术语表中的定义）的风险。碰巧我录制了做这笔交易的视频，你可以在我的油管频道或网站观看。

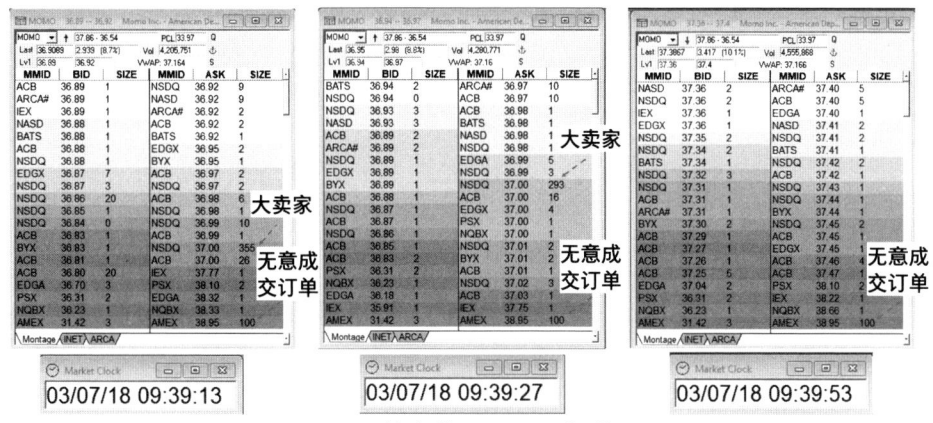

图5.21 挚文集团股票二级信号

这笔交易的关键点在于,我没有仅凭二级信号做多这只股票,相反,我根据它管理了我的交易,避免了损失。看到这个信号出现我为什么没有做多股票呢?理解背后的原因很重要。价格行为、我的图表和其他指标均不支持我做多它。由于这只股票在成交量加权均价之下被大量抛售,我更倾向于卖空它而不是做多它。这一信号不足以支持我做多股票,但足以表明,卖方可能很快就要筋疲力尽了。

第6章

高级日内交易策略

在本章中，我将介绍我使用的一些交易策略。我的策略基于这三个要素：（1）价格行为，（2）技术指标，（3）蜡烛和图表形态。同时学习和践行这三个要素很重要。虽然使用某些策略时只需要参考技术指标（如移动均线和成交量加权均价），但理解价格行为和图表形态也有助于你成为一名成功的日内交易者。这种理解，尤其是对价格走势的理解，只有通过实践和亲身经历才能实现。

作为一名日内交易者，你不应该关心公司及其收益。日内交易者不关心公司是做什么的。你应该只关注股票的价格行为、技术指标和图表形态。我知道的股票代码比知道的公司的名字多。做交易时，我不会把基本面分析和技术分析混为一谈，我只关注技术指标。我不关心公司的基本面，因为我不是长期投资者，而是一名日内交易者。我们做交易的速度很快，我们在做游击交易，有时我们会在10—30秒的时间内完成交易。

每位交易者都应该有自己的策略和优势。你要在市场上找到让你感觉舒服的位置。我之所以专注于这些策略，是因为它们对我有效。

我在交易生涯中逐渐认识到，最好的设置就是我在本章解释的这些策略。理论上，它们是简单的，但掌握它们是困难的，需要经过大量的实践。这些交易策略发出信号的频率相对较低，这可以使你像专业的交易员那样，在安静的时候进入市场。

另一点需要记住的是，在目前的市场中，算法高频交易占到成交量的60%以上。这意味着你的交易对手是计算机。如果你和电脑下过棋，你就知道你最终肯定会输。你可能会幸运地赢一两次，但下的次数多了，你肯定会输。算法交易也是这个道理，你是在和电脑系统对抗。一方面，这代表一个问题，这意味着你所看到的大多数股票的行情变化都是电脑买卖股票的结果。另一方面，这也意味着每天有少量的股票有着很高的散户成交量（与机构算法交易相对）。在这些股票的交易中，散户力压算法，你和我这样的散户控制着大局。

每天，你都应聚焦于交易这些股票，即我在第3章中所说的那些可交易股，它们通常会出现跳空上涨或跳空下跌缺口。你必须寻找那些散户感兴趣且成交量大的股票，它们才是你将要交易的股票。在这些股票的交易中，我们这些散户将力压电脑，掌控局面。

我个人使用第5章介绍的蜡烛图。每根蜡烛都代表一段时间的行情。正如我之前提到过的，你可以根据自己的个性和交易风格选择任何一个日内交易的时间框架：1小时、5分钟，甚至1分钟K线图。我更喜欢5分钟K线图，但我也会同时参考1分钟K线图。

请记住，我的交易理念是，你必须只掌握几个有效的设置以便持续盈利。事实上，拥有一个简单的交易方法有助于减少你的困惑和压力，让你更加专注于交易的心理面。这正是赢家和输家的区别。

策略1：坠落天使

我针对低流通量股使用的一种交易策略叫"坠落天使"。"天使"指的是因重大的基本面消息导致价格大幅跳空上涨的低流通量股（流通量通常少于2000万股）。这种股票在开盘前被大量交易，在开盘前成交量通常超过了100万股。是否对低流通量股使用这种策略，成交量是关键的考虑因素。如果股票的成交量不太大，那么不管它的跳空上涨缺口有多大，或者流通量到底是多少，你都要远离它。成交量少的低流通量股容易出现拉高出货，其价格被操纵，交易它们往往会遭受重大的损失。

"天使"（低流通量股）的价格通常在开盘时走高，在快速创下当日新高后被大量抛售。开盘时的第一根上涨K线往往是看涨交易者的陷阱，之后要么是因为想获利了结的隔夜交易者或卖空者，要么是两者兼而有之，股票会被大量抛售。当"天使"被大量卖出时，其价格会下跌，然而，如果它获得了支撑，它通常会回升至成交量加权均价和先前的当日高点以上，此时通常就是你出手交易它的时候。

总结一下运用该策略的要点：股市开盘时，股价创下当日新高，但股票很快遭抛售。此时你还不能贸然进入交易，除非股价在某个价位附近盘整，比如盘前低点、日线图或5分钟K线图上的移动均线处。一旦股价放量回升，你就可以做多股票。进场信号是，在盘整后，看见一个伴随高成交量的1分钟或5分钟新高。切记这一点：股价回升过程中的成交量要显著高于之前。

为了说明如何运用该策略，我们回顾一下我2017年12月14日的跳空股观察清单，如图6.1所示。正如你所见，施密特工业公司股票（代码：SMIT）盘前放量跳空上涨了近70%。从观察清单上也可以看出，截至上午9:00，市场上已交易了近70万股该股票。你还可以看出，这只股票是低流通量股，流通量仅有270万股。为了便于你阅读，我在图6.1中显示了这只股票的5分钟K线图，从中可以看到它的盘前交易活动。

如图6.2所示，开盘后施密特的股价很快便上涨至4.36美元，但随后这只股票被大量抛售，股价跌至成交量加权均价以下，跌至3.70美元左右，并在该价位保持了约30分钟。上午10:00刚过，股价就放量创下了1个5分钟和1分钟新高（与前面的蜡烛相比），并向成交量加权均价方向迈进。股价先是向当日高点4.36美元上行，并最终向盘前高点4.48美元上行。上午10:05左右，在3.80美元这个位置，是入场的绝佳时机，此时股价在9周期和20周期指数移动均线上方创下1分钟高点，可把止损价设置在3.70美元之下（如图6.2所示）。如前所述，可把利润目标价设置在4美元左右的成交量加权均价处，然后是当时的日内高点4.36美元，以及盘前高点4.48美元。

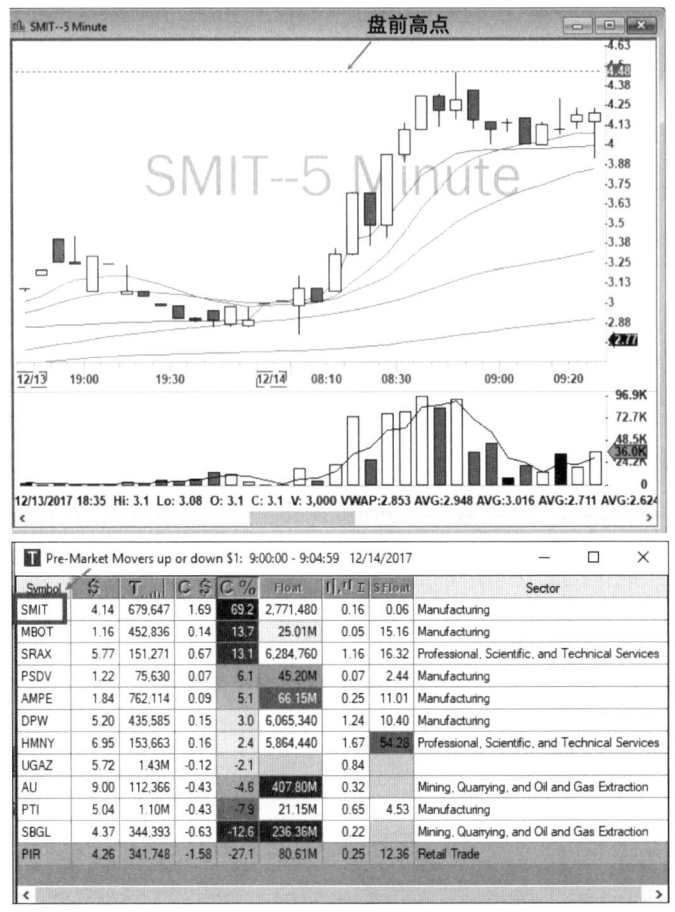

图6.1 2017年12月14日跳空股观察清单（下图）
和显示了施密特股票盘前交易活动的5分钟K线图（上图）

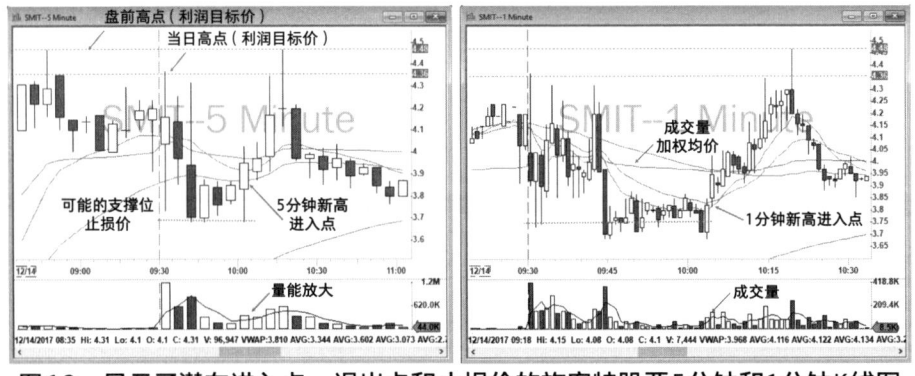

图6.2 显示了潜在进入点、退出点和止损价的施密特股票5分钟和1分钟K线图

如你所知，我是个言行一致的人！我当天运用坠落天使策略交易了施密特公司股票，从中获得了883美元的利润。我的盈亏如图6.3所示。当天我还运用其他策略交易了另一些股票。

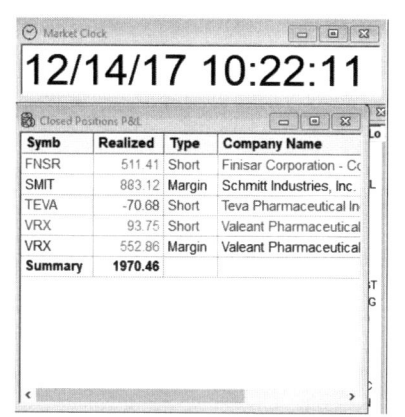

图6.3 2017年12月14日我的盈亏截图

另一个例子是我对季诺西亚生物科技公司股票（代码：GNCA）的交易。2017年7月21日（星期五），该公司发布了令人惊喜的盈利信息。7月24日（星期一）股市开盘时，其股价迅速上涨至5.70美元，但很快其股票就遭到抛售，股价回落至5.30美元，并在该价位附近出现了盘整。有趣的是，如图6.4所示，我5分钟K线图上的50周期简单移动均线和1分钟K线图上的200周期简单移动均线都在5.30美元左右。在5分钟和1分钟K线图上都出现了这个重要的价位，这使这个价位的支撑力更加强大了。股价在5.40—5.30美元之间震荡，接着在上午9:47放量创下了一个1分钟新高，之后向5.70美元的当日高点和5.75美元的盘前高点上行。在测试了5.75美元左右的盘前高点后，股价又回落至当日低点。

5.40美元附近是不错的进入点，可把止损价设置在5.30美元之下，将利润目标价设置为5.70美元和5.75美元。

我交易了这只股票，但我选择的进入点不太好。我以5.55美元的价格进场，以5.60美元的价格加仓，以5.75美元的价格清仓离场，如图6.5所示，我从中只获得了325美元的利润。交易机会转瞬即逝，抓住绝佳的进退时机很难。

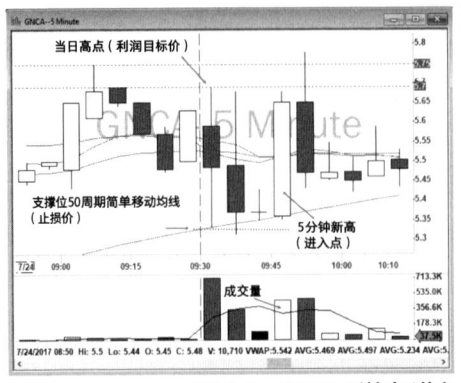

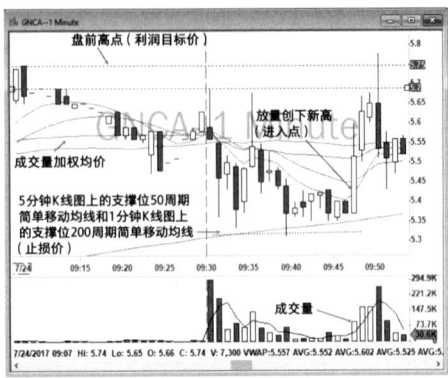

图6.4　显示了潜在进入点、退出点和止损价的
季诺西亚股票5分钟和1分钟K线图

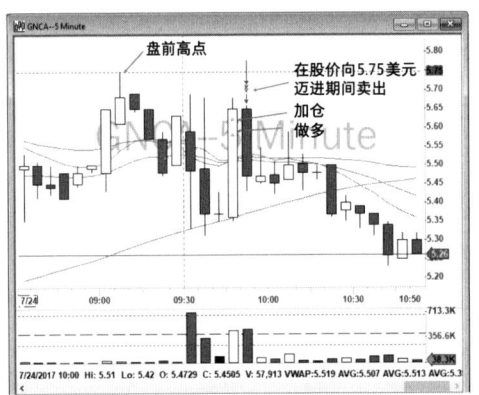

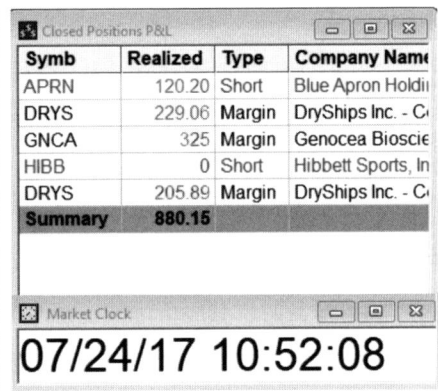

图6.5　我2017年7月24日实时交易季诺西亚股票，在5分钟K线图上显示
进入点和退出点的截图以及我当日盈亏的截图

次日，这只股票出现了类似的交易行为。图6.6是我2017年7月25日的顶部列表截图，从中可以看出，季诺西亚股票仍然是纳斯达克最活跃、涨幅最大的股票之一。在重大的利好消息发布后，这只股票在几天之内仍然是可交易股。

如图6.7所示，2017年7月25日上午9:30股市开盘时，季诺西亚的股价迅速上涨，创下了6.55美元的当日高点，但随后股价迅速回落至6.20美元，并在该价位盘整。与前一个交易日一样，我5分钟K线图上的50周期简单移动均线也在这个盘整区域附近移动，这一次是6.20美元。股价在6.20—6.30美元之间震荡，直到在9:43分创下了1分钟新高，先是朝着当日高点6.55美元，接着是朝着盘前高点6.69美元迈进。实际上，股价后来上涨至6.79美元之上，接着又回落至当日低点。

6.35美元附近是一个不错的进入点，可把止损价设置为6.30美元，把利润目标价设置为6.55美元和6.69美元。

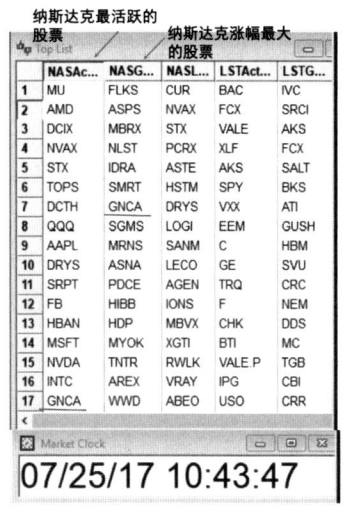

图6.6　2017年7月25日我的顶部列表截图

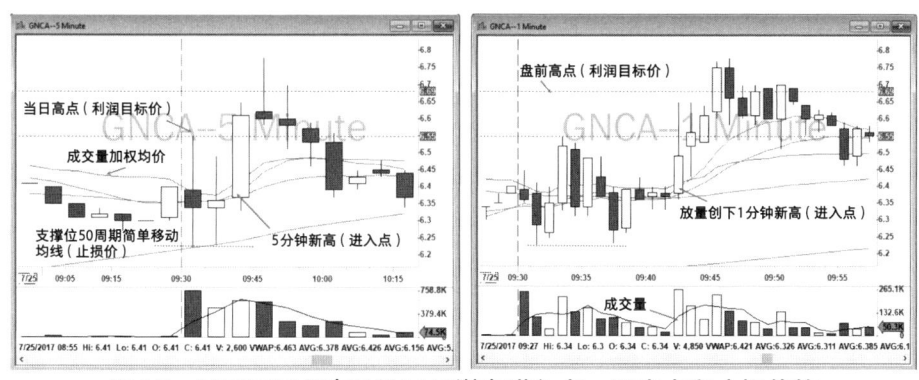

图6.7　显示了2017年7月25日潜在进入点、退出点和止损价的季诺西亚股票5分钟和1分钟K线图

干散货船运公司股票（代码：DRYS）"7并1"并股后经历了一个疯狂的交易日，当日坠落天使策略适用于这只股票。2017年7月24日上午9:30股市开盘时，股价快速上涨至2.75美元，然后很快股票被抛售，股价回落至2.35美元并在这个价位出现盘整。如图6.8所示，5分钟K线图上的50周期简单移动均线和1分钟K线图上的200周期简单移动均线也都在2.35美元左右。如前所述，既出现在5分钟

K线图中的重要移动均线上,又出现在1分钟K线图中的重要移动均线上,2.35美元确实是一个强大的支撑位。股价在2.45—2.30美元之间震荡,最终于9:57放量创下了一个5分钟新高,股价向2.75美元的当日高点和2.84美元的盘前高点迈进。在测试了盘前高点后,股价向昨日高点2.95美元上行,之后股票遭大量抛售,股价回落至成交量加权均价以下。

2.45美元会是一个不错的进入点,可以把止损价设置在2.30美元以下,把利润目标价设定为2.75美元、2.84美元和2.95美元。

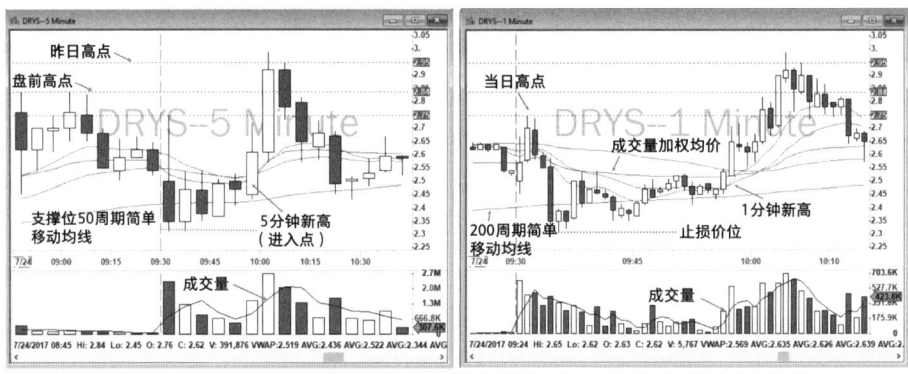

图6.8　显示了2017年7月24日潜在进入点、退出点和止损价的干散货船运股票5分钟和1分钟K线图

2017年7月27日的卡布里科治疗公司股票(代码:CAPR)也是适用坠落天使策略的例子,如图6.9所示。上午9:30股市开盘时,股价快速上涨至1.56美元,之

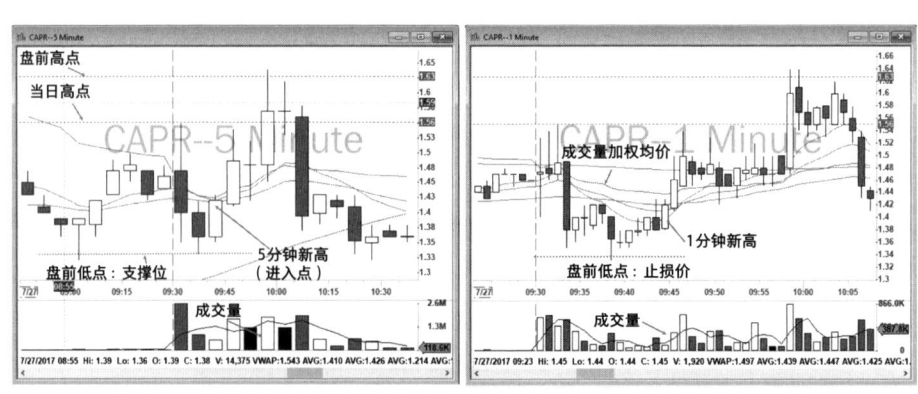

图6.9　显示了2017年7月27日潜在进入点、退出点和止损价的卡布里科股票5分钟和1分钟K线图

后股票被快速抛售，股价向盘前低点1.30—1.35美元下行，并在这一价位盘整。此后，股价于9:45放量创下了一个5分钟和1分钟新高，并向当日高点1.56美元和盘前高点1.63美元上行。在测试了盘前高点后，股价于10:05回落至成交量加权均价之下。

1.40美元是不错的进入点，可以把止损价设置在1.30美元以下，把利润目标价设置为1.56美元和1.63美元（风险回报率约等于2）。

运用坠落天使策略的要点为：

1. "天使"是低流通量股，其价格在股市开盘前放量跳空上涨。

2. 股市开盘时，"天使"的价格创下当日新高，但很快遭抛售。此刻你还不能贸然进入交易，除非股价在一个重要的价位，如盘前低点或日线图或5分钟K线图上的移动均线处出现盘整。天使即将"坠落"至这个位置。

3. 一旦股价放量回升，你就要做多股票。进场信号是股价在盘整后以巨大的成交量创下一个1分钟或5分钟新高。你必须记住，在股价回升的过程中成交量要显著高于之前的交易时段。

4. 止损价要设在盘整期价格之下。

5. 利润目标价可以是：（1）成交量加权均价，（2）当日高点，（3）盘前高点，（4）附近的任何其他重要价位，如昨日高点或昨日低点。

6. 若看不到明显的支撑位和股价盘整，不要交易股票。

7. 若看到股价出现了突破但量能不大，不要交易股票。

"坠落天使"是一种很难把握的交易策略，特别是难以管理交易风险。从上面的例子我们可以看出，大多数股票的跌幅都很大，如果你不能迅速从亏损交易中离场，你可能会陷入非常糟糕的境地，承受巨大的损失。请记住，这些股票的价格通常会大幅跳空上涨，而且可能会在当天回补大部分的缺口，因此整整一天持有它们可能不是什么好主意，尤其是在量能缩减的情况下。我建议交易者在实际运用这一策略之前，先在模拟炒股软件中练习。以真金白银做交易时，确保交易规模较小。我知道，以1美元的价格买入10000股很容易，但别忘了，股价涨跌一分钱相当于你的持仓上下波动1%。对于价格不足10美元的低流通量股，我的持仓量一般为4000股。

策略2：ABCD形态/反ABCD形态

ABCD形态是最简单最基础的交易形态，而且它是新手和具有一定经验的交易者的绝佳选择。这种形态简单且很早之前就为人所知，许多交易者仍在使用它。当其他交易者在使用它时，你也要这么做，因为趋势是你的朋友。事实上，在股市里，趋势可能是你唯一的朋友。

我们来看看图6.10所示的这种形态。

图6.10　海洋动力科技股票的ABCD形态示例

ABCD形态始于强劲的上涨走势。买方从A点积极买入股票，股价不断创下新高（B点），此时你想进入交易，但不应该进入，因为在B点，股价的涨幅够大了，股价够高了。此外，你不知道该把止损价设置在哪里。当你不知道该把止损价设置在哪里时，你绝对不能贸然进入交易。

在B点，早些时候买入了股票的交易者为了将收益落袋为安开始卖出股票，股价下跌，此时你仍然不应该进入交易，因为你不知道股价回调的底部在哪里。然而，如果你看到股价回落至某个水平后不再下行，例如C点，这意味着股价找到了潜在的支撑。此时你可以计划交易，确定止损价和利润目标价。

图6.10为2016年7月22日海洋动力科技股票（代码：OPTT）的K线图，当日该公司宣布获得了一份价值为5000万美元的造船新合同（还记得第3章提到的基本面催化剂吗？这就是）。

上午9:40左右，这只股票的价格从7.70美元（A点）飙涨至9.40美元（B点），我跟许多错过了第一波涨势的交易者一起等待着B点出现，也等待着确认股价不会跌破一定价位（C点）。当我看出C点是支撑位而且买方不会让股价跌破8.10美元（C点）时，我在C点附近买入了1000股股票，并把止损价设置在了C点之下。我知道，当股价向B点上行时，买方会大量买入。正如我在前面提到的，ABCD形态是非常经典的形态，许多散户都在寻找它。当股价接近D点时，股票的成交量突然大幅增加，这意味着有更多的人进入了交易。

我把利润目标价设置在了股价创下一个5分钟新低时，这是股票交易乏力的迹象。如图6.10所示，股价先是上涨至12美元左右，后在5分钟K线图上创下了11.60美元左右的新低，显示出了疲态，此时我清仓离场。

图6.11是另一个例子，显示的是2016年8月29日无人果汁股票（代码：SPU）的K线图。K线图上实际上出现了两个ABCD形态，我把第二个标注为abcd形态。

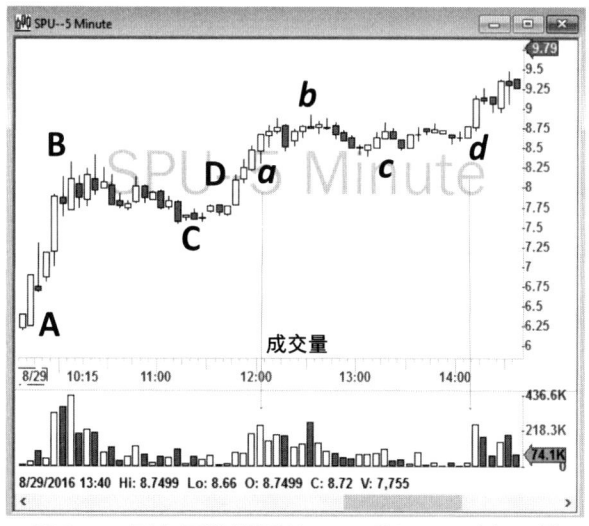

图6.11　无人果汁股票的ABCD和abcd形态示例

通常情况下，随着盘中时间的推移，股票的成交量会降低，因此第二个形态看起来要比第一个小一些。请注意，在B点和D点（在本例中，也包括b点和d点），股票的成交量总是很高的。

下一个例子来自2017年7月24日的超微半导体设备公司（Advanced Micro Devices, Inc.）股票（代码：AMD），如图6.12所示。开盘时，股价先是从14美元上涨至14.21美元，之后回落至成交量加权均价。在接下来的10分钟时间里，股价一直在成交量加权均价之上盘整，之后股价向着日内高点14.21美元和当日阻

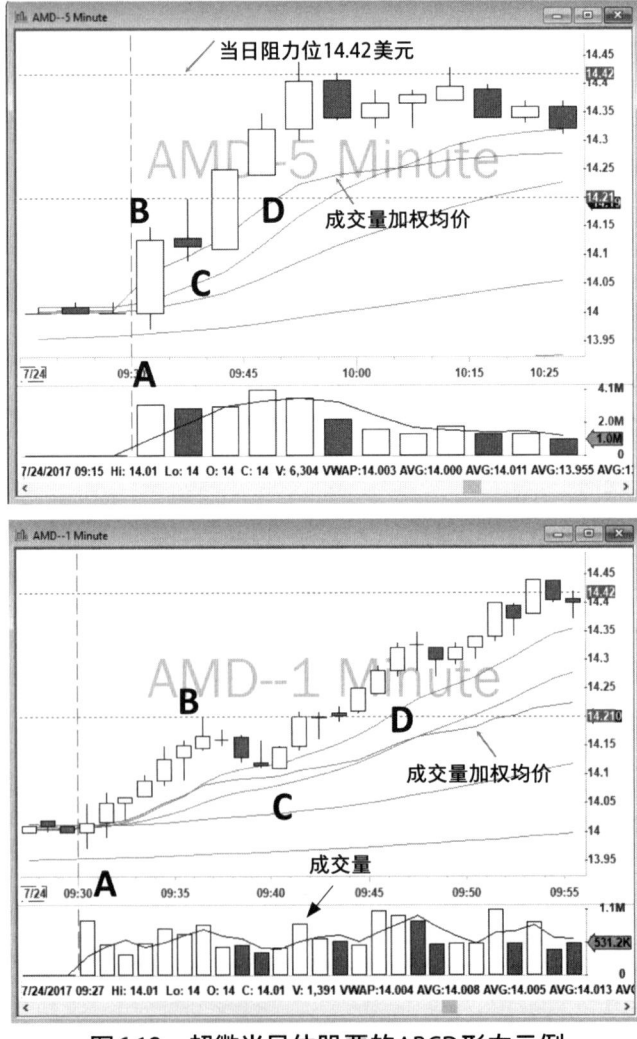

图6.12　超微半导体股票的ABCD形态示例

力位14.42美元上行。从1分钟K线图来看，当股价在成交量加权均价处找到支撑并放量向B点接近时，一个绝佳的进入时机出现了。止损价可以被设置在成交量加权均价之下，当日阻力位14.42美元则是合理的利润目标价。

下一个例子来自2018年3月12日的美光科技公司股票（代码：MU），如图6.13所示。从5分钟K线图（下图）可以看出，股市开盘时，这只股票的价格从56.38美元（A点）上涨至57.75美元（B点），接着股票被抛售，股价回落至成交量加权均价，这一过程持续了15分钟。股价在成交量加权均价上方（C点）盘整，接着

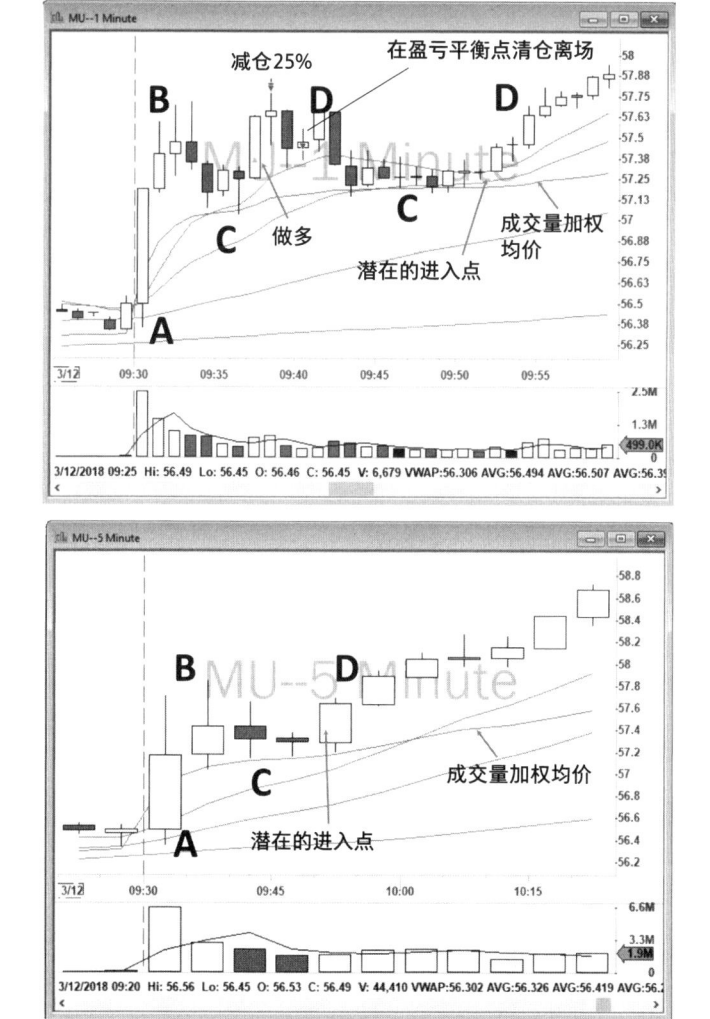

图6.13　美光科技股票ABCD形态示例

再次向当日高点57.75美元上行。从5分钟K线图上看，一个绝佳的进入点是股价在成交量加权均价上方创下一个5分钟新高时，如图6.13的下图所示。在当天早些时候，当另一个ABCD形态出现在1分钟K线图中时，我出手做了一笔交易。

你可以在美光科技股票的1分钟和5分钟K线图中看到几个不同的ABCD形态。我在1分钟K线图上标记出了两个，在5分钟K线图上标记出了一个。我在5分钟K线图中标记的进入点与我在1分钟K线图中标记的第二个ABCD形态的进入点完全一样。

如1分钟K线图所示，当股价在成交量加权均价处获得支撑且向B点放量（量能明显高于前一根蜡烛的）迈进时，我做多了这只股票并在股价向当日高点上行途中卖出了它。我最初把止损价设置在了成交量均价之下的57.13美元附近。当我卖出部分仓位时，我把止损价调整至盈亏平衡点，最终我在盈亏平衡点清仓离场。不幸的是，我在这笔交易中获利不多，因为我第一次只减仓了25%，在盈亏平衡点止损离场时卖出了剩余75%的仓位。图6.14是我的盈亏截图。

图6.14　我交易美光股票的损益截图

另一个ABCD形态的范例来自2017年12月21日的NXT-ID公司股票（代码：NXTD），如图6.15所示。从5分钟K线图（上图）可以看出，股市开盘时，这只股票的价格从4美元（A点）上涨至6.74美元（B点），并在上午10:15左右回落至成交量加权均价（C点）。在此后的约20分钟时间里，股价一直在成交量加权均价上方盘整，并再次向当日高点6.74美元攀升。我在D点附近以6.50美元的价格做多了这只股票，并在股价向当日高点上行途中以高于7美元的价格卖出了它们。然而，如果我当时查看了1分钟K线图的话，我会在早些时候发现更好的进入点。正如你所看到的，我做多的时间太晚了，我是在股票突破当日高点之前进入的，但6.25美元是更好的进入点。

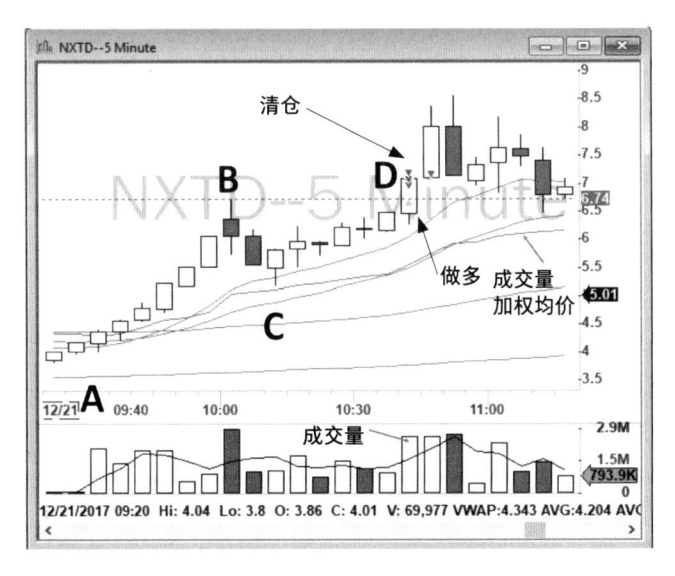

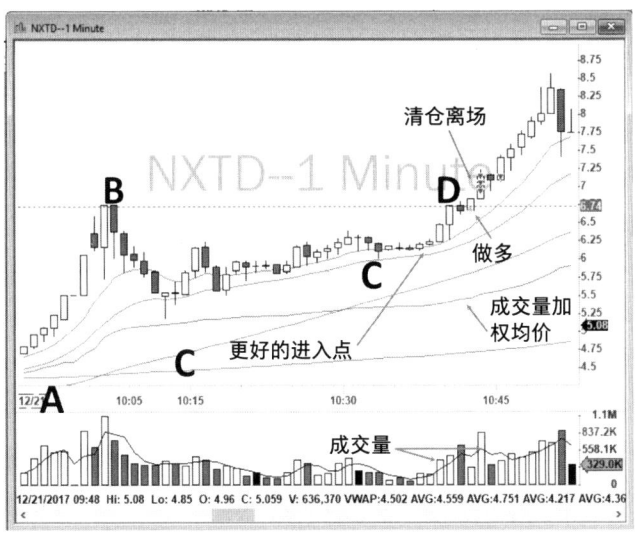

图6.15　NXTD股票的ABCD形态示例

请注意，参考1分钟K线图也有助于你确认更适宜的止损价。从5分钟K线图看，唯一的C点（支撑位）实际上是5美元左右的成交量加权均价，但这是一个非常远的止损价。仔细审视1分钟K线图你会发现，可把9周期指数移动均价和20周期指数移动均价（6.25美元左右）作为潜在的支撑位。如果股价跌破了这个水平，那么它很有可能向成交量加权均价下行，因为会有许多交易者止损离场。为了便于读者比较，我把1分钟K线图中的另一个支撑位也标记为C点。

另一个ABCD形态的例子来自2017年7月24日的应用光电公司股票（代码：AAOI），如图6.16所示。我当天没有交易这只股票，但从其5分钟K线图中可以看出，其价格走势形成了两个ABCD形态，在1分钟K线图中这种形态也被标记出来了。在继续阅读下面的文字之前，你可以思考一下，该如何参考这两张K线图完成对这只股票的交易。你可以把你的想法通过电子邮件告诉我，我的邮箱地址为andrew@bearbulltraders.com，收到邮件后，我会回信告知你我的想法。

我们再来做一个练习。这次的对象是2017年8月29日的终点线公司股票（代码：FINL），其价格走势如图6.17所示。当日我对这只股票运用了ABCD形态交易策略，获得了丰厚的收益。我在5分钟和1分钟K线图中以ABCD、abcd和ábćd'标记了这一形态。

我只依据第一个形态，即5分钟K线图中的ABCD做了交易。由于在这笔交易中获利颇丰，我没有必要继续交易了。如图6.18所示，我以7.50美元的价格买入了股票，以7.98美元和7.80美元的价格卖出了股票。

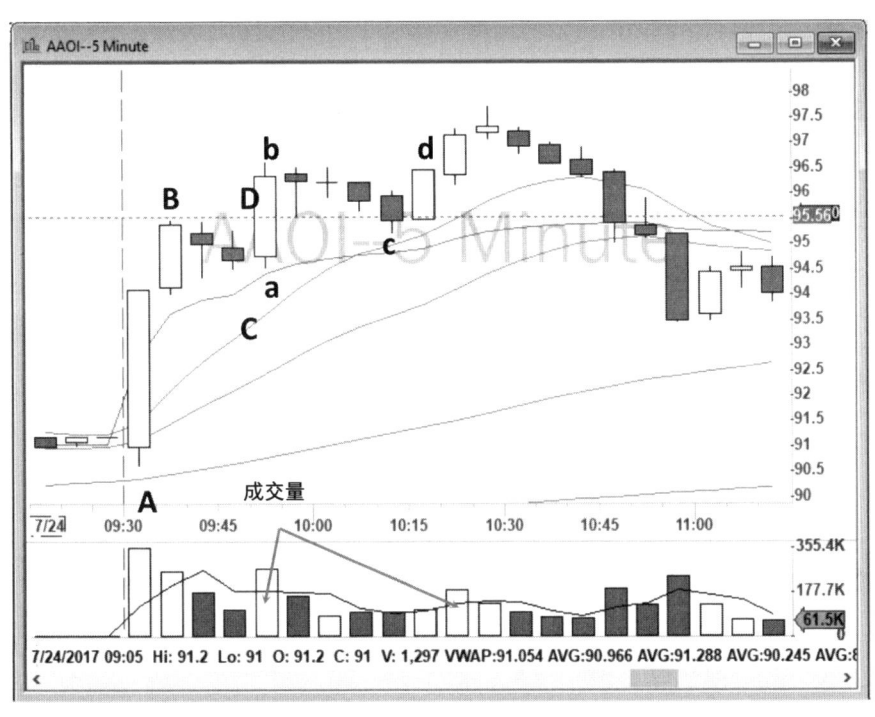

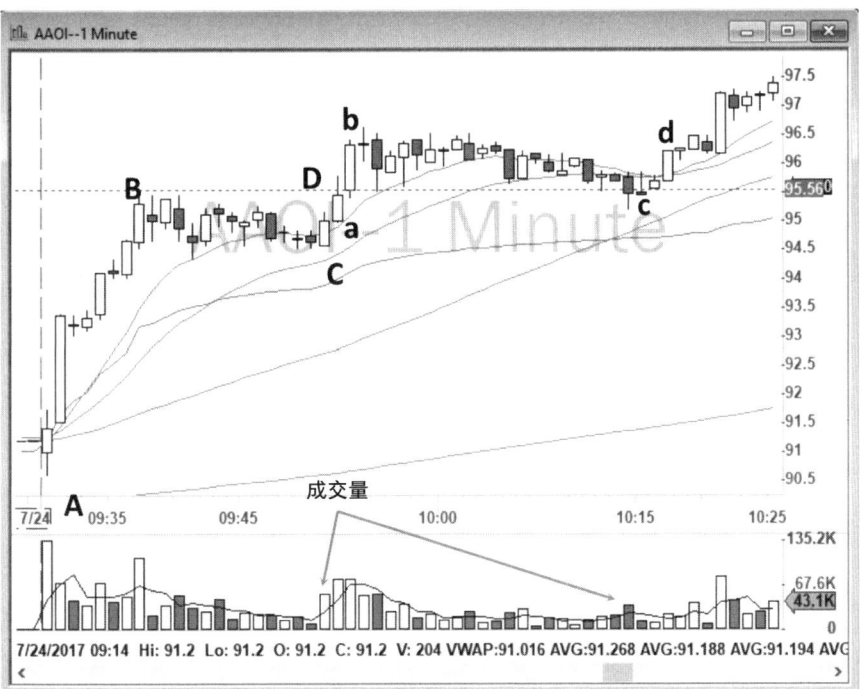

图6.16 应用光电股票的ABCD和abcd形态

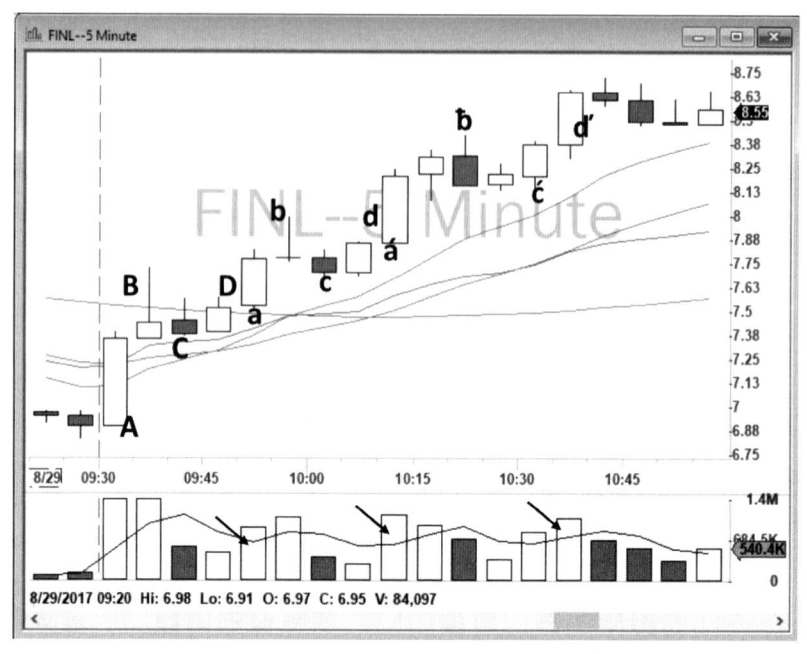

图6.17 终点线股票的ABCD、abcd和ábćd′形态

第 6 章 / 高级日内交易策略

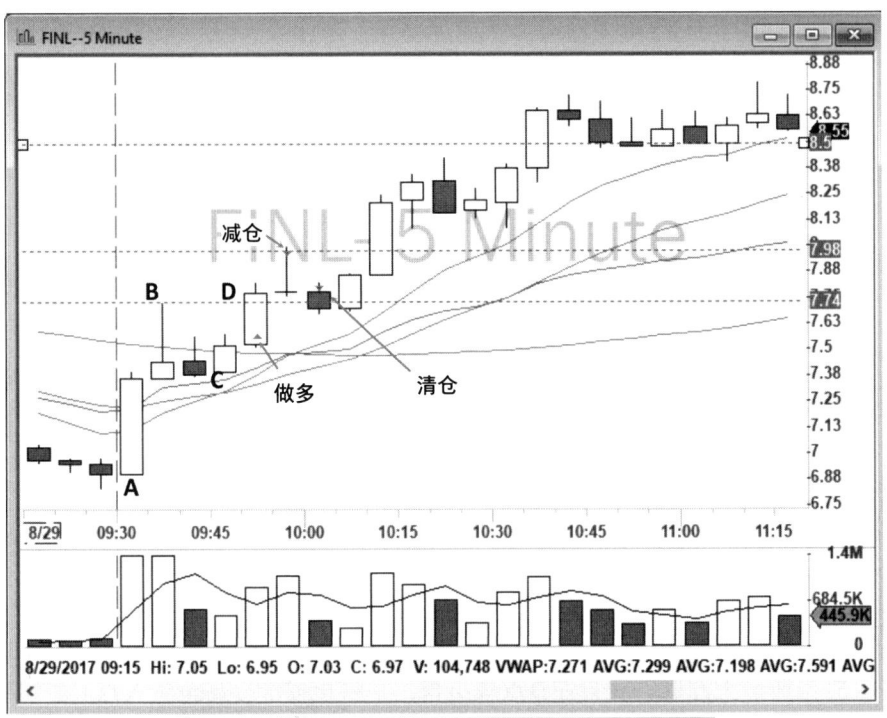

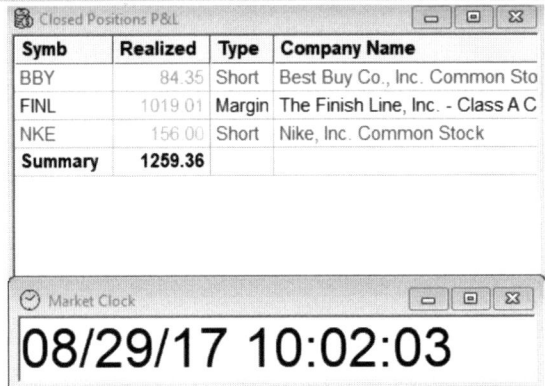

图6.18　我对终点线股票的交易

运用ABCD形态交易策略的要点为：

1. 当我从跳空股观察清单或扫描器中找到一只可交易股，或者聊天室的人告诉我某只股票的价格从A点飙涨并到达了当日新高（点B）时，我会观察股价能否在A点上方找到支撑，我把这个支撑点称为C点。此时我不会马上进入交易。

2. 我会观察股票在盘整期的表现，考虑持股规模和止损、止盈退出策略。

3. 当我看到股价在C点获得支撑时，我预期股价会迈向D点或更高，此时我以接近C点的价格进入交易。也可以参考1分钟K线图确认C点。为了获得更好的洞见，查看5分钟和1分钟K线图都很重要。

4. 我把止损价设在C点下方。股价低于C点时，我会卖出，接受亏损。因此，为把损失降至最低，要在C点附近买入股票，这一点非常重要。一些交易者为了确保ABCD形态策略真正有效，会等到股价到达D点时再出手买入。在我看来，这样做会减少交易收益，增大交易风险。

5. 当股价上涨时，我会在D点减半仓，并将止损价提高至进入点（盈亏平衡点）。

6. 一旦利润目标实现，或者我感觉到股价上涨乏力，或者卖方正在获得价格行为的控制权，我就卖出剩余仓位。股价创下一个5分钟新低表明，买方要筋疲力尽了。

反ABCD形态

反ABCD形态是ABCD形态的镜像，但是用于卖空股票，而不是做多。因此，所有适用于ABCD形态的规则和技巧同样适用于反ABCD形态。

为了说明反ABCD形态，让我们看图6.19，2017年10月4日我对爱美医疗股票（代码：FOLD）做的一笔交易。股市开盘时，这只股票遭到巨幅抛售，价格从16.50美元（A点）跌到15.63美元（B点）的当日低点。随后股价在当日低点和我在盘前确认的重要价位16.08美元之间震荡。当股价向15.63美元的当日低点（B点）靠近并创出新低（D点）时，我卖空了这只股票。最终当股价向5分钟K线图中的200周期简单移动均线迈进时我平了仓，获得了595美元的可观利润。我把止损价设置在了股价创下5分钟新高或突破16.08美元时（阻力位）。

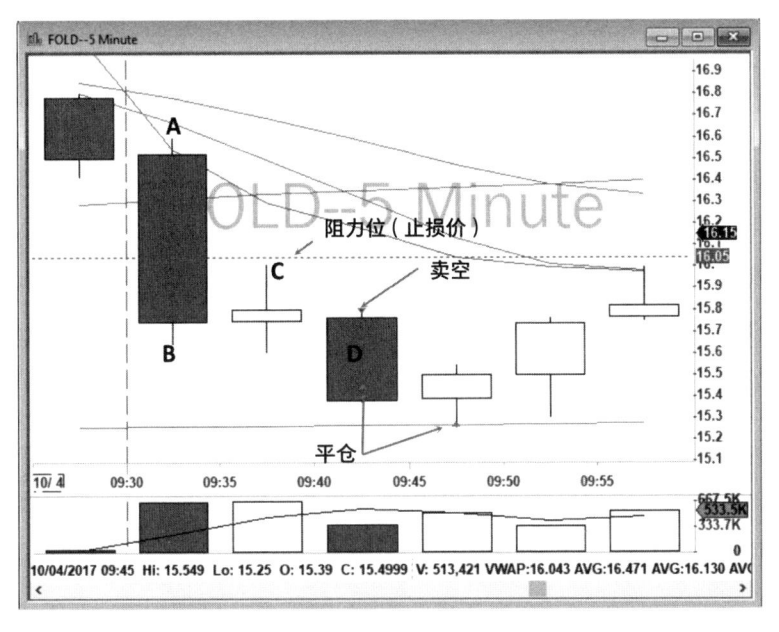

图6.19 爱美医疗股票（FOLD）的反ABCD形态

策略3：牛旗/熊旗

牛旗策略本质上是ABCD形态策略，但这种策略被用于价格不足10美元的低流通量股。为了强调二者间的差异，我在本书和前一本书中把它们视为了不同的交易策略。运用这种策略的所有技巧与运用ABCD形态策略的大体相同，它们之间唯一的区别在于交易的持续时间。牛旗形态常常发生得更快，交易波动性大，因此更难以管理风险。运用这种策略时，交易者无疑需要快速的执行平台，需要快速地做出决策。正因如此，我总是建议新手在职业生涯的早期避免交易低流通量股。

图6.20所示的这种形态被称为牛旗，因为它类似于旗杆上的旗帜。在这种形态中，一根或几根大蜡烛向上（看起来像一根旗杆），还有一些小蜡烛横向波动（看起来像一面旗帜），或者说出现了日内交易者所说的"盘整"走势。出现盘整意味着，之前以较低的价格买入股票的人为了将浮盈变现正在卖出股票。尽管如此，股价并没有急剧下跌，因为买方仍在进入交易，卖方尚未控制价格。许多在牛旗开始形成之前错过了买入良机的交易者正在寻找入场机会，一旦股价放量突破了盘整区域上行，你就可以开始做多股票了。耐心确实是一种美德。

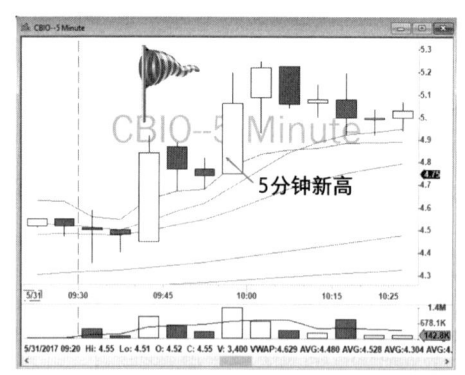

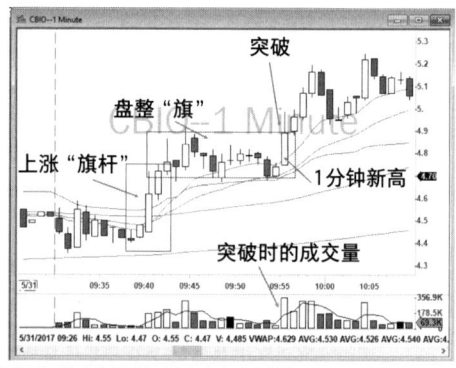

图6.20　含一个盘整期的凯赛生物股票牛旗形态示例。
在1分钟和5分钟K线图中均可以看到牛旗形态。

但是你如何找到牛旗呢？我们的社群使用了交易点子软件中一个简单而有效的扫描器，使用它可以列示出创下了当日新高的低流通量股。通常情况下，在股价上涨的阶段（旗杆的形成阶段），股价会创下当日新高，因此，只需要搜索放量创下当日新高的股票，就有可能在盘整期之前找到牛旗。

当一只低流通量股触发扫描器时，你不应该贸然进入交易。明智的交易者知道，在价格上涨时购买股票是有风险的，业内人士把这种行为叫作追涨。专业交易者会在平稳时期进入交易，在动荡时期获利离场。这与业余交易者的操作完全相反，后者在股价开始上涨时买进卖出，在价格平稳时对股票失去兴趣。对于新手来说，追涨是账户杀手。

例如，我们来看一看2018年3月13日蛋白质平衡治疗公司股票（代码：PTI）的扫描器提示。如图6.21所示，当日上午9:43:12，我的扫描器发出了第一条提示。出现这种情况时，你应该查看股票的K线图，等待好机会出现。扫描器发出了提示并不意味着此时适合交易这只股票。事实上，我的扫描器发出提示的股票中，有95%都不可交易；只有5%提供了极好的风险/回报机会。经验丰富的交易者会等待稳固的盘整期到来。你的目标是在股价放量突破时进入交易。在蛋白质平衡治疗公司股票的例子中，等待的时间大约为12分钟。真正的突破发生在上午9:55:10，当时股价从6.90美元上涨至7.20美元以上，成交量很大，如图6.22所示。盘整期后的股票成交量明显更高，这是对做多交易的确认。

History: High of the Day Bull Flag

Time	Symbol	Price ($)	Vol Today	Rel Vol	Flt (Shr)
9:52:49 AM 3/13/2018	UQM	1.42	141,325	5.06	53.4M
9:50:19 AM 3/13/2018	PTI	6.88	8.09M	90.86	21.1M
9:48:24 AM 3/13/2018	PTI	6.79	7.48M	88.75	21.1M
9:47:43 AM 3/13/2018	SSC	2.01	1.00M	11.30	29.4M
9:47:16 AM 3/13/2018	VNET	8.75	256,792	10.19	83.1M
9:45:26 AM 3/13/2018	PTI	6.68	6.35M	82.48	21.1M
9:44:13 AM 3/13/2018	PTI	6.62	5.89M	81.78	21.1M
9:43:12 AM 3/13/2018	PTI	6.42	5.25M	78.50	21.1M
9:42:34 AM 3/13/2018	FTFT	3.49	110,398	2.14	4.01M
9:42:05 AM 3/13/2018	SSC	1.97	726,042	12.25	29.4M

图6.21　创下当日新高的扫描器示例

通常情况下，牛旗会显示出几个盘整期。我只在第一个和第二个盘整期进入交易。在第三个和之后的盘整期进入交易是有风险的，因为到那个时候股价的涨幅可能已经非常大了，买方可能会很快失去控制权。我们来看一看图6.23所示的2016年8月30日里格尔制药股票（代码：RIGL）的牛旗形态。

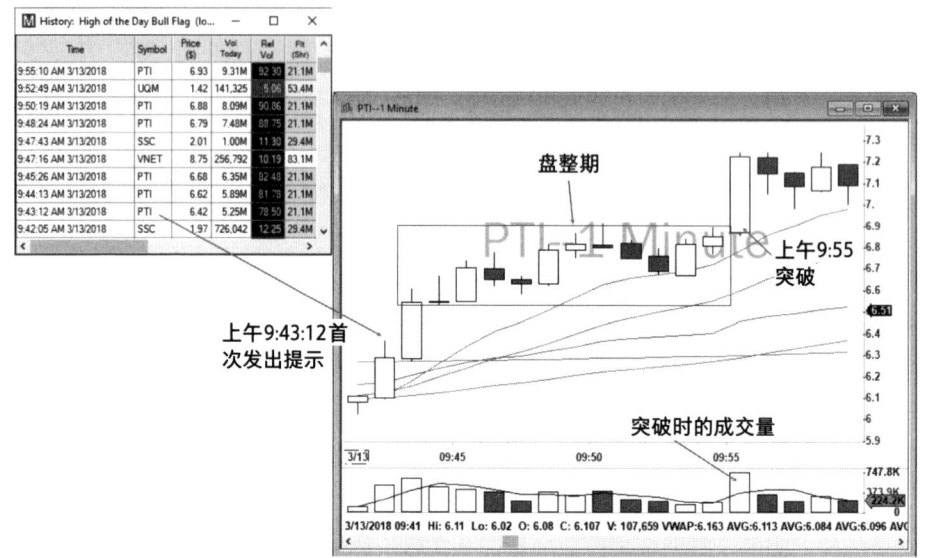

图6.22　蛋白质平衡治疗股票的扫描器提示和1分钟K线图

High of the Day Bull Flag 当日高点牛旗

图6.23　带两个盘整期的里格尔股票牛旗形态示例

这是含两个牛旗形态的K线图示例。通常情况下，你很难捕获第一个牛旗，很可能会错过它，不过你的扫描器应该会发出提示，这样你就可以为下一个牛旗做好准备了。

中午12:36:15，我的扫描器上出现了里格尔股票。一看到它，我就意识到它的相对成交量极高（是正常成交量的120倍），出现了一个完美的日内交易的机会。我等待着第一个盘整期结束，股价一开始向当日高点上行，我就进入了交易。我把止损价设在了盘整区间的下行突破点。我在图6.24中标记出了我的进入点和退出点。

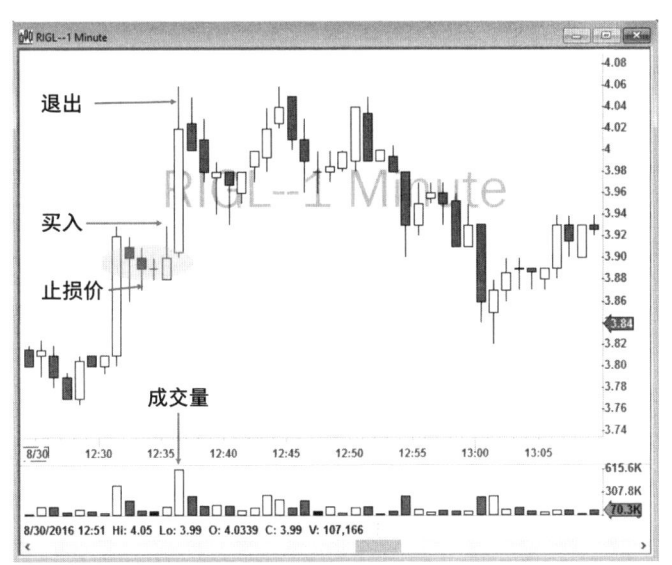

图6.24 对里格尔股票运用牛旗策略的进入点、止损价和退出点

另一个运用牛旗策略的例子是2017年4月6日我对诺华家具股票（代码：NVFY）的交易，如图6.25所示。你会注意到，股市开盘时，这只股票的价格强势上涨，从1.85美元上涨至2.30美元以上。之后股价经历了大约20分钟的盘整，最终从盘整中突破，放量创下了一个5分钟新高，向2.60美元挺进。

再一个运用牛旗策略的例子是2017年7月19日对依特钠股票（代码：AEZS）的交易，如图6.26所示。你会发现，股市开盘后，这只股票的价格先是上涨，接着出现了大约1个小时的盘整，最后股价突破上行，放量创下了一个5分钟新高。

在中午12点之后不久，第二个牛旗出现，股价又实现了突破，创下了又一个5分钟新高，再一次伴随着大成交量。

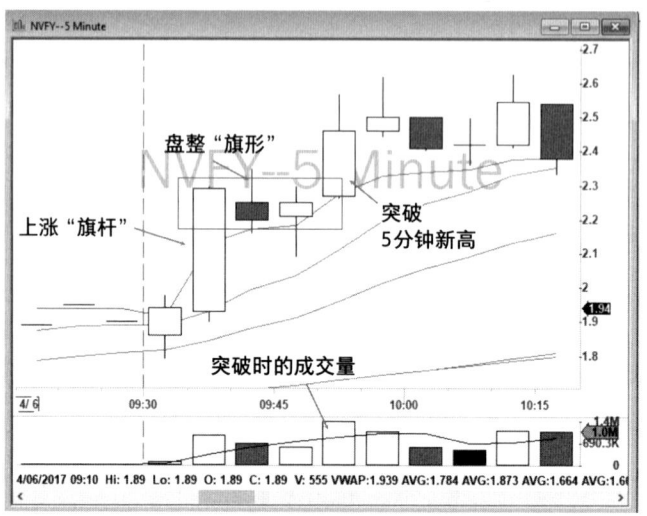

图6.25　对诺华家具股票运用牛旗交易策略示例

图6.26　对依特钠股票运用牛旗策略示例

要成功地运用这一交易策略，完美的进入至关重要。进入时机把握得不好可能导致糟糕的风险回报率，最终遭受严重的损失。为了在运用牛旗策略时把握好进入时机，你必须在1分钟和5分钟K线图中识别出盘整期。如果你看不出股票是处在盘整期、上涨期还是抛售期，你最好不要出手交易。这可能意味着股价起伏过大，不适合交易。

在成功确认盘整期后，你还要寻找股价放量创下1分钟新高和5分钟新高。有时候，股价创下1分钟新高意味着不错的进入点出现，但通常情况下，最佳进入点出现在股价既放量创下1分钟新高又放量创下5分钟新高时。图6.27所示的依特钠股票交易和赫利俄斯马西森分析公司股票交易都是这样的例子。

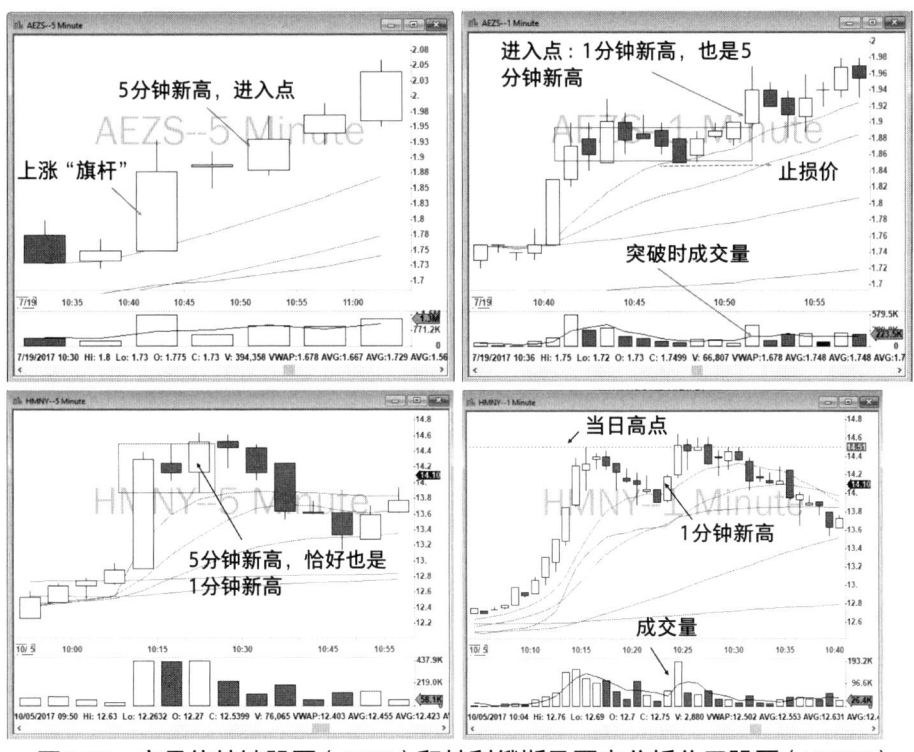

图6.27　交易依特钠股票（AEZS）和赫利俄斯马西森分析公司股票（HMNY）的最佳进入点出现在股价同时放量创下5分钟新高和1分钟新高（与之前的蜡烛相比）时，通常情况下，1分钟新高更易于识别

运用牛旗策略的要点为：

1. 当我发现一只股票的价格飙涨时（无论是在我的实时当日新高扫描器上发现还是在聊天室听到他人的建议后查看发现），我都会耐心等待，直到我确认股价出现了盘整期。我不会马上进入交易（"追涨"是危险行为），追涨会导致我无法设置合理的止损价。

2. 我会仔细观察股价在盘整期的表现，并考虑持股的规模、止损和退出策略。

3. 一旦股价突破了盘整期蜡烛的高点，我就出手交易。我把止损价设置在盘整期价格的向下突破处。当股价同时创下1分钟和5分钟新高时（与之前的蜡烛相比），完美的进入点就出现了。因此，在运用牛旗策略时，同时查看1分钟K线图和5分钟K线图非常重要。

4. 在股价上行期间，通常是在股价突破当日高点时，我会卖出半仓，获利了结。然后我会把止损价从盘整期的低点调整至我的进入点（盈亏平衡点）。

5. 一旦利润目标实现，或者我感觉到股价上涨乏力，而卖方正在获得价格行为的控制时，我会卖出剩余的仓位。

6. 没有设置利润目标时，你可以参考1分钟K线图或5分钟K线图进行操作。一旦股价创出1分钟或5分钟新低，你就清仓离场。最理想的情形是在股价即将发生反转、趋势即将改变时离场。

仔细观察你会发现，牛旗实质上是更常出现在低流通量股的ABCD形态。然而，对价格不足10美元的股票运用牛旗策略时，许多交易者只在突破点或股价接近突破点时才买入（与交易中等流通量股时运用ABCD形态策略相反）。这是因为，低流通量股的波动非常快，波动会很快消失，因此，牛旗策略或多或少算一种剥头皮策略（Scalping Strategy）。剥头皮者往往在股票上涨时买入股票，很少在盘整期（等待和持有阶段）买入。这类股票通常会快速暴跌，因此只有在确认股价出现了突破时才能买入，这一点很重要。等待股价突破盘整区上限再出手是降低交易低流通量股风险的一种方法。剥头皮者不会买入、持有和等待，他们只是在等待股价突破，一旦股价实现突破，他们就发送交易订单。他们快速地进场，剥一层皮后快速地离场。这就是动量剥头皮者的理念。

牛旗策略是一种做多策略，适用于行情上涨的股票。顾名思义，熊旗策略是适用于卖空的策略。我个人一般不运用这种策略做交易，因为我的经纪人没有可供卖空的低流通量股。此外，卖空低流通量股的风险很大，因为它们的价格有可能大幅上扬。

总的来说，交易低流通量股是非常困难和危险的，新手要倍加小心。正如我之前警告的那样，如果你选择交易它们，那么你要控制好交易规模，而且只有在模拟炒股软件中经过充分的练习后，你才能交易它们。此外，要交易这些股价波动极快的股票，你还需要一个超快的执行系统。许多新手一开始就交易这些低流通量股票，早早地断送了自己的交易职业生涯。

我建议新手们远离低流通量股，交易中等流通量股并增强交易信心，积累一定的经验后再慢慢开始以小持仓规模交易低流通量股。切记，如果你在交易低流通量股时出了差错，你的账户一般不会有好结果。

策略4：开盘区间突破

另一个著名的交易策略是开盘区间突破。运用这一策略只能帮你确定进入点，不能确定利润目标价，你应该根据从本书中了解到的其他技术点位确定利润目标价。我在后面会列出更多可能的利润目标价。开盘区间突破发出的只是进场信号，而完整的交易策略必须确定适宜的进入点、退出点和止损价。

股市开盘时（纽约时间上午9:30），大量的买入和卖出订单进入市场，"可交易股"的价格通常会经历剧烈的波动。头5分钟的成交量很大，这是隔夜持仓者将收益变现或止损离场，以及新投资者和交易者交易的结果。当股价出现跳空上涨时，一些隔夜交易者为了变现利润会卖出持有的股票。与此同时，一些新的投资者可能会在股价进一步上涨前快速买入。另外，当股价跳空下跌时，一些投资者可能会惊慌失措，在股价进一步下跌之前急匆匆地抛售持有的股票。而一些机构可能认为股价下跌是不错的买入机会，于是他们开始以下跌后的价格大量买入。

因此，股市开盘时，对可交易股的复杂的群体心理会逐渐显露。明智的交易者镇定自若地观察着开盘区间的形成，让其他交易者相互对抗，直到一方获胜。

通常情况下，你要观察开盘区间至少5分钟时间，寻找价格在开盘区间的突破，这一策略被称为5分钟开盘区间突破。为了确认买卖双方的力量平衡，一些交易者会观察更长的时间，比如30分钟，甚至一个小时。然后，他们会按照股价在30分钟或60分钟内突破的方向制订交易计划。过去，我只在5分钟开盘区间突破时交易，但最近我更倾向于在15分钟或30分钟开盘区间突破时交易。相比5分钟的区间，时间框架越长，股价的波动性就越小。开盘区间突破策略最适用于中大盘股，这些股票的价格不会在盘中出现剧烈的波动。我不建议对出现跳空上涨或跳空下跌走势的低流通量股采用这种策略。理想的情况下，股票的交易价格波动范围要小于股票的真实波动幅度均值（ATR）。交易价格波动范围的上限和下限可以通过5分钟、15分钟、30分钟或60分钟蜡烛的高低来确定。

为了更好地理解这一策略，我们来看看图6.28显示的2017年3月9日e.l.f.美容公司股票（代码：ELF）数据和图6.29显示的这只股票的K线图。这只股票当日跳空上涨了19%以上，因此出现在了我的跳空股观察清单上。我决定密切关注它的走势，看是否有卖空它的机会。许多隔夜投资者和交易者为了变现利润，很有可能卖出手中持有的这只股票。在许多投资者看来，19%的隔夜利润是非常诱人的，为什么不把这么高的利润收入囊中呢？

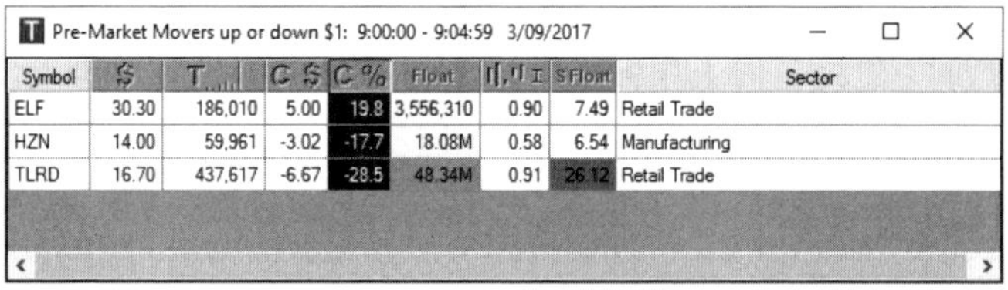
Pre-Market Movers up or down $1: 9:00:00 - 9:04:59 3/09/2017

Symbol	$	T	C $	C %	Float		$Float	Sector
ELF	30.30	186,010	5.00	19.8	3,556,310	0.90	7.49	Retail Trade
HZN	14.00	59,961	-3.02	-17.7	18.08M	0.58	6.54	Manufacturing
TLRD	16.70	437,617	-6.67	-28.5	48.34M	0.91	26.12	Retail Trade

图6.28　2017年3月9日上午9:00我的跳空股观察清单显示e.l.f.美容公司股票（ELF）可能是当日的一只可交易股

如图6.29所示，这只股票的开盘价为31美元，在开盘后5分钟内，这只股票被大量抛售，价格跌至30美元以下。这是投资者在股价跳空上涨19%后变现利润的迹象。我等待着买卖双方在第一个5分钟战斗的结果。一看到价格突破了5分钟开盘区间，我就在成交量加权均价之下卖空了它。正如我在前面提到的，开盘区间突破是买入或卖出信号，你必须自行确定适当的退出点和止损价。对我来说，我总是把空头仓位的止损价设置在略高于成交量加权均价的位置，把多头仓位的止损价设置在成交量加权均价之下的突破点。利润目标价是下一个重要的技术点位。

正如你在图6.29中看到的，股价朝着当日支撑位28.62美元下跌过程中，我一直卖空，直到在28.62美元这个价位附近平了仓。

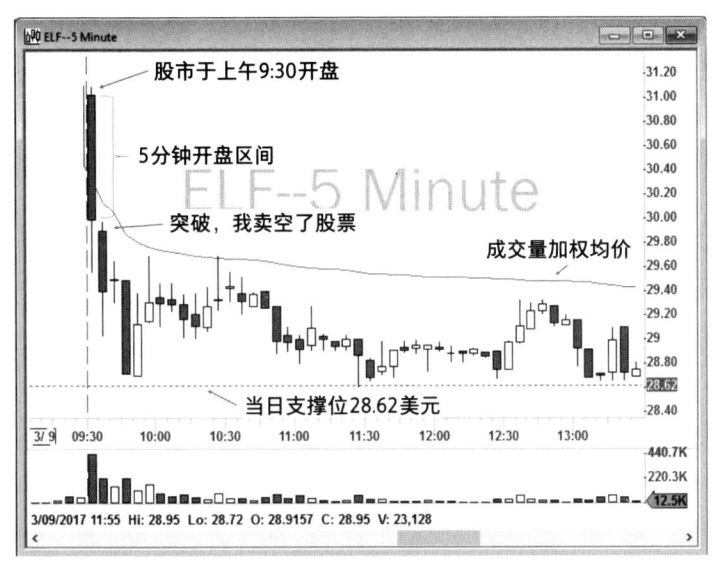

图6.29 对e.l.f.美容公司股票运用开盘区间突破策略的5分钟K线图

另一个例子是2017年2月15日的宝洁公司股票（代码：PG）。这只股票触发了我的跳空股扫描器，如图6.30所示，我在股市开盘时把它列入了观察清单。

图6.30 2017年2月15日上午9:00我的跳空股观察清单显示宝洁股票可能是可交易股

如图6.31所示，股市开盘后仅仅5分钟，有260多万股宝洁股票被交易，但其价格仅从89.89美元上涨至89.94美元，涨幅仅为5美分，而这只股票的真实波动幅度均值（ATR）为0.79美元。正如我所提到的，开盘区间要小于真实波动幅度

185

均值。如果一只股票在开盘时的波动幅度接近或高于其真实波动幅度均值，那么它就不太适合使用开盘区间突破策略，因为它的波动性太大，走势不可捉摸。需要再次提及的一点是，"可交易股票"的走势都是有方向性的、可捕捉的。如果一只股票一直以2美元的幅度上下波动，有巨大的成交量，没有释放任何方向性的信号，你就要远离它。这些股票的交易通常是被计算机主导的。

在宝洁股票的例子中，我一看到其价格向上突破了开盘区间，我就做多了它。当价格朝着阻力位91.01美元攀升时，我一直持股。如果没有明确的技术价位可作为退出点和利润目标价，你可以在股票显露出疲态时退出。例如，股价创下一个5分钟新低时，就是一个疲态迹象，做多者就应该考虑卖出。股价创下一个5分钟新高可能是股票处于强势的迹象，此时卖空者就应该考虑平仓。在宝洁股票的例子中，如果你之前没有识别91.01美元这个阻力位，那么当股价创出一个5分钟新低时即略低于91美元的位置，你可以考虑退出。我在图6.31中做出了相应的标记。

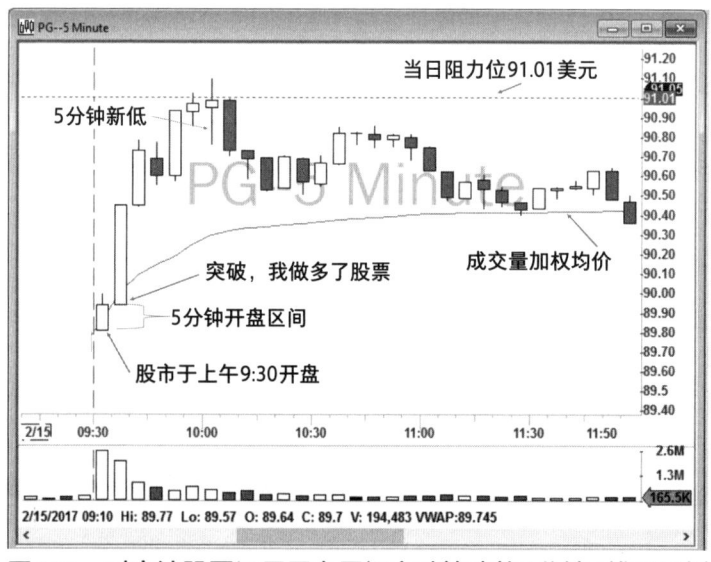

图6.31 对宝洁股票运用开盘区间突破策略的5分钟K线图示例

运用开盘区间突破策略的要点为：

1. 早晨确定观察清单后，我密切关注着清单中股票在开盘后5分钟内的表现。

我要确认它们的开盘区间和它们的价格行为。它们的成交量有多少？股价是上下波动还是方向性地上行或下行？成交量大是因为有大额订单，还是因为有大量的订单？我更喜欢有高成交量、有大量不同订单的股票。如果股票的成交量为100万股，但总共只有10个订单，每个订单的交易数量为10万股，那么它就不是流动性强的股票。仅从成交量中看不出流动性，还要参考发送给交易所的订单数量。

2. 开盘区间必须显著小于股票的真实波动幅度均值。我在交易点子扫描器中单列了真实波动幅度均值一栏。

3. 前5分钟的交易结束后，股票的交易价格在接下来的5分钟之内可能会继续保持在开盘区间内。但是，如果我看到股价突破了开盘区间，我会根据突破的方向做出交易：股价向上突破开盘区间时做多股票，股价跌破开盘区间时卖空股票。

4. 我为多头仓位设置的止损价位于成交量加权均价之下，为空头仓位设置的止损价位于成交量加权均价之上。

5. 我的利润目标价是下一个重要的技术点位，例如：（1）我在盘前确认的重要日内价位，（2）日线图上的移动均线，（3）前一个交易日收盘价。

6. 如果没有明确的技术价位可作为退出点和利润目标价，我会在股票显露出疲态（如果我做多）或表现出强势（如果我卖空）时退出。例如，股价创出一个5分钟新低意味着股票处于疲弱态势，我会考虑卖出多头仓位。股价创出一个5分钟新高意味着股票处于强劲态势，我会考虑平掉空头头寸。

上述要点既适用于5分钟开盘区间突破策略，也适用于15分钟或30分钟开盘区间突破策略。

策略5：成交量加权均价交易

什么是成交量加权均价？

对日内交易者来说，成交量加权均价（VWAP）是最重要的技术指标，其计算方法是将每笔交易额（价格乘以交易的股票数量）相加，然后用所得额除以当天交易的总股票数量。

我在这里不详细解释VWAP的数学计算过程，不过从本质上看，这个指标是考虑了以各个价位交易的股票数量的移动均线。其他移动均线只考虑了股价，但VWAP还考虑了以各个价位成交的股票的数量。你的交易平台应该内置有这个指标，你不必更改任何默认设置就可以使用它。

VWAP指标能够揭示控制价格行为的是哪一方——买方还是卖方。当股票的交易价格高于VWAP，意味着买方控制着价格，而且市场上有买入股票的需求。当股价跌破VWAP时，你基本上可以断定，卖方正在获得价格行为的控制权。

VWAP通常被用来衡量机构交易员的绩效。投资银行或对冲基金的专业交易员每天需要交易大量股票，不能只通过一个订单进入或退出市场。市场流动性不足以支持交易员一次下100万股的买入订单，他们需要在盘中缓慢地下订单。在当天买入或卖出大量股票后，机构交易员会把他们的订单执行价与VWAP做比较。对他们来说，买入订单执行价低于VWAP是好事，因为他们是在均价之下买入股票的（这意味着交易员以相对低廉的价格买入了大量头寸）。相反，卖出订单执行价高于VWAP也是好事，因为这说明他们的卖价高于均价。因此，机构交易员依据VWAP确定适宜的进入和退出点。

持有大额订单的机构交易员会在VWAP附近买入或卖出大量头寸。机构交易员的绩效通常根据其大额订单的成交价格进行评估。买入价格明显高于VWAP的交易员可能会受到惩罚，因为他们持有那些大额头寸让机构花了钱。因此，机构交易员试图以低于或尽可能接近VWAP的价格买入。相反，当专业交易员不得不抛售大额头寸时，他们会尽量以VWAP或更高的价格卖出。理解这一点会让日内交易者受益。

在市场开盘后的前5分钟内，可交易股通常会在VWAP或附近被大量交易。当可交易股的价格跳空高开时，一些个人股东、对冲基金或投资银行可能希望在价格下跌之前尽快将浮盈变现，因此会卖出股票。与此同时，一些希望持有该股票的投资者希望在价格进一步上涨之前尽快买入。因此，在前5分钟里，在隔夜持股者和新投资者之间完成了大量的交易。剥头皮者通常会在开盘时乘势而动。

开盘10—15分钟后，波动性降低，股价将迈向或远离VWAP。这是一种测试，从中能看出是否有大型投资银行等待时机买入或卖出。如果一家大型机构的交易员打算买入大量头寸，那么股价会突破VWAP并进一步上涨，此时正是我们这些日内交易者做多股票的好时机。

相反，如果有大股东想抛售他们持有的股份，那么这是他们清仓离场的好时机，他们会以VWAP卖出股票，股价将偏离VWAP下行。对日内交易者来说这是极好的卖空机会。如果做市商或机构对这只股票不感兴趣，那么其价格可能在VWAP附近横盘震荡，明智的交易者会远离这只股票。

对于新手来说，基于VWAP的交易策略很容易掌握，因为有很多交易者都在研究VWAP并依据它做决策。新手依据它做出正确的交易决策很容易。当一只股票试图突破VWAP但未成功时，你可以卖空它，因为你基本上可以断定其他正在观望的交易者也会开始卖空它。根据VWAP做交易是一种简单易行的策略。从5分钟K线图上看，当股票尝试突破但未能突破VWAP时，我通常会卖空它。

现在我们来看看图6.32，它显示的是我于2016年6月24日交易太阳城公司股票（代码：SCTY）的情况。

2016年6月24日上午10:30左右，我注意到太阳城股票在VWAP上方的21美元附近找到了支撑。我买入了1000股该股票，我预计股价将以VWAP为支撑向22美元挺进。我把止损价设在了VWAP之下的一个5分钟蜡烛的收盘价之处。我先以21.50美元的价格减了一半仓，然后把止损价调整至盈亏平衡点。最终我以22美元的价格清了仓，因为我知道半美元（如1.50美元、2.50美元、3.50美元）和整美元（如1美元、2美元、3美元）处通常是支撑位和阻力位。

当你想卖空股票时，VWAP也是有效的决策依据。我们来看看图6.33，它显示的是我2016年6月22日交易太阳城股票的状况，只不过这次是卖空交易。

上午11:00左右，我注意到太阳城的股价在VWAP上方遇阻。我预计股价将在23美元左右跌破VWAP，因而卖空了股票。中午12:00左右，买方缴械投降，卖方控制了价格行为。股价跌至22美元，我以22美元的价格平了仓，获得了1000美元的不错利润。

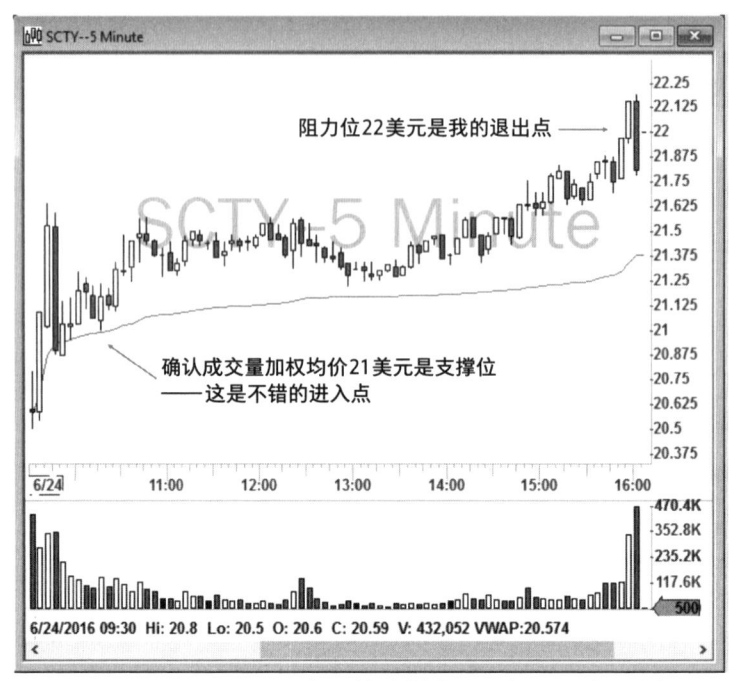

图6.32　运用VWAP交易策略做多太阳城股票的示例

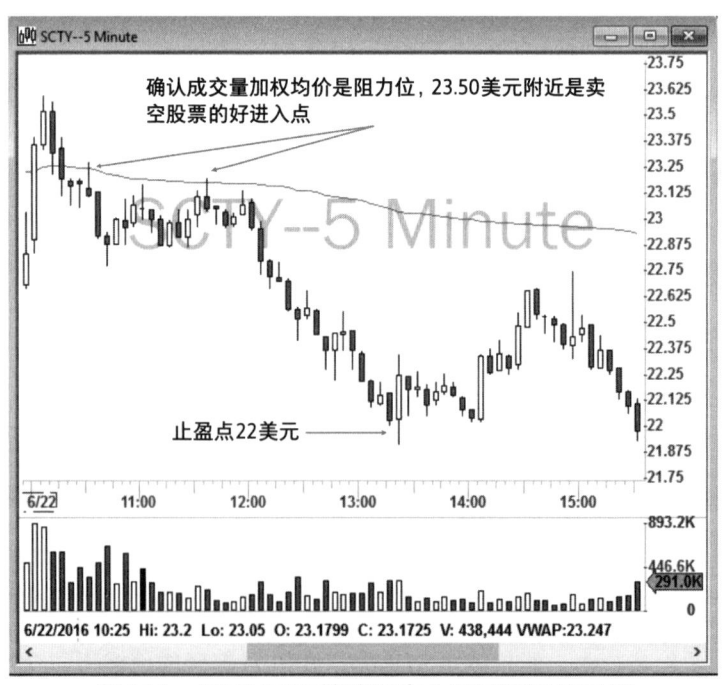

图6.33　运用VWAP策略卖空太阳城股票的示例

从上述这些例子中明显可以看出，VWAP是日内交易最重要的指标之一。请注意，VWAP只是一个盘中指标，它在日线图或周线图中没什么意义。

你可能会问，我如何运用VWAP做日内交易呢？我把VWAP视为进入交易的重要支撑位和阻力位，可用来设置进入点、止损价和利润目标价。基于VWAP，我有三个策略：（1）VWAP假突破；（2）VWAP反转；（3）VWAP移动均线趋势，接下来逐一解释它们。

VWAP假突破

我最喜欢运用的交易策略是VWAP假突破。VWAP假突破通常发生在上午10:30之后的早盘后期，而且会持续到午盘早期。如果市场上存在来自机构交易者的买入压力，那么一只强势可交易股的价格会保持在VWAP上方。如果一家大型投资银行有兴趣持有某只股票，那么这只股票的价格通常会保持在VWAP之上并持续上行，图6.32所示的太阳城股票就是这样的例子。但是，如果股票背后没有大机构，或者如果这些机构完成了所有订单，并在早盘期间离开了，那么股价将回落并跌破VWAP，这意味着其股价将下行，而且交易价格将低于VWAP。这是空头开始卖空股票的迹象。

在早盘期间失去了大买家支持和价格跌破VWAP的股票就像一头体型硕大但血流不止、已喘不过气来的水牛。狼群会耐心地等待时机到来，它们静静地观察着水牛的一举一动，为最后的伏击做好准备。同样，一旦价格一直高于VWAP的强势股票突然失守VWAP，日内交易者就会"闻到血腥味"，空头们会伺机卖空它。

就像食腐的秃鹫等待狼群吃完那只不幸的水牛一样，日内交易者也在寻找疲软的股票卖空。相反，当价格低于VWAP的疲弱股票的行情出现回暖迹象，而且其价格上涨至VWAP及以上时，卖空者会竭力平仓。精明的日内交易者则会乘势做多，"逼迫"空头离场。

我们来看一看图6.34所示的2017年4月19日对应用光电股票的交易行为。如你所见，这只股票在开盘时表现疲软，股票被抛售，股价位于VWAP之下，而且向43.61美元的价位下行。在三次从支撑位反弹后，股价最终在上午11:45—12:15上涨至VWAP上方。然而，这只股票不够强势，股价无法保持在VWAP上方并进一步上行，它从前一个交易日收盘价44.20美元处回落（正如第4章中所述，前一个交易日收盘价可能是非常强大的支撑位和阻力位），之后股价跌破VWAP。VWAP假突破给交易者提供了一个在VWAP之下卖空的交易机会，比如在43.75美元左右。可把第一个利润目标价设置在当日新低处，把第二个利润目标设置在另一个价位43.21美元处，如图6.34的标记所示。

图6.34　运用VWAP假突破策略交易应用光电股票示例

另一个例子如图6.35所示，它来自2017年5月12日对美国大型百货连锁店诺德斯特龙股票（代码：JWN）的交易。正如你所看到的，股市开盘时这只股票表现疲软，股票遭抛售，股价在VWAP之下并向41.52美元的支撑位下行。在从支撑位反弹后，价格回升至VWAP上方，而且在上午10:05—10:45，股价一直位于VWAP之上。但这只股票不够强大，股价无法一直保持在VWAP之上，无法形成移动均线上行趋势。股价从50周期简单移动均线的强劲阻力位回落，并且跌破了VWAP。这给交易者提供了一个在VWAP下方卖空该股票的机会，例如在42.20美元左右，止损价可设置在VWAP上方。如图6.35所示，可把第一个利润

目标价设置在当日新低处，把第二个利润目标价设置在支撑位41.52美元处。

图6.35　运用VWAP假突破策略交易诺德斯特龙股票示例

我们继续讨论对美国零售业股票的交易。图6.36显示的是2017年5月17日对塔吉特公司股票（代码：TGT）的交易情况。在出色的盈利报告推动下，这只股票的价格在盘前跳空上涨，但开盘时股票表现得非常疲弱，交易价位于VWAP之下，并向55.50美元下行，这可能是因为投资者和隔夜波段交易者将大量利润变现的缘故。然而，到了上午10:00左右，买方涌入，股价走势在形成看涨吞没形态（见第5章所述）后强劲反弹，而且在上午10:05—10:30，股价一直位于VWAP之上。但这只股票不够强势，股价未能保持在VWAP之上，也未能形成移动均线上行趋势。股票很快被大量抛售，股价跌破了VWAP。这可能预示着在VWAP之下存在卖空该股票的机会，例如在56.13美元左右出手，可把止损价设置在VWAP上方，可把第一个利润目标价设置在股价当日新低，把第二个利润目标价设置在5分钟K线图中的200周期简单移动均线处，这只股票确实是在下午1:35前朝着这一均线下行，如图6.36所示。

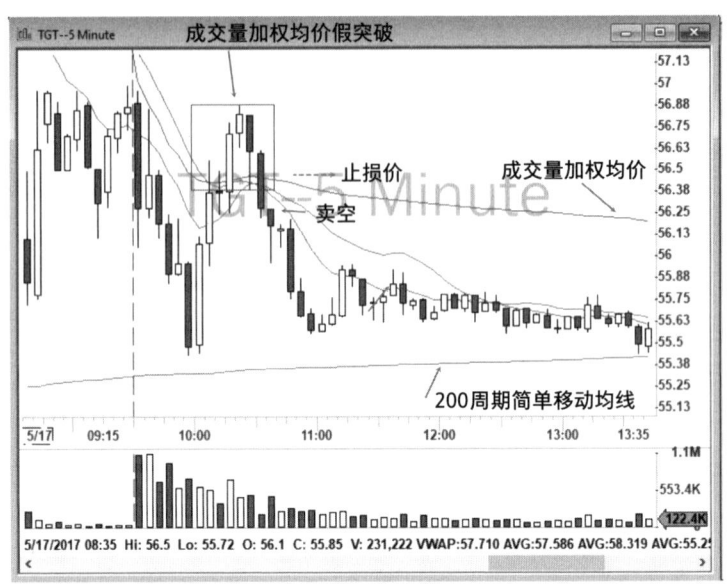

图6.36 运用VWAP假突破策略交易塔吉特股票示例

另一个明显的例子来自2017年6月21日美国计算机软件公司奥多比的股票（代码：ADBE），如图6.37所示。股市开盘时，这只股票的价格强势上涨至VWAP上方，但很快多头就输掉了战斗，价格回落至VWAP以下。空头最初控制了价格走势，并把价格压低至当日低点144.23美元。然而，价格反转向VWAP回升，而且在上午10:00—10:30位于WVAP上方。上午10:30左右，价格从20周期指数移动均线回落至VWAP下方。我在VWAP下方卖空了这只股票，把止损价设置在了VWAP上方。我把第一个利润目标价设置在当日低点144.23美元处，把最终的利润目标价设置在5分钟K线图上的200周期简单移动均线处。由于耐心不足，我没有等到价格达到最终的利润目标价就平了仓。不过在中午12:25左右，股价跌到了200周期简单移动均线处，即143.50美元附近。

另一个完美的例子来自2017年6月23日著名的零售商3B家居公司的股票（代码：BBBY），如图6.38所示。你能识别出VWAP假突破吗？

还有一个范例来自2018年1月18日美国铝业公司的股票（代码：AA），如图6.39所示。这只股票的价格曾两度上行至VWAP之上，一次是在上午10:05左右，另一次是在10:45左右。两次上行都未能突破5分钟K线图上的50周期简单移动

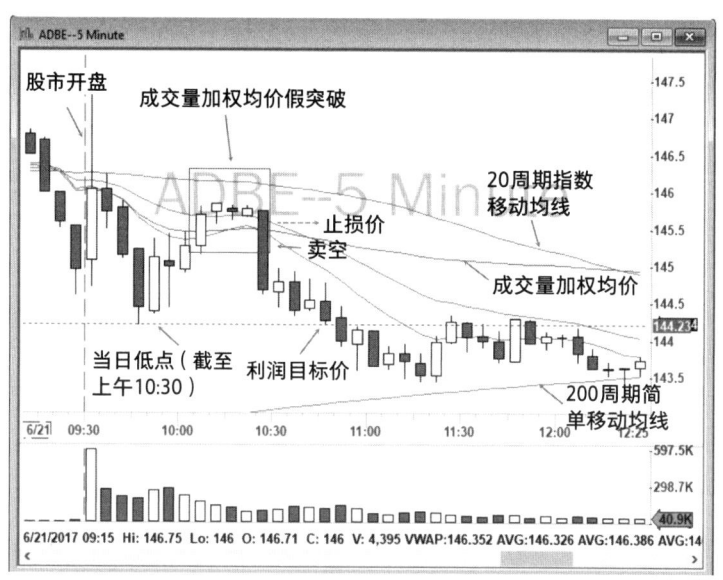

图6.37 运用VWAP假突破策略交易奥多比股票示例

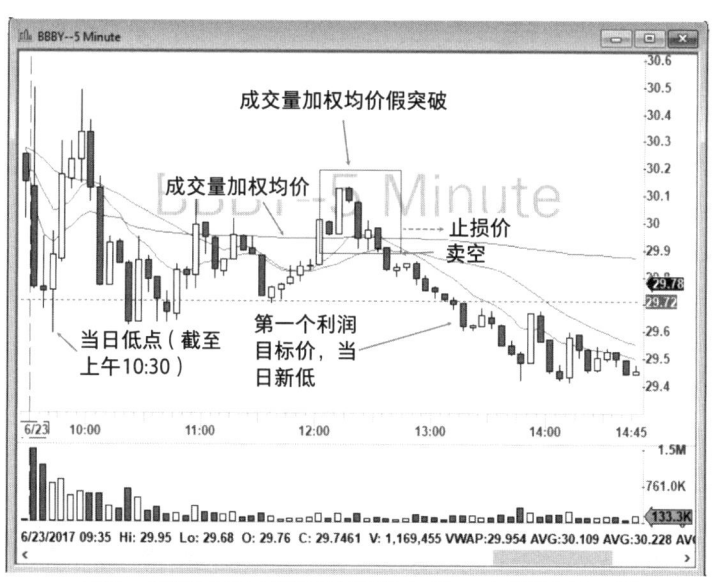

6.38 运用VWAP假突破策略交易3B家居股票示例

均线，且股价均回落至VWAP以下，这给交易者提供了卖空股票的机会。第一次VWAP假突破时，股价没有回落至当时的当日低点52.10美元（也是盘前低点）处，第二次VWAP假突破为交易者提供了在VWAP卖空股票的绝佳机会，可把利润目标价设置在当日新低及更低的水平处。

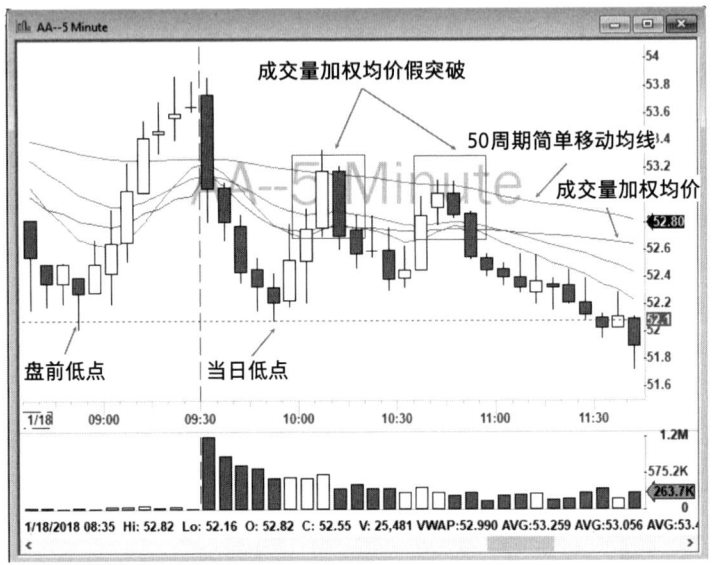

图6.39 运用VWAP假突破策略交易美国铝业股票示例

运用VWAP假突破交易策略的要点为：

1. 一旦我确定了当日的可交易股观察清单，我就会在开盘和早盘期间监控它们在VWAP附近的走势。一只优秀的可交易股会表现出对VWAP的尊重。

2. 如果可交易股被抛售，跌破VWAP，后来股价反弹并突破了VWAP，这意味着多头正在获得控制权，空头可能不得不平仓。然而，如果股价在早盘后期（上午10:30—12:00）再次失守VWAP，这意味着多头的力量很微弱或者多头已经筋疲力尽了。股价再次跌破VWAP为交易者提供了卖空机会，交易者可把止损价设置在VWAP上方。

3. 可把利润目标价设置在当日低点处，也可设置在任何其他重要的技术点位处。

4. 当一只可交易股的价格跌破VWAP时我会尝试卖空它。当股价逐步向VWAP下行时，为了抓住好的进场时机，我有时会在股价跌破VWAP之前就卖空股票。然而，这么做时要特别小心，因为交易者的工作是确认走势而不是预期走势。当你真的确认了一个绝佳的入场机会时，你可以先通过小额交易入场，然后在股价下行途中逐步加仓。

VWAP反转

通常情况下，开盘时可交易股的成交量很大，而且股价会实现开盘区间突破，要么是走向当日新低，要么是在VWAP上方持续创出当日新高。然而，股价也经常会出现反转并测试VWAP，此时可运用的策略就被称为VWAP反转策略。这种策略既适用于做多交易，也适用于卖空交易。

我们来看看图6.40所示的2017年11月13日对京东股票的交易行为。开盘时，这只股票的表现很强势，但在上午9:35突遭猛烈抛售，形成了一个巨大的看跌吞没形态。直到9:50，这只股票一直在VWAP下方被大量抛售。到了9:50，股价没有创下5分钟新低，趋势发生了变化。这正是可交易股的价格出现反转并测试VWAP的时候，这样的股票也成了运用VWAP反转策略的绝佳对象。我在41.15美元附近做多了股票，在股价向VWAP上行以及突破这一价位的过程中，我一直持有它。

但为什么股价会反转回VWAP呢？在京东股票的例子中，许多空头仍然希望股价会走低，如果股价不走低，所有的空头都得快速平仓，这会导致股价迅速回升，我们把这一过程称为"逼空"。如果你在开盘区间突破时卖空了股票，那么你肯定想确保获得一定的利润，而且不想让交易变得对你不利。如果你在5分钟趋势发生变化时（例如股价未能创下一个5分钟新低，或股价走势形成了更高的高点和更高的低点形态）仍持有空仓，那么你可能会遭遇"逼空"。

反转的信号是什么呢？通常情况下，股价未能创下5分钟新低是反转信号。更可靠的信号是在5分钟K线图上出现了更高的高点和更高的低点形态，这意味着空头已经筋疲力尽，价格将反弹回VWAP。

与其他所有的交易策略类似，这种策略在某些时候行不通。例如，股价走势对你不利，创下了当日新低。因此，运用该交易策略时，确定适宜的止损价很重要，事实上，这一点对所有的策略都适用。如果你做多股票，你可以把止损价设置在当日低点或前一个5分钟蜡烛的最低价之下。就利润目标价而言，你可以把第一个利润目标价设置在9周期或20周期指数移动均线处。如果没有这些重要的技术价位，你可以把利润目标价设置在VWAP处。我总是会保留一些仓位，等待股价突破至VWAP上方。

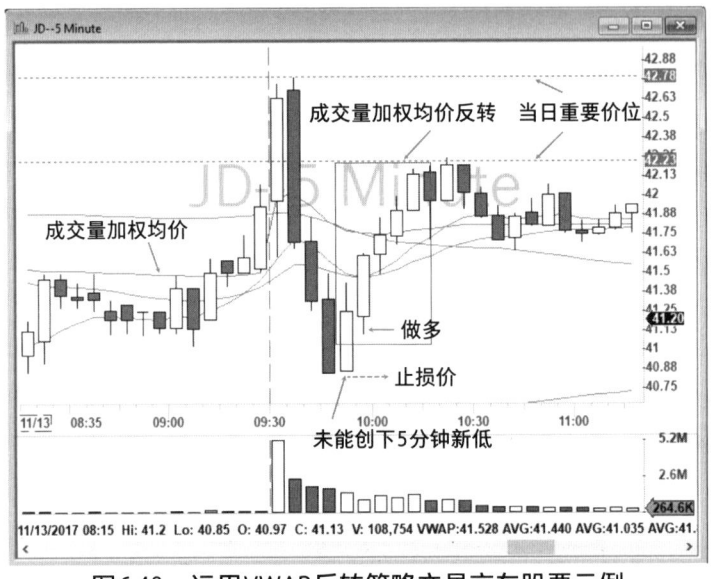

图6.40 运用VWAP反转策略交易京东股票示例

另一个例子来自2018年3月7日我对美元树公司股票（代码：DLTR）的交易。这只股票被大量抛售，股价跌至VWAP下方，但股价在88.10美元左右未能创下新低。我以88.60美元的价格买入了400股，将利润目标价设置在VWAP处（89.70美元左右）。我最终获得了409美元的利润，如图6.41所示。在做这笔交易时，参考1分钟K线图帮我确定了更好的进入点，即股票在1分钟K线图收于9周期指数移动均线之上。

下一个例子来自2018年1月18日我对美国铝业公司股票（代码：AA）的交易。这只股票在被大量抛售，价格跌至VWAP下方，但在52.10美元左右未能创下新低。有趣的是，52.10美元也是盘前低点。股价不仅没有创下新低，而且从5分钟K线图来看，趋势出现了反转，变得看涨了，股价走势形成了更高的高点和

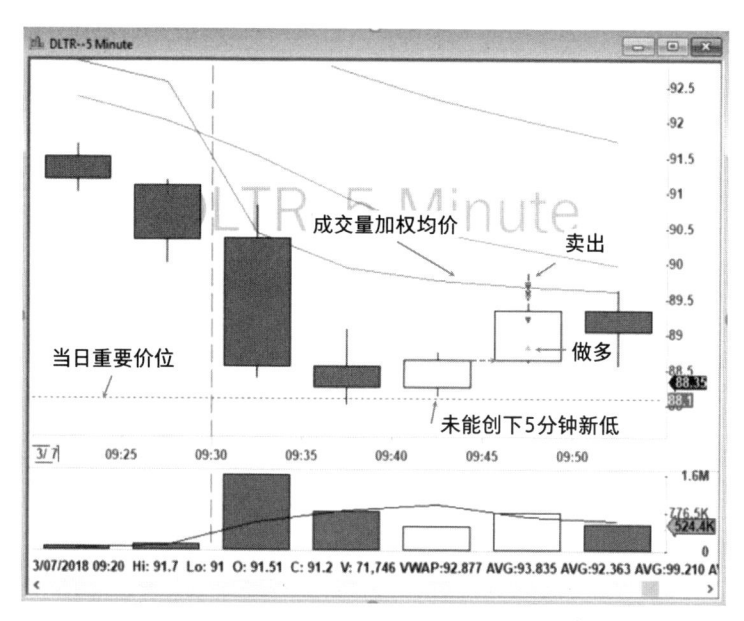

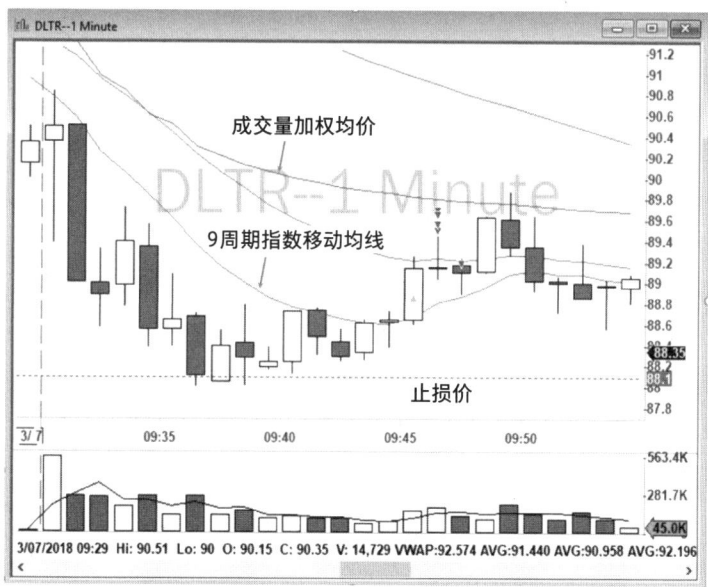

图6.41 运用VWAP反转策略交易美元树股票示例

更高的低点形态。从1分钟K线图来看，当股价收于9周期指数移动均线上方时，出现了一个绝佳的进入点。可将止损价设置在当日低点之下，将利润目标价设置在VWAP处（52.80美元附近）。预计这一交易的风险回报率约为2，如图6.42所示。

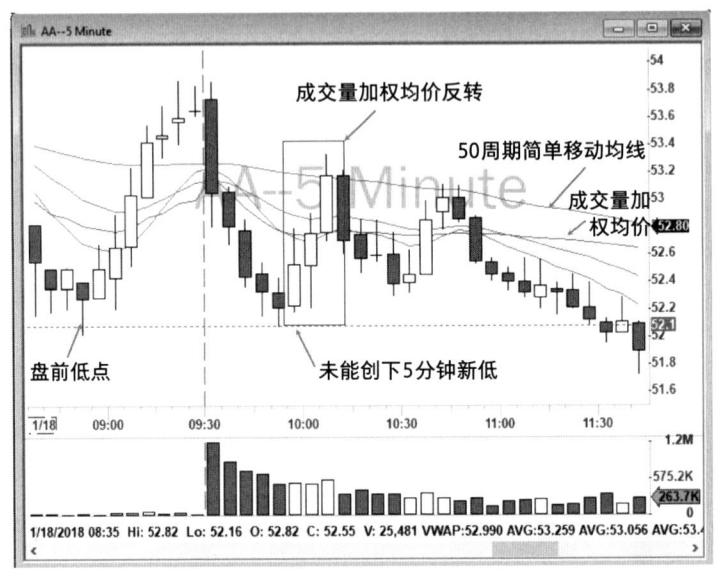

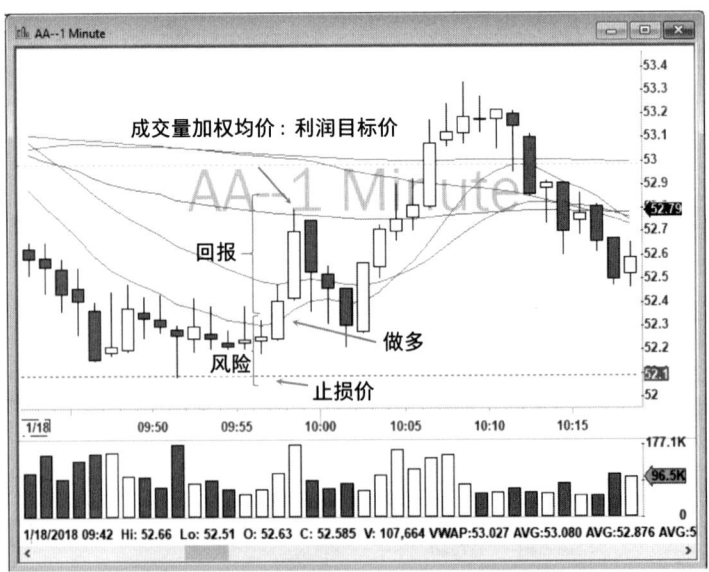

图6.42 运用VWAP反转策略交易美国铝业股票的5分钟K线图和标注了风险回报分析的1分钟K线图

运用VWAP反转策略时，得到绝佳的进入机会和有利的风险回报率极其重要。通常情况下，许多可交易股的价格会重回VWAP，但这些走势是不可捕捉的，它们发生得如此迅猛，以至于你无法抓住绝佳的机会入场，也无法获得适当的风险回报率。记住，你不应该参与所有的行情，也不要试图这么做。如果可交易股的价格出现了大反转，但没有提供良好的入场机会，那么你最好不要入场。我经常在聊天室里判断准一些股票的趋势和走势，但我自己不会入场交易。有些人对此很疑惑，纷纷询问我原因，我的回答总是一样的：即使一只股票的价格走势确定无疑，只要没有良好的入场机会出现，我就会放弃交易它。你也应该这么做。

下一个例子来自2018年1月2日的艾诺格思公司股票（代码：WATT），如图6.43所示。上午9:30，这只股票被大量抛售，股价跌至VWAP之下，但股价没有进一步下跌，没有在上午9:35—9:40创下5分钟新低。查看1分钟K线图后我发现，股价在迈向22美元左右的VWAP的途中创下了1分钟新高，21美元左右是入场做多的好价位。实际上股价在突破了VWAP后上行到了23.60美元附近。在股价触及VWAP时卖出部分仓位，继续持有部分仓位，使持仓时股价高于VWAP是明智的选择。如果存在高于VWAP的明确价位，例如日移动均线，那么可以放心地预期股价也会测试这些价位。

到目前为止，我举的都是股价在VWAP下方发生反转的例子。当股价在开盘时高于VWAP，但未能创下当日新高或5分钟新高时，也会出现类似的反转。金融服务和移动支付公司斯奎尔的股票（代码：SQ）就是这样的例子，在股价向VWAP回落途中出现了卖空它的机会。如图6.44所示，股市开盘时，这只股票表现不俗，股价向36.90美元上行，但没有创出新高，这给交易者提供了卖空它的机会。

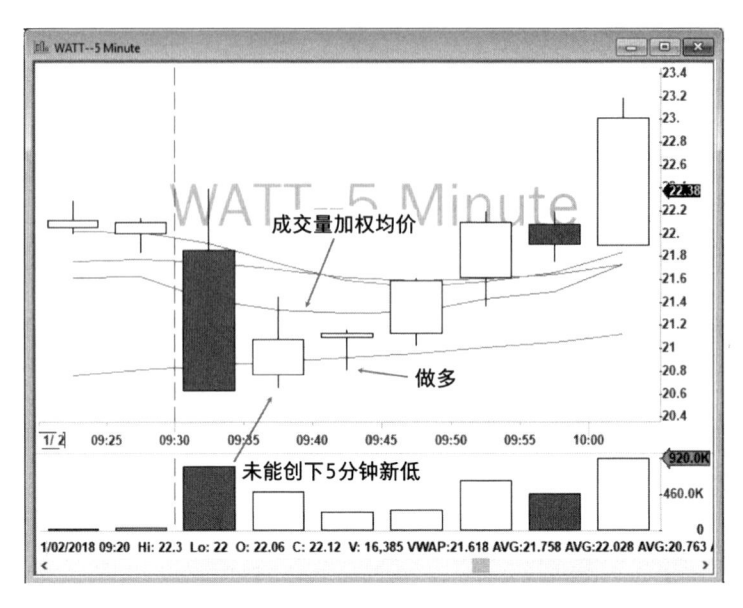

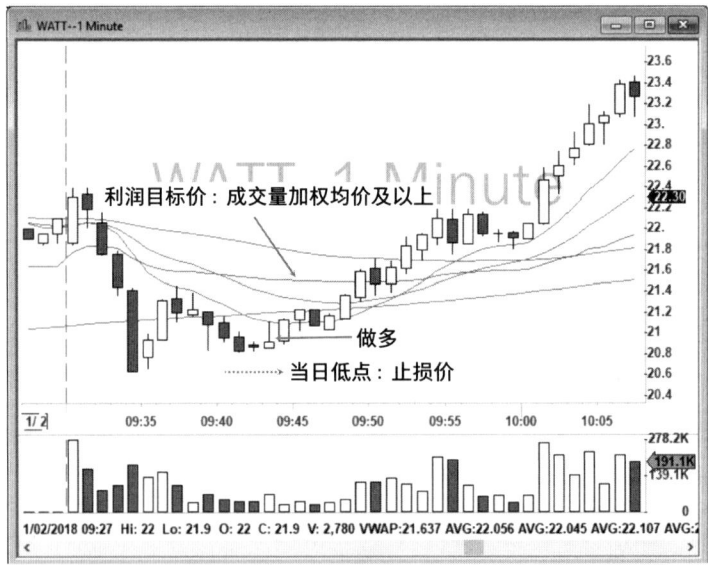

图6.43 运用VWAP反转策略交易艾诺格思股票示例

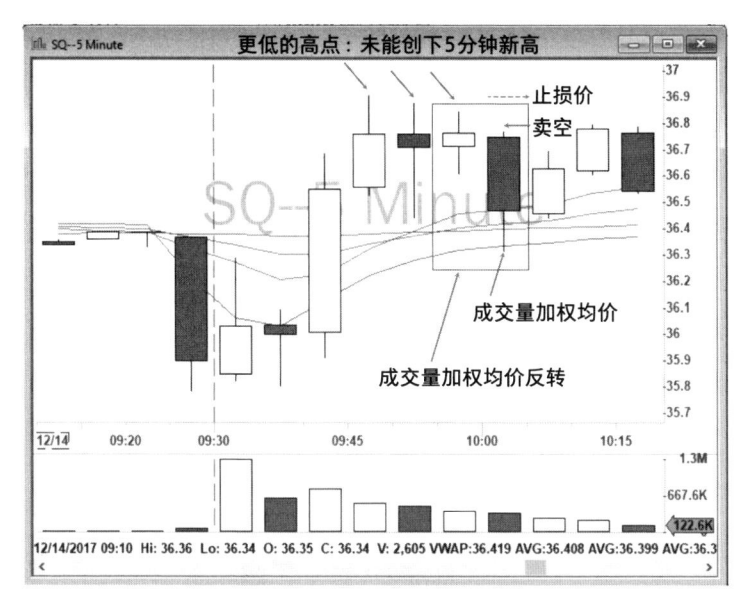

图6.44 运用VWAP反转策略交易斯奎尔股票示例

另一个完美的范例来自世界上最大的钻石珠宝零售商西格内特珠宝有限公司的股票（代码：SIG）。如图6.45所示，股市开盘时，这只股票的价格强势上行至57.80美元附近，但未能保持在高点。从5分钟图K线图上可以看出，股价随后下跌。这给我提供了一个绝佳的卖空机会。我以57.10美元的价格卖空了它，把止

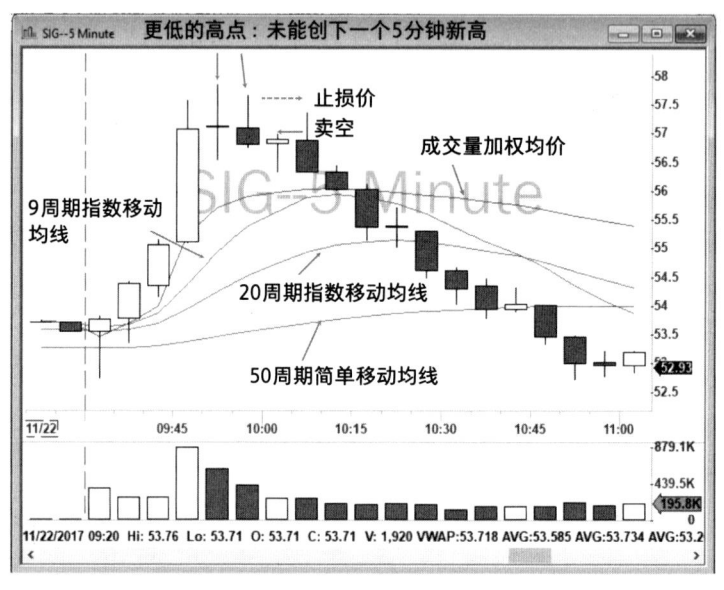

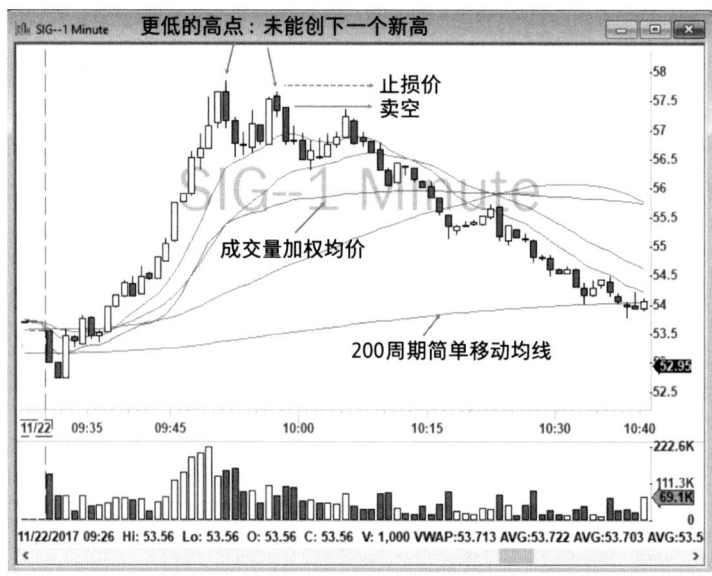

图6.45 运用VWAP反转策略交易西格内特股票示例

损价设置在了当日高点之上,把利润目标价设置在了VWAP及以下。股票在当日高点被大量抛售。第一个利润目标价可以是VWAP,在这个位置平掉部分空头仓位。

第二个利润目标价可以是5分钟K线图中的20周期指数移动均线,然后是5分钟K线图中的50周期简单移动均线。这就是为什么我建议交易者在VWAP平掉部分空头仓位,然后将止损价调整至盈亏平衡点,等待股票下一波行情到来的原因。正如你在本例中看到的,从1分钟K线图上看,西格内特的股价从57美元下跌到了54美元之下的200周期简单移动均线附近。

为了说明设置几个利润目标价的重要性,我们来看一个对交易管理不善的例子,它来自我对美国食品和饮料公司、美国最大的乳制品公司迪恩食品公司股票(代码:DF)的交易。股市开盘时这只股票表现疲弱,被大量抛售,股价跌至VWAP之下,但未能创下5分钟新低,因此未能实现5分钟开盘区间突破。我决定以8.40美元的价格做多它,并以8.45美元的价格加了仓,希望股价能反弹至VWAP上方。之后我打了退堂鼓,过早地卖出了股票,获得了微乎其微的利润。但正如你所见,这只股票的价格最终上涨至VWAP上方,触及了9周期指数移动

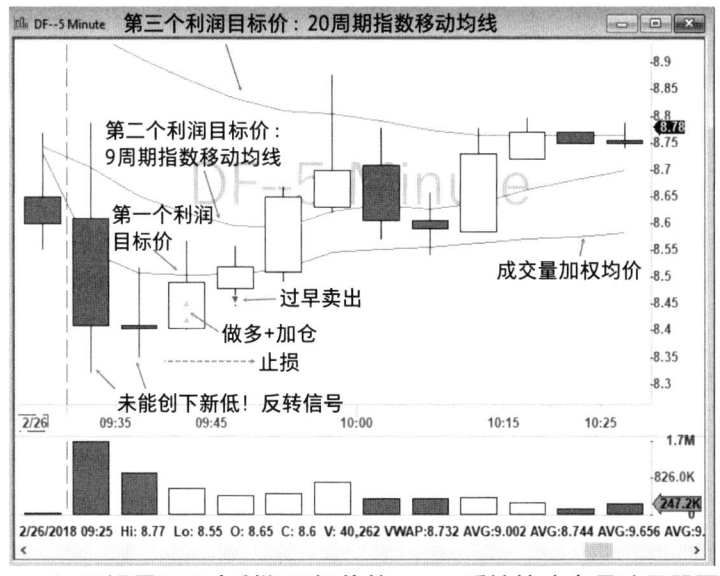

图6.46　运用设置了几个利润目标价的VWAP反转策略交易迪恩股票示例

均线和20周期指数移动均线。我的这笔交易完成得不够好，出色的交易管理应该是这样的：

- 在股价未能创出5分钟新低时以8.45美元的价格做多股票；
- 将止损价设置在当日低点之下；
- 将第一个利润目标价设置在8.55美元左右的VWAP处；
- 将第二个利润目标价设置在5分钟K线图上的9周期指数移动均线处；
- 将第三个利润目标价设置在5分钟K线图上的20周期指数移动均线处。

遗憾的是，我没能出色地完成这笔交易，错过了这只股票的大好行情。正如我在前面提到的，做多股票时，我过早地清了仓，因为我临阵退缩了，没有坚持执行最初制订的交易计划。

另一个设有多个利润目标价的VWAP反转例子来自2018年5月11日我对美国软件公司赛门铁克公司股票（代码：SYMC）的交易，如图6.47所示。这只股票在开盘时被大量抛售，价格向18.75美元下行，但在我的5分钟K线图中没有创下新低。这给我提供了一个做多机会。我以19.21美元的价格做多了它，将止损价设置在了前一根5分钟蜡烛的低点之下，大概是19美元，我的第一个利润目标价设置在了VWAP处。其他利润目标价设置在了1分钟K线图上的20周期指数移动均线和5分钟K线图上的20周期指数移动均线处。我在股价上涨途中卖出了部分多头仓位。尽管股价突破了1分钟K线图中的20周期指数移动均线，但未达到5分钟K线图中的20周期指数移动均线。当股价向VWAP回落时，我卖出了最后一部分多头仓位，总共获得了1539美元的利润，如图6.47所示。

另一个运用VWAP反转策略的例子来自我对中国电子商务折扣销售公司唯品会控股股票（代码：VIPS）的交易，如图6.48所示。我在2018年5月15日两度交易了这只股票。

开盘时这只股票被大量抛售，股价下行至11.80美元左右，但未能创下5分钟新低，这给我提供了做多机会。我以12.10美元的价格做多了它，把止损价设置在了前一根5分钟蜡烛的低点之下11.95美元处，把第一个利润目标价设置在了VWAP处。股价到达VWAP时，我卖出了部分仓位，保留了部分仓位，等待股价

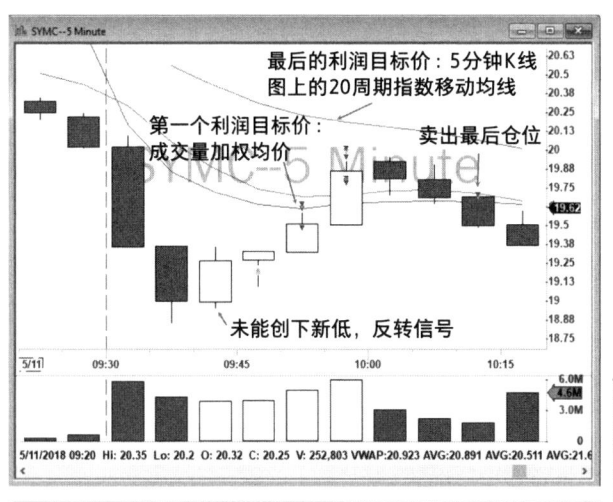

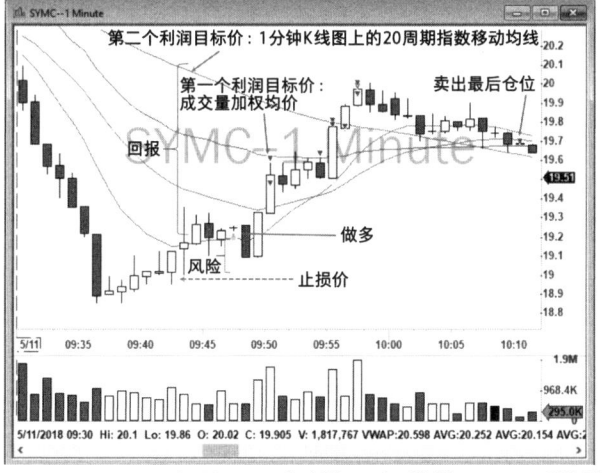

图6.47 运用设置了几个利润目标价的VWAP反转策略交易赛门铁克股票示例

突破5分钟K线图中的VWAP、上行至9周期和20周期指数移动均线。之后股价创下了5分钟新低,我在盈亏平衡点卖出了最后一部分仓位。第一笔交易由此完成。但之后的事实证明,股价下跌只是拉锯式波动的结果。后来我又在VWAP上方以12.21美元的价格做多了这只股票,将利润目标价设置在了1分钟K线图中的200周期简单移动均线处,我以利润目标价卖出了多头仓位,获得了可观的利润。我从这两笔交易中总共获得了1249美元的利润,如图6.48所示。顺便提一句,你可能之前没有看到过"拉锯式波动"这个术语,它描述的是股价朝一个方向前行,然后快速反转,朝另一个方向前行的情形。

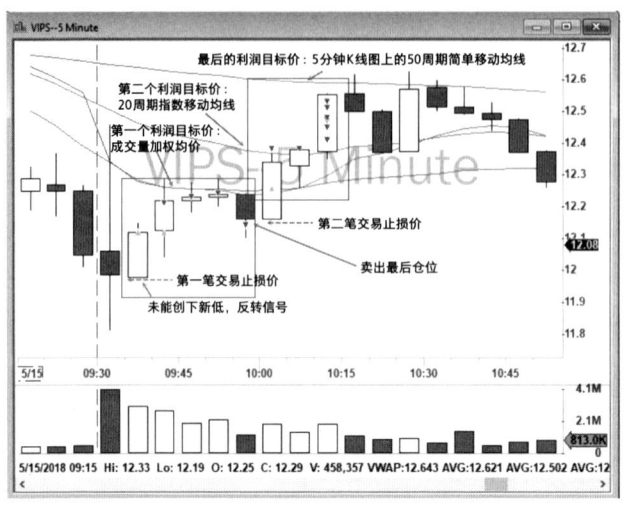

图6.48 运用设置了几个利润目标价的VWAP反转策略交易唯品会股票示例

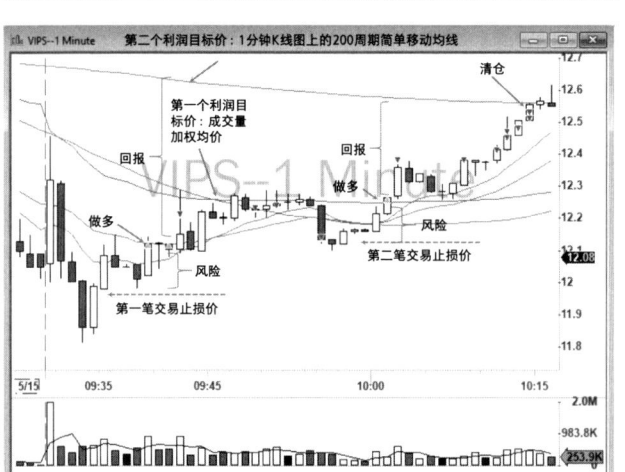

运用VWAP反转策略的要点为：

1. 早上确定观察清单后，我会在开盘后5分钟内密切观察清单上股票的行情，确认它们的开盘区间和价格走势。股价要么是上涨至VWAP上方，要么是下跌至VWAP下方。我可以根据价格行为运用开盘区间突破策略做多或卖空股票。

2. 当股价离开VWAP时，我会监控股价走势，寻找股票疲软的信号。若股价在VWAP上方没有创出当日新高，这可能意味着多头已经精疲力竭。若股价在VWAP下方没有创出当日低点或5分钟新低，这可能意味着空头大势已去，股价将重回VWAP。

3. 只有在出现好的进入机会或者好的风险回报率时，我才会出手交易。记住，大多数时候，股价的快速变化都不能提供良好的进入机会和风险回报率。

4. 当我在VWAP上方卖空股票时，我会在VWAP处平仓，而且我会把止损价设置在盈亏平衡处。当我在VWAP下方做多股票时，我会在VWAP处卖掉部分仓位，保留部分仓位，直到股价上涨至VWAP上方。要把止损价设置在盈亏平衡处，因为有时股价会从VWAP回落。

我要再次强调：对于每一笔交易，你都要找到一个有利的风险回报率的好进入点，找不到这样的进入点时，不要贸然进入交易。我们来看一个例子，它来自著名的农业、建筑和林业机械制造商约翰迪尔公司的股票（代码：DE），如图6.49所示。股市开盘时，这只股票被大量抛售，股价从VWAP跌至9:50的142.25美元。到9:55，股价未能创下新低，朝着VWAP反弹。我必须在9:50—9:55等待这根K线形成，确认股价不会创下新低。在K线完全成形之前，你无法断定股价不会创新低。在这只股票的例子中，当K线完成时，一个看涨吞没形态显现了出来。尽管这只股票的行情是看涨的，但9:55—10:00形成的K线离当日低点太远、

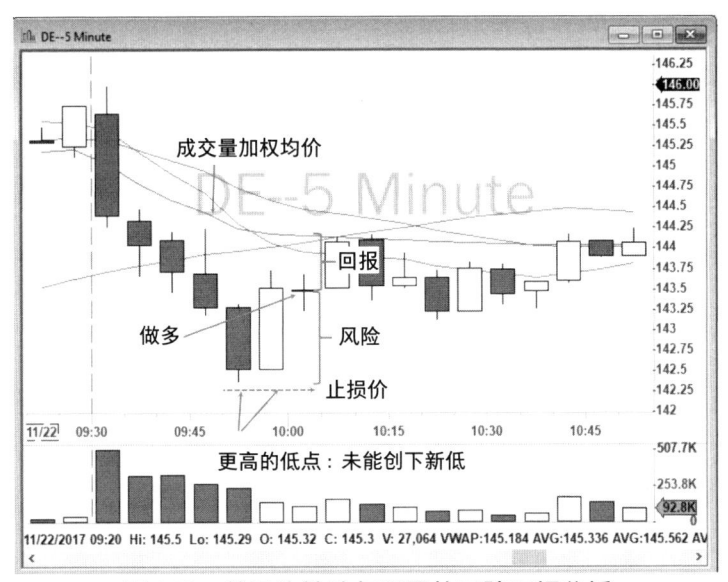

图6.49　关于约翰迪尔股票的风险回报分析

离VWAP太近了，所以风险回报率不合适。如果9:55—10:00形成的K线更低一些，更接近于当日低点的话，我就能以更好的风险回报率做多股票。我等待着好的入场机会出现，但始终没有等到，因此我不能出手交易。

VWAP移动均线趋势

牛旗、ABCD形态和开盘区间突破都出现在开盘时，VWAP反转出现在开盘之后和早盘后期，VWAP假突破出现在早盘后期至午盘早期。但在早盘之后，交易日的剩余时间里，可交易股的价格会怎样呢？答案是，它们的价格会形成趋势，并在VWAP上方走高，或者在VWAP下方走低，以移动均线作为其指引。

不同的交易者和教育工作者给这种策略取了不同的名字，包括趋势交易、移动均线趋势交易、趋势延续形态、交易2支撑、全天走弱，等等。它们本质上指的是同一策略。

尽管一些可交易股的价格一整天都在VWAP附近震荡，但大多数可交易股会在"失守"或"守住"VWAP后出现新的走势。为确认走势，交易者可在早盘后期（纽约时间上午11:00左右）查看1分钟和5分钟K线图上的9周期和20周期指数移动均线。有些交易者把这些移动均线视为日内交易的潜在进入点和退出点，因为他们把1分钟和5分钟K线图上的移动均线视为移动支撑线和阻力线。交易者这么做是有好处的，而且他们可以参考移动均线顺势交易（在移动均线上方做多股票，在移动平均线下方卖空股票）。

我在第2章解释指标时曾经指出，我做交易时会参考9周期和20周期指数移动均线以及50周期和200周期简单移动均线。制图软件或交易平台内置了大多数移动均线，无须更改其中的默认设置，你就可以使用它们。

我们来看看图6.50，它显示是2017年4月19日应用光电股票的K线图，从中可以看出我们如何参考5分钟K线图上的移动均线和股价失守VWAP做交易。

正如你所见，应用光电的股价在早盘后期、午盘之前出现了一次VWAP假突破。大约在12:30左右，股价曾两度试图突破VWAP上行，但两次均以失败告终。下午1:00左右，股价失守VWAP。此时股价除了下行已无路可走了。在下午1:00

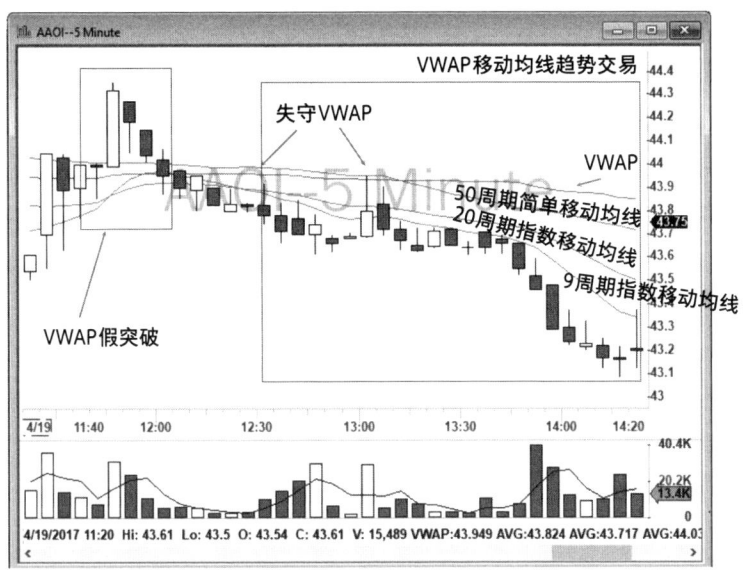

图6.50 运用VWAP移动均线趋势策略卖空应用光电股票的5分钟K线图示例

左右以低于VWAP的价格卖空这只股票是个好主意，可把止损价设置在移动均线突破点上方。VWAP移动均线趋势可能出现在盘中任意时段内。一般来说，我会监测1分钟和5分钟K线图上的价格走势，并根据这两个时间框架做交易。

现在我们来看一看图6.51所示的2018年3月21日脸书股票（代码：FB）的5分钟K线图，这是另一个适用VWAP移动均线趋势策略的例子。数据分析公司剑桥分析（Cambridge Analytica）非法将大约5000万脸书用户的信息用于大数据分析，而且在多年里利用这些数据参与了众多的政治活动，相关的消息传出导致2018年3月21日的脸书股票成了一只可交易股。华尔街立即对这些消息做出了反应，在消息传出后的头两个交易日里，脸书的市值蒸发了500亿美元。脸书的CEO马克·扎克伯格承认，"这打破了脸书和愿与我们分享数据的人之间的信任"。

图6.52显示的是脸书股票的1分钟K线图，从中我们可以看到相同的形态。正如你所见，股价在9周期指数移动均线和20周期指数移动均线处均获得了支撑。一般情况下，我更加重视20周期指数移动均线。我在K线图中标注出了这些移动均线，不过即使没有做出标注，它们也很容易识别。移动均线的周期数越小，股价触及移动均线的频率就越高。图上最接近股价的移动均线是9周期指数移动均

图6.51 运用VWAP移动均线趋势策略卖空脸书股票的5分钟K线图示例

图6.52 运用VWAP移动均线趋势策略卖空脸书股票的1分钟K线图示例

线,因为它更频繁地"拥抱"了股价。你会发现,股价在突破9周期指数移动均线后常常会回落至20周期指数移动均线。

另一个例子来自诺德斯特龙股票(代码:JWN),如图6.53所示。上午11:30

左右，这只股票的价格失守VWAP，开始下行。从5分钟K线图来看，股价确实几度跌破了9周期指数移动均线，但从未跌破20周期指数移动均线，而且股价从42.20美元下行到了41美元。这个例子很有趣，因为你也可以从中看到我们之前讨论过的许多策略。股价在VWAP下方出现了开盘区间突破，随后又反转回VWAP，并上行至VWAP上方。此后它又失守VWAP，出现VWAP假突破。再后来，它在整个午盘期间都没能守住VWAP。

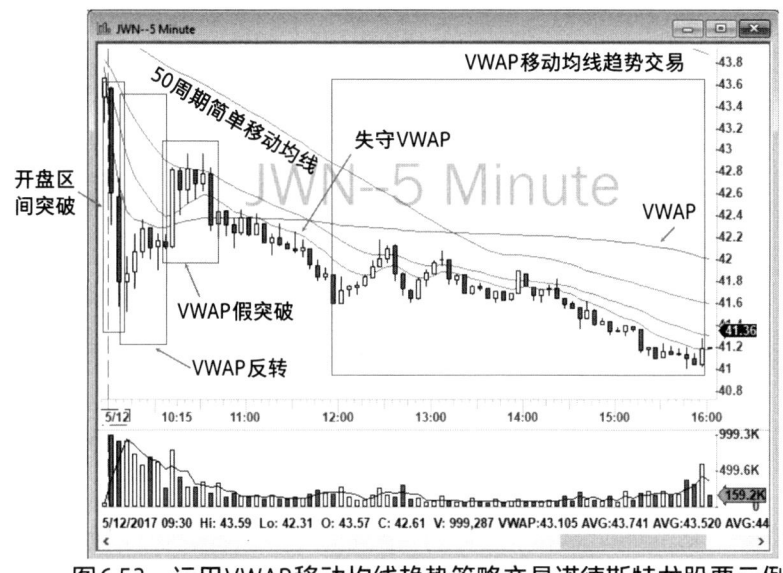

图6.53　运用VWAP移动均线趋势策略交易诺德斯特龙股票示例

另一个极好的例子来自2017年5月17日的塔吉特股票（代码：TGT）。从图6.54所示的5分钟K线图可以看出根据9周期和20周期指数移动均线对这只股票运用VWAP移动均线趋势交易策略的概况。当天，这只股票在56.38美元的价格被大量抛售，出现了VWAP假突破，最终跌至55美元。9周期指数移动均线成为强大的阻力位。把止损价设置在9周期或20周期指数移动均线处卖空股票是好交易。正如你所见，价格确实几度上涨至20周期指数移动均线上方，但没有一根K线收于9周期或20周期指数移动均线之上。经验丰富的交易者会等到5分钟K线收于20周期指数移动均线之上时再平仓离场。股价突然以低成交量突破9周期或20周期指数移动均线不一定是趋势即将结束的信号。就这类趋势交易而言，我发现

20周期指数移动均线是比9周期指数移动均线更强大的阻力位。

图6.54　运用VWAP移动均线趋势策略交易塔吉特股票示例

下一个例子来自2017年5月12日的萃弈股票（代码：TTD），如图6.55所示。在公布了出色的盈利报告后，这只股票的价格在早盘期间上行至VWAP上方，之

图6.55　运用VWAP移动均线趋势策略交易萃弈股票示例

后一直位于VWAP和9周期指数移动均线之上，这为当天运用VWAP移动均线趋势交易策略奠定了良好的基础，因为股价从47美元上涨到了53美元。

再来看看2017年9月21日的高途乐公司股票（代码：GPRO），如图6.56所示。当日该公司发布了令人失望的盈利报告，股价在上午10:30左右失守VWAP，在早盘后期，股价试图突破VWAP上行，但未成功。中午12:30左右，多头显示出疲态（否则股价会上行至VWAP上方）。股价未能突破9周期和20周期指数移动均线，卖空这只股票的机会出现。可把止损价设置在VWAP上方或者20周期指数移动均线的突破点。股价一路下行，到了午盘后期，股价从VWAP11.25美元下跌至10.94美元。

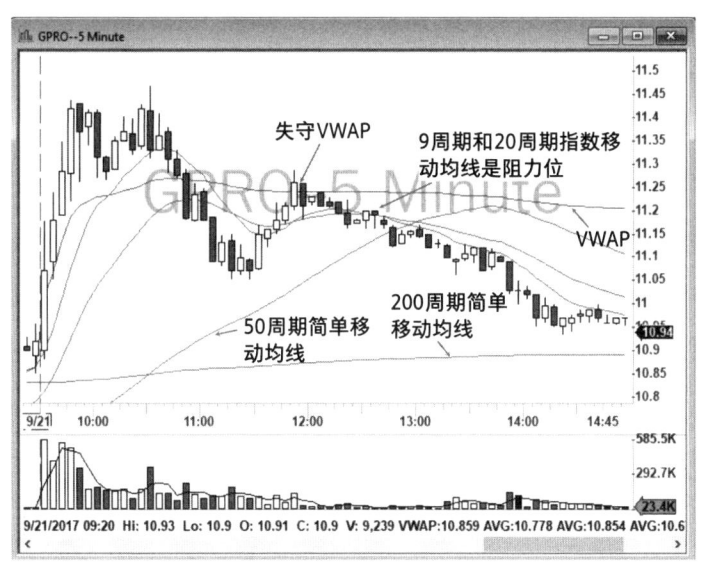

图6.56　运用VWAP移动均线趋势策略交易高途乐股票示例

运用VWAP移动均线趋势策略的要点为：

1. 当我观察一只可交易股并且在早盘后期发现，其价格走势在移动均线（通常是9周期指数移动均线）附近形成趋势时，我会考虑运用VWAP移动均线趋势交易策略。如果股价已经失守VWAP（出现VWAP假突破），那么它很可能会保持在VWAP下方。同理，如果股价在早盘后期上行至VWAP上方，那么它很可能会保持在VWAP上方，这意味着多方控制着局势。

2. 一旦我得知9周期或20周期指数移动均线是支撑位或阻力位，我就会在确认指数移动均线是支撑位后做多股票，但交易前提是，我能确认股价会"守住"VWAP。同样，如果我确认股价在早盘后期"失守"了VWAP，我会在移动均线下方卖空股票。

3. 我会在尽可能接近移动均线的位置做多或卖空股票（以便有一个小的止损）。对于多头仓位，我通常会把止损价设置在移动均线下方5—10美分处，或者如果一根K线收于移动均线以下，我会止损。对于空头仓位，如果K线收于移动均线以上，我会止损离场。

4. 我会跟随趋势，直到股价突破9周期或20周期指数移动均线。通常情况下，20周期指数移动均线是更强大的支撑位或阻力位，所以最好等待这一均线的突破。

5. 通常情况下，我不会使用追踪止损方式，为了观测趋势，我经常盯盘，但我知道有许多交易者使用追踪止损。

6. 如果股价离开移动均线上行很多，让我获得了可观的账面利润，那么我可能会把部分利润变现，通常情况下我会减仓1/4或一半。我并不总是等到股价突破移动均线后才退出。交易者奉行的理念是：你永远不会因获利了结而破产。如果股价回落至移动均线，我可能会再次加仓，继续运用VWAP移动均线趋势策略交易股票。

7. 记住，将部分利润变现后，要把止损价调整至盈亏平衡点。切记，永远不要让你已经部分获利了结的股票变成亏损的股票。

我在交易中一般不运用VWAP移动均线趋势策略，因为我一般不在下午做交易。通常情况下，运用VWAP移动均线趋势策略的交易持续数小时，我忍受不了这么长的时间。我宁愿在几分钟内获利，我甚至连一个小时都等不了。我在交易中不常用这一策略的另一个原因是，该策略通常在中午和收盘时最有效。股市开盘时（早盘期间），股价的波动性很高，很难确认VWAP移动均线趋势，此时不应尝试运用这一交易策略。这些缓慢的趋势常在早盘后期和中午得到确认，这些时段股价的波动性较低。通常情况下，这些趋势在临近收盘时（纽约时间下午3

点左右)结束,这个时段华尔街的专业交易员已开始主导交易了。

尽管如此,VWAP移动均线趋势策略仍不失为一种很好的交易策略,因为它一般不需要极快地做决策和执行交易,也不需要使用热键,手动输入订单也能成功地完成交易。此外,参照K线图中的移动均线可以清晰确认进入点和止损价,这一点对那些支付高额佣金(有时每笔交易的佣金高达4.95美元)、不支付高额费用就无法做交易的人来说尤为重要。VWAP移动均线趋势策略有明确的进入点和退出点,通常只需要下两个订单就能获得可观的利润,一个是进入交易的订单,另一个是退出交易的订单。

正如我之前讨论的,交易策略的选择取决于你的账户规模、个性、交易心理和风险承受能力,也取决于你拥有的交易软件、交易工具和经纪人,所有这些因素都有助于确定你是什么类型的交易者和对你最有效的交易策略。我想强调的一点是,你无法只靠阅读书籍、与导师交流或上课就能模仿某个交易策略,你必须慢慢地、有条不紊地开发自己喜欢的交易方法,然后坚持运用它们。策略没有好坏之分,不管什么策略,只要对你有效就是好策略。这只是个人选择的问题。

一只可交易股,多种交易策略

我把日内交易的时间划分为四个时段:开盘期间、早盘后期、中盘期间(Mid-day)和收盘期间。交易者必须谨慎,区别对待每个时段,因为并非所有策略在每个时段都有效。优秀的交易者会注意其最盈利的交易时段,并相应地调整他们的交易和策略,以便在这些时段交易。

开盘期间一般持续30—60分钟(纽约时间上午9:30—10:30)的时间。

● 牛旗、开盘区间突破、ABCD、VWAP反转和坠落天使是这个时段适用的最佳策略。

在早盘后期(上午10:30—12:00),股市交易节奏放缓,但可交易股的波动性仍然比较强。对于新手来说,这是一天当中最轻松的时段。与开盘期间相比,这个时段的股票成交量更少,意外的波动也更小。回顾新手的交易结果,可以发现他们在开盘期间完成的交易的业绩最糟糕,在早盘后期完成的交易的业绩最出色，在早盘后期交易的风险回报率尤其不错。

● VWAP反转和VWAP假突破是这个时段最适用的策略。我很少在早盘后期、中盘或收盘期间运用牛旗策略。

在中盘期间（中午12:00—下午3:00），股市交易放缓。成交量和波动性都更小，但可交易股的价格通常会显现出上涨或下跌趋势。

● VWAP移动均线趋势和VWAP假突破是这个时段最适用的策略。要确认可交易股的价格是守住还是失守了VWAP，之后再运用VWAP移动均线趋势策略交易它。

在收盘阶段（下午3:00—4:00），股价的方向性更强，所以对于那些股价在交易日最后一个小时内显现出上涨或下跌趋势的股票，我会继续保持仓位。我会从中盘阶段开始加仓，但加仓量不像开盘期间那么高。每日收盘价一般能反映出华尔街的交易员对股票价值的看法。他们全天关注着市场的动向，常常主导最后一个小时的交易。许多市场专业人士会在这个时间段获利了结，避免持仓过夜。如果某只股票的价格在最后一个小时内走高，这意味着专业人士可能看涨这只股票。如果股价在最后一小时下跌，这意味着市场专业人士看跌这只股票。要顺着专业人士做交易，不要与他们对着干。

● VWAP移动均线趋势策略是收盘阶段最适用的交易策略。

许多交易者在盘中损失了他们在开盘期间获得的利润，不要成为他们中的一员。我为自己制定了这样一条规则：绝不允许自己在早盘后期、中盘和收盘期间损失30%以上的开盘期间收益。如果损失超过了30%，我要么停止交易，要么回到模拟炒股软件中交易。

上述这些都只是一般性的指导原则，有时候，交易者可同时运用多种策略。图6.57显示的是我建议在各个时段使用的交易策略汇总。

图6.58显示了2017年8月21日富乐客股票（代码：FL）的走势。一开始这只股票的价格实现了开盘区间突破，之后出现了VWAP假突破，接着又形成了VWAP移动均线趋势，一路下行。因此，对于这只股票可以使用三种策略。有些人可能在开盘期间也运用了反转策略。因此，正如你所看到的，交易者可在同一

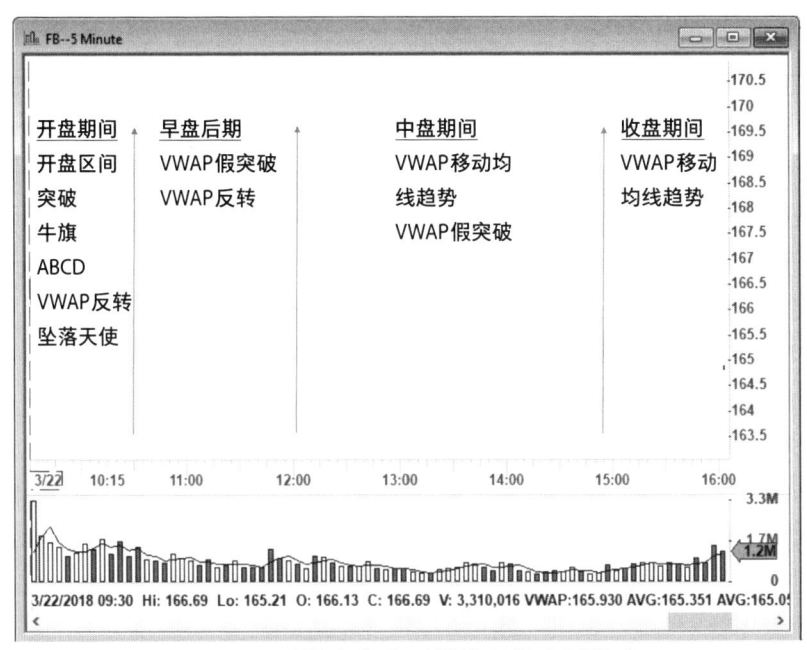

图6.57　建议在各个时段使用的交易策略

图6.58　可交易股富乐客适用多种策略的示例

时段运用多种策略。

另一个例子来自2017年5月12日的诺德斯特龙股票，其价格走势及适用的策略如图6.59所示。正如你所看到的，这也是一只适用多种策略的股票。这只股票的价格顺利实现了开盘区间突破，接着出现了一个漂亮的VWAP假突破，然后开始形成下跌趋势。如果你想对它运用VWAP反转策略，你可以在上午9:45出手。

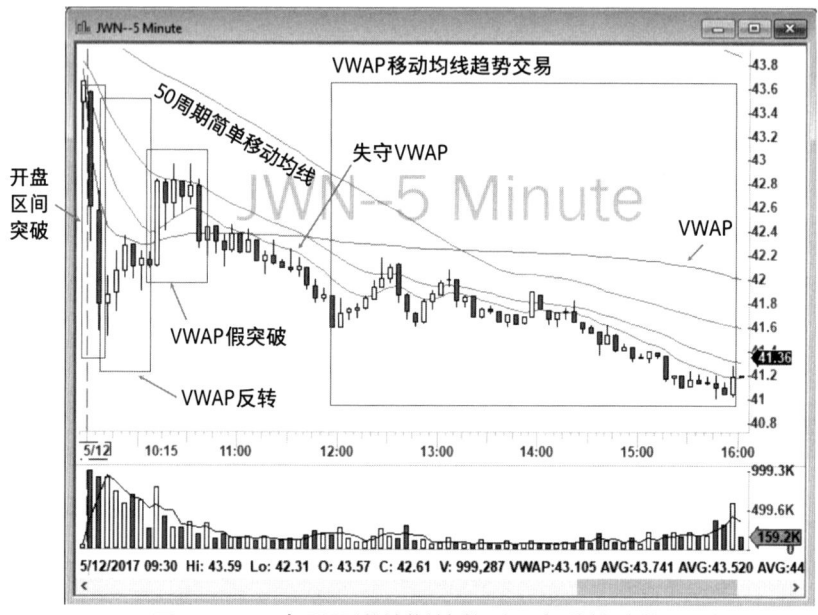

图6.59　可交易股诺德斯特龙适用多种策略的示例

其他交易策略

了解了我使用的交易策略后，你可能想知道其他交易者是怎么做的。正如我在前面提到的，个人可制定的交易策略是无限多的。交易者可根据个人因素，如账户规模、交易时间、交易经验、个性和风险承受能力等，选择和调整策略。

你应该制定你自己的交易策略。对每个人来说交易策略都是非常个性化的。我的风险承受能力和心理很可能与你的不同，也和其他交易者的不同。500美元的损失可能让我感觉不舒服，但拥有大量资金的人可能对这样的损失不在意，且最终他们的交易由亏转盈。你不能模仿他人的交易，你必须制定自己的风险管理方案和策略。

一些交易者主要关注技术指标，如RSI（相对强弱指数）、异同移动平均线（也称为MACD）或移动平均线交叉。复杂的技术指标即使没有数千个，也有数百个。一些交易者认为，他们已经找到了技术指标的圣杯，它可能是RSI或移动平均线交叉的组合。我不相信你掌握了大量的技术指标就能成为一名成功的日内交易者。日内交易不是机械和自动化的，而是由交易者自行决定的。在日内交易中，交易者需要实时做出决策。每一种策略的成功运用都取决于交易者的判断和正确执行。

当然，我在使用一些交易策略时扫描器中会使用RSI，特别是在使用反转策略的交易中。我的扫描器中的高或低RSI，是为了寻找相对强弱指数在极值的股票，它们绝对不是买卖指标。

我对依赖于众多指标的策略持怀疑态度。我不认为在图表上显示出更多的指标有助于日内交易的成功，特别是因为交易者需要在几秒钟内快速地处理信息。我发现，指标传递出的信号往往相互矛盾，让交易者无所适从。

这就是我的日内交易指标仅限于VWAP和其他一些移动均线的原因。做波段交易时，我使用MACD这类更为复杂的指标，因为我不需要快速地做出决策。股市收盘后，我通常会复盘我做出的波段交易，并做适当的调查和评估。你在网络上很容易找到有关我在本节中提到的指标以及其他众多指标的详细信息。

一些日内交易者可能不同意我的观点，但正如我之前多次提到的，你不能用机械和系统化的方法做交易，不能让指标决定你的进入和退出。这也是我个人的经验，事实上，我做日内交易时遵循的一条规则是：指标只起提示作用，它们不能发号施令。

电脑每时每刻都在做交易。当你建立了一个不需要交易者做决策的交易系统时，你就进入了算法交易的世界，你也将在交易中输给拥有百万美元的算法和数十亿美元的交易额的投资银行。

提高交易技能而不是策略

记住，没有最好的交易策略一说，你必须找到最适合自己的策略。经常有交易者问我，哪种策略"最好"，没有最好的策略，只有最适合你的策略，就像市场上没有最好的汽车，只有最适合你个性、你家庭的特点和生活方式的汽车一样。你需要一辆卡车还是一辆低油耗的通勤车？你有一大家子人，你需要一辆面包车吗？还是你年轻，想要一辆跑车？

要想找到最适合自己的交易策略，你还必须审视自己的性格和交易环境。你想在一天中的哪个时段做交易？这很可能取决于你居住的时区。时区会影响你交易。一些交易者只能在开盘期间做交易，而其他交易者则可能在中盘和收盘期间做交易。在中盘期间运用开盘区间突破策略没有意义，如果你错过了早盘的波动行情，你就必须转而寻求其他交易策略。

如果你认为使用开盘区间突破策略波动性太大，总是被止损，那么你可以等待VWAP假突破出现，或者等到中盘，看看能不能确认VWAP移动均线趋势。不要忘记，在模拟炒股软件中练习时，你的一大目标是确认可识别的信号和可执行的最佳策略。我可能很擅长识别牛旗，你可能很擅长识别VWAP假突破，其他人则可能擅长识别VWAP移动均线趋势或者ABCD形态。你必须清楚你擅长什么，清楚你在哪方面做得更好，然后专注于它们。毫无疑问，你将擅长某种策略。

再说一遍，没有最好的策略，只有最适合你的策略。一些人可能正在运用这些策略，但他们用不同的名字称呼它们。归根结底，一切还要看个人经验，在任何给定的时刻交易者都要确认控制市场的是哪一方。正如我之前提及的，我尽量不使用复杂的指标，就我个人的经验来看，VWAP可能是最重要的交易指标。

我有一名学生做交易很成功，他的名字叫丹尼尔，正独立从事交易活动。他已经离开了我们的聊天室，但他仍然时不时地给我发电子邮件或在论坛上发表一些个人评论。他不喜欢被聊天室分心，我非常理解这一点。最近我看到了他和我另一名学生的聊天内容，他讲述了自己如何把从我这里学到的知识加以"改进"和"创新"，最终制定出了适合自己的交易策略的经过。我喜欢看他的评论，我相信他的做法值得交易新手们借鉴。不要盲目跟风。做一名独立的交易者。我不希望你事事学我，事事跟我做的一样。

像我的学生丹尼尔一样，你必须在市场上找准自己的位置。我可能是1分钟或5分钟交易者，你可能是15分钟或60分钟交易者。把你在本书中学到的知识看作组成你交易生涯大拼图的一部分。你会在这里获得一些碎片，从其他来源获得一些碎片，最终你会完成一幅拼图，制定出适合你的独特的交易策略。这是交易者的终极追求。

对于每一位交易者来说，交易策略都至关重要。制订好交易计划，然后执行计划。我真希望当年我刚开始训练时有人对我这样说："安德鲁，你需要一套交易策略。当你用真金白银做交易时，你必须有一套书面的策略，而且必须有历史数据来证明你值得用真金白银做这些交易。"一旦你进入交易并持有了仓位，你就不能轻易地改变你的计划。

事实上，许多交易新手都遭遇了失败，他们亏了不少钱，而这些新手中有很大一部分人没有获得你从阅读本书中获得的教育。我自己虽然拥有博士学位，但在刚入行时一错再错：没有制定交易策略，选错了经纪人，选错了交易平台。拥有世界一流的博士学位，本身还是一名研究人员，拥有很强的批判性思维能力，却是这样的结果。我知道初学者犯这种错误的频率有多高，一不小心就会出差错。我理解他们的处境。许多人刚开始交易时都会采用一些不太成熟的交易策略。他们随意地做交易，直到亏损严重，然后他们才会反思究竟发生了什么。

在证明交易策略的价值之前，你不要运用它做交易。你可以先在模拟炒股软件中练习3个月，然后用一个月的真金白银做小规模的交易，接着再回到模拟炒股软件中查漏补缺，改正错误，或者再用3个月的时间练习新交易策略。在你日内交易职业生涯的任何阶段，重返模拟炒股软件练习都是很正常的行为，不必为此感到羞耻。即使是经验丰富的专业交易员，当他们想制定新交易策略时，他们也要先在实时模拟炒股软件中进行测试。

阅读本书以及在模拟账户中练习时，你的重要目标是制定出一种可靠的交易策略。如果我写的内容能助你一臂之力，我会感到非常开心。记住，市场一直在那里，你不必太匆忙。日内交易生涯犹如一场马拉松而非一场百米冲刺赛。阅读本书和在模拟账户中练习不是为了到下个周末前能赚5万美元，而是为了掌握终身可用的一系列技能。

你迄今为止所学的一切知识都有助于你成功地完成交易，其中的一些策略以"教科书式"的形式呈现，但实际上你很可能得不到完美的教科书式设置。

成功的日内交易涉及下面这些因素：

1. 你需要适宜的交易工具和平台（第2章）。

2. 你需要交易适宜的股票。交易不适宜的股票会导致亏损，即使是最出色的交易者运用最成熟的策略，结果也是如此（第3章）。

3. 在出手交易前，你需要在K线图中确认有意义的支撑位和阻力位，然后根据它们设置止损价和利润目标（第4章）

4. 你需要不断分析买卖双方之间的力量平衡，并把注押在赢的一方（第5章）。

5. 在出手交易之前，你需要制订交易计划和策略（第6章）

6. 你需要锻炼出色的资金和交易管理能力（第7章）

7. 你要严于律己，严格遵循交易计划，避免过于兴奋或沮丧，而且要能经受得住情绪化决策的诱惑。

初学者常犯的一个典型错误是，只专注于寻找最好的交易策略，他们有时自认为找到了最好的交易策略。但是，这样的策略对他们并不奏效，他们无法靠它持续盈利。之所以出现这样的结果，是因为他们忽略了促使交易成功的另一个重要的方面。就像专业的运动员或团队不能只靠一种特定的肌肉锻炼方法或技术获得成功一样，交易者也不能只靠交易的一个方面获得成功。交易者要了解价格行为，要能够找准支撑位或阻力位，要以适当的规模和止损来管控交易风险，而且要能够在压力下快速地依据从本书中学到的知识做出决策。只有通过践行到目前为止所学的一切，你才能成为一名持续盈利的交易者。仅仅了解其中的一点或几点是不够的，你需要了解全部。你需要了解交易的各个方面，还需要了解它们是如何协同发挥作用的。要想在日内交易中持续盈利，没有捷径可走。

本书最有价值的部分很可能是教你如何综合利用迄今为止所学的所有知识，就像把各个碎片组成完整的拼图一样。

一天下午，我返回聊天室后交易了朱诺疗法股票。由于我一般不在下午做交易，因此聊天室里的人对我的交易行为颇感好奇。我在58—56.60美元之间卖空了这只股票，一些人要我解释一下操作依据。我对这只股票的交易概况如图6.60所示。

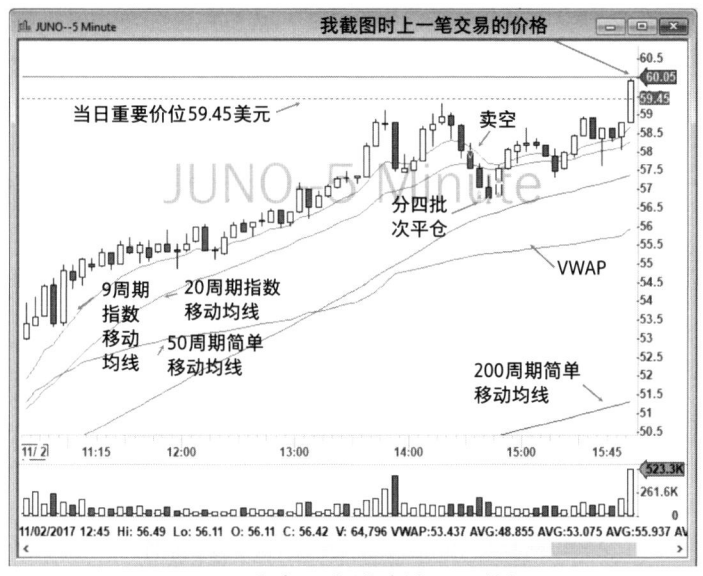

图6.60　我交易朱诺疗法股票的概况

先来回顾一下我考虑这笔交易的思路。这只股票在我的盘前观察清单上，但在早盘期间，我一直没有机会交易它。虽然我预计它会成为一只可交易股（第3章），但我忙着交易其他股票，一直无暇顾及它。下午2:30左右，我回到了聊天室，有人提到了它。我查看了它的K线图，如图6.61和6.62所示。

1. 朱诺疗法股票是一只可交易股，当日早晨它在我的观察清单上（第3章）

2. 我确认这只股票的当日重要价位为59.45美元。当我观察这只股票时，确认这一价位，我很有可能在盘前扫描时就已确认（第4章）。

3. 我注意到这只股票的价格两度从59.45美元回落。一次发生在下午1:30左右，另一次发生在下午2:15左右。买方似乎筋疲力尽了，卖方和空头可能很快控

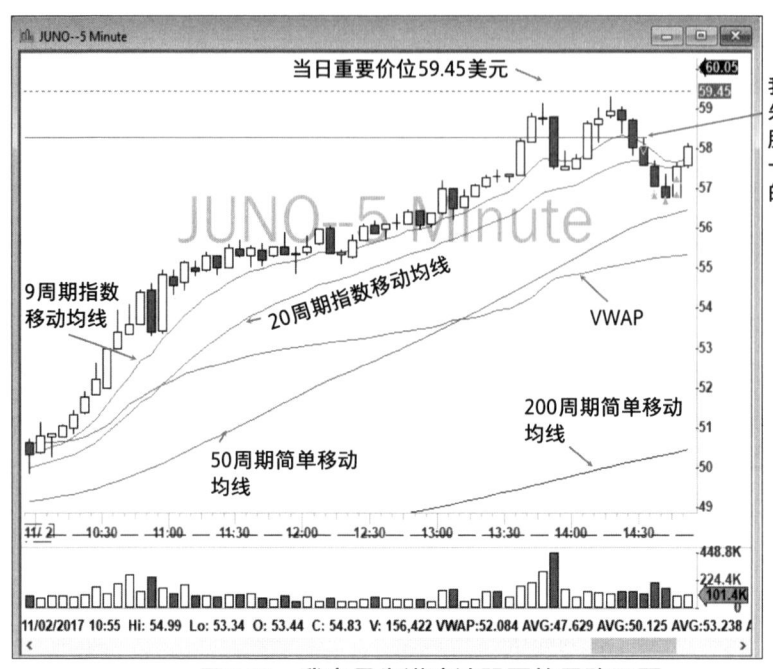

图6.61 我交易朱诺疗法股票的思路回顾

制价格行为。他们已把股价从59.45美元推向低位。从技术层面讲，这一思考过程被称为价格行为分析（第5章）。

4. 知道了这一情况后，我决定在股价反转回VWAP时卖空股票。在我看来，股价两次尝试突破59.45美元均告失败是卖空信号（第6章）。

5. 为了找到适宜的风险回报率，我决定查看这只股票的1分钟和5分钟K线图。我不想把止损价设置在当日高点处，因为59.40美元离我的58.20美元左右的进场点太远了。从时间框架更短的K线图中可以找到更合适的止损价，比如1分钟K线图（第7章）。

6. 我决定以57.80美元的价格卖空股票，把止损价设置为58.40美元，这个价格位于1分钟K线图中的9周期指数移动均线上方。我的最终利润目标价是VWAP，但因为55美元附近的VWAP离得太远，我决定把第一个利润目标设置得近一些。从1分钟K线图来看，第一个合理的利润目标价应该位于200周期简单移动均线处，因为后者通常是一个非常强大的支撑位，股价很有可能从这里反弹（第3章）。从5分钟K线图来看，另一个利润目标价可能位于50周期简单移动均线处。

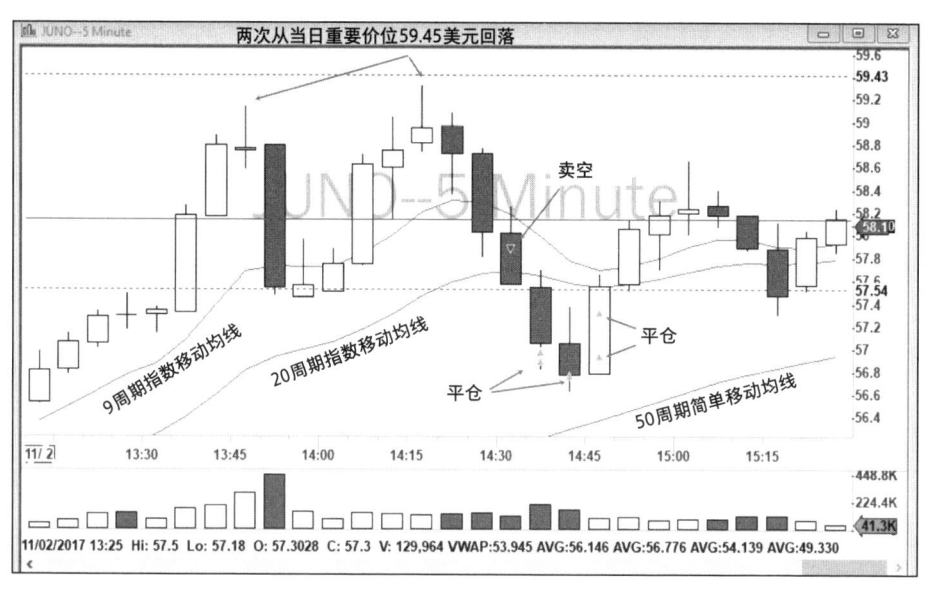

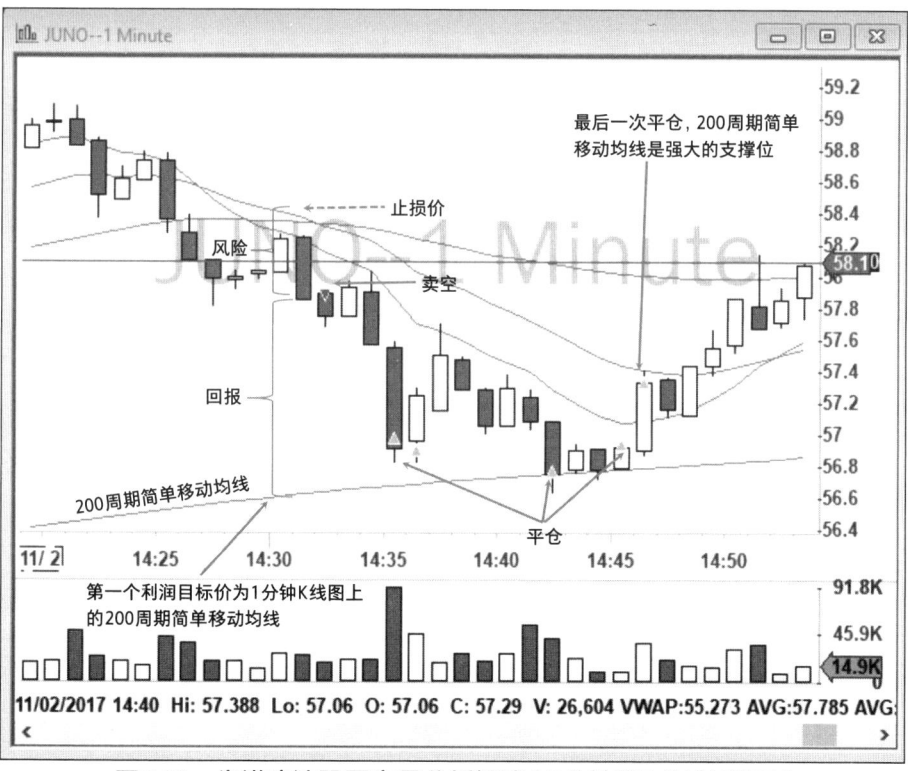

图6.62 朱诺疗法股票交易分析概述（5分钟和1分钟K线图）

7. 我卖空了这只股票，之后其价格迅速下跌。我以57美元的价格平了部分空头仓位，并把止损价从58.40美元调整至盈亏平衡点处，即57.80美元（第5章）。从1分钟K线图来看，这只股票的价格缓慢回落至200周期简单移动均线处。我在1分钟K线图上的200周期简单移动均线处（56.80美元）平掉了更多空头仓位。后来，当股价大幅反弹时，我在1分钟K线图上股价突破9周期和20周期指数移动均线时（57.30美元）平掉最后一部分仓位离场。我并没有等到价格回到盈亏平衡点再出手，因为当时我确定，这只股票没有疲弱到跌破1分钟K线图上的200周期简单移动均线。这是我在第5章讨论的交易管理和价格行为观察的另一个方面。

正如你所见，这笔交易不是教科书式的交易。这是一次有着不寻常进入点的反转。为了获得尽可能多的利润，必须进行完美的管理。我本可以在卖空股票时把止损价设置在当日高点之上，把利润目标价设置在VWAP处，在这个价位离场。如果我真这么做了的话，我会遭受严重的损失。我没有这么做。相反，我持续观察股价走势，择机将部分浮盈变现，在我的努力下，本来有可能亏损的交易转变成了盈利的交易。

我们从这个例子中得到的启示是：要想交易成功，你就要明智地综合运用迄今为止学到的一切。

第 7 章

风险和账户管理

成功的日内交易源自这三个因素：(1) 精通一种或几种行之有效的交易策略，如我在本书第6章所介绍的；(2) 出色的风险管理，适当的持仓规模，适宜的进入点、退出点和止损价；(3) 稳定的情绪和健全的心理，我在本书中多次强调过这一点。正如亚历山大·埃尔德博士（Dr. Alexander Elder）在《以交易为生》一书中所写的，这三点同样重要，就像凳子的三条腿一样，缺了任何一条腿，凳子都无法直立。学习如何管理账户风险非常重要。你可能会惊讶地发现，即使你其他方面都搞砸了，但只要做好了风险管理，你仍然可以盈利。交易导师范·K.撒普（Van K.Tharp）曾说过，如果你的风险管理系统健全，即使是完全随机地进入系统，你也可能盈利。

当交易新手没在股市上赚到钱时，他们通常会感到沮丧失望，之后他们会去了解有关市场运行的更多信息，研究新的策略，参考更多的技术指标，跟踪其他交易者，并加入一些聊天室。他们没有意识到，他们失败的主要原因不是他们掌握的技术知识不足，而是他们的心理和行为有问题，比如缺乏自律、贸然做出决策、风险和资金管理不到位等。在你的交易生涯中，有问题的是你，解决问题当然也要靠你。

出色的交易策略能带来积极的预期，在一段时间内运用它获得的利润多于亏损。事实已经证明，执行得当的话，我在本书第6章中介绍的所有策略都会显示出积极的预期。但即使是最谨慎的执行和最佳的策略也不能保证你笔笔交易都成功。市场中存在不确定性，这会导致你交易失败，甚至导致你接连遭遇失败。这就是必须把风险控制视为交易策略重要组成部分的原因。正如我在前言中指出的，交易是概率和统计游戏。你还记得蒙提·霍尔问题吗？

有关交易的表述有很多，我最喜欢的一句是"活下来，参与明天的交易"。这句话虽然只有几个字，却揭示了专业交易者应持的心态。如果你能幸存下来，不断学习，不断提升自己，那么你的好日子就在后头，你可以成为一名持续盈利的交易者。但你必须先活下来，许多人都做不到这一点。

交易新手失败的一个常见原因是，他们无法管理自己的亏损。接受利润很容易，接受亏损很难。出现亏损时，许多交易者想等到回本时再离场，特别是新手。他们经常说，"我只是想给这笔交易多留一点空间。"等待回本犹如水中捞月，最终会导致账户严重受损。

要想成为一名成功的交易者，你不仅要学习优秀的风险管理规则，而且还要坚定地遵守这些规则。你必须设定能告知你什么时候退出交易的底线。有时要承认交易没有按你所计划的进行，要敢于说出"我错了""条件不具备"或者"我得离开了"。

尽管我是一名持续盈利的交易者，但我的交易仍然不时出现亏损。这意味着我找到了成为一名优秀的输家的方法。优雅地亏损，坦然地接受亏损，平静地离场。当交易变得对你不利时，就退出交易。在日内交易中，意外经常出现，没有什么可大惊小怪的。留得青山在，不怕没柴烧，未来总有交易等着你。为了证明你的预测是正确的，而持有对你不利的股票是糟糕透顶的交易。你的工作不是验证你的预测正确，而是赚钱。你从事的职业是交易，而不是预测。

成为一名优秀的输家非常重要，怎么强调这一点都不过分。你必须能够接受亏损，这是日内交易的一部分。我在第6章中解释各种策略时均指明了我交易的进入点、退出点以及止损价。

风险管理的重要性

我要重申这一点：能够迅速地做出决策以及能够制定并遵守交易规则对交易的成功至关重要。当你阅读或重读我的书和其他交易者撰写的图书时，你会学到很多有关风险管理的知识。交易者做的一切归根结底都与风险管理有关，这是交易者要理解的最重要的概念。你一整天都在管理风险。与此相关的是管理风险的能力，具备这一能力时，即使你在激动之下也能做出优秀的决策。

如前所述，交易者从事的是交易业务。作为一名交易者，你需要界定你的交易风险，即你在任何一笔交易中承担的最大风险。不幸的是，我无法在此提供一个标准的美元金额做参照。如前所述，可承受的风险取决于你的交易账户规模以及你的交易方法、个性和风险承受能力。

2%规则怎么强调都不过分。交易者在任何交易中面临的最大风险不得超过其账户净值的2%（不包括融资资金）。例如，如果你拥有30000美元的交易账户，那么你每次交易承受的风险不应超过600美元，如果你拥有15000美元的交易账户，那么你在每笔交易中承受的风险不应超过300美元。不要根据你的购买力来计算2%的值，要根据你交易账户中的资金额来计算。

当你的账户规模很小时，你交易的股票量要较少。当你发现了一笔诱人的交易时，若设置合理的止损价会让你2%以上的资金遭受风险，那么你应该转而寻求其他交易。你冒的风险可以低于2%，但永远不能高于2%。你必须避免在一笔交易中冒2%以上的风险。就我个人而言，我将每笔交易的损失限制在账户金额的1%，我99%的资金总是受保护的。

正如我在前面提到的，交易者不应该期望自己的判断总是正确的，这是不可能的。交易以概率为基础（再次提醒一下，你还记得蒙提·霍尔问题吗？），而且需要交易者以极大的耐心确认具有诱人风险/回报潜力的交易条件。尽管我30%的交易是亏损的，但我的账户始终是盈利的。我不奢望我对每一笔交易的判断都是正确无误的。如果你经营着一家小企业，你不会奢望它每天都盈利。有时候，你甚至没有足够的客户或销量来支撑你支付员工工资或租金，但是，当你的企业生意兴隆时，这些问题都会被抵消掉。

审视一下最成功的交易者以往的经历，你会发现他们都曾遭受过许多小损失。他们在很多交易中经历过每股7美分、5美分、3美分甚至1美分的小损失。大多数优秀的日内交易者没有经历过每股30美分以上的损失。大多数盈利的交易会立马改善你的境地。

读完本书后，你必须牢记这条基本原则：你每天运用交易策略时都要设置止损价，当股价走势与你的交易策略背道而驰时，你必须止损离场。想象一下这样的场景：你在一个重要的阻力位下方卖空了一只股票，等待着其股价下跌，这一交易思路没问题。但突然间，股价出现了不利于你的走势，它突破阻力位上行了。你原来的交易计划现在不适用了，你没有理由再坚持下去了。你不能持空头仓位等待，寄希望于股价再次下跌。你一厢情愿的想法可能会落空，你不能让一波疯狂的股价走势抹去了你的交易账户。股价可能会再次下跌，也可能不会，但股价在阻力位上方，你没有理由卖空股票。如果股票表现疲弱，股价回到了阻力位之下，你可以再次择机入场。交易佣金很便宜，你应该接受一点损失，坦然地离场。当条件具备时，你总是可以重新开始交易。

不遵循这一基本原则的人最终会遭遇失败。交易新手中常见的一个问题是，他们接受不了小额损失。在模拟炒股软件中做交易时，你必须锻炼这方面的能力。只有当你能接受损失并能止损的时候，你才应该拿真金白银做交易。如果你不知道止损价在哪里或者应该把它设置在哪里，你一开始就不应该进入交易，因为这意味着你没有制订好交易计划，也意味着你应该重读本书有关交易策略的内容并审视你的策略，而且你应该回到模拟软件中继续练习。

持续盈利的交易者会做出可靠合理的交易，他们明白自己无法控制市场或每一笔交易的结果，但他们会坚持执行既定的交易计划并管理好资金。通常情况下，专业的交易者每季度会审查一次盈亏，评估交易业绩，并相应调整交易策略。

许多交易者认为，好的交易日是盈利的一天，这是错的。好的交易日是你自律，运用可靠的交易策略而且没有违反任何交易规则的一天。股市存在不确定性，这会导致你在一些交易日里收益为负，但这并不能说明你表现糟糕。

你受的教育和实践会让你对交易中最重要的事情、如何交易以及如何锻炼和发展交易技能形成自己独到的看法。一旦你对最重要的事情有了自己的看法，你就可以进一步确定你想要关注的具体交易流程了，了解交易流程是你获得成功的关键。通常情况下，你只有吃了苦头才能学到这些，也就是在亏钱之后。

不要把日内交易转变成波段交易

在我的第一本书《如何以日内交易为生》里，我提出了这样一条交易规则：日内交易者必须在股市收盘前退出交易，即使是亏损了也要这么做。永远不要把日内交易转变成波段交易，永远不要持仓过夜。并非交易者都认同这一点。一位名叫罗伊（Roy）的读者在阅读了我的第一本书后写下了这样的评论：

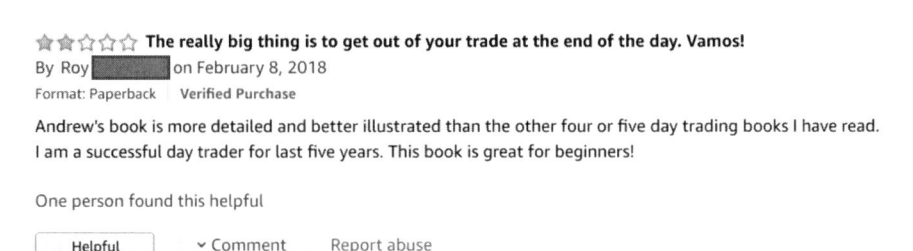

图7.1　亚马逊平台上有关我第一本书的读者评论

真正重要的是在收盘前退出交易。得了吧！

评论者：罗伊　　评论日期：2018年2月8日

安德鲁的书内容详细，而且书里的插图比我读过的四五本交易图书更清晰。我成功地做了5年的日内交易。本书对交易新手特别有用！

罗伊，我感到抱歉，但我仍坚持自己的观点。成功的日内交易者会为特定的交易选择适用的策略法则，会据此精心制订交易计划并遵循它们，但在糟糕的交易中，这么做会面临挑战。你很可能会觉得，自己有理由持仓一笔糟糕的交易："嗯，你知道，这是苹果的股票，人人都知道这家公司有多成功。它肯定不会倒闭。我持仓到明天，看看结果会怎样。"

这是日内交易者犯下的最致命的错误之一。你不能那么做，你必须遵守你的策略规则，你必须遵循你在交易前制订的计划。你以后总是有机会做交易，但你很难从巨大的损失中恢复元气。你可能会想，"我不想承受50美元的损失。"嗯，可是如果你不退出，你之后会承受200美元的损失。如果你最终损失了800美元，你很难在短期内通过其他交易弥补这么大的损失。你应该当机立断地接受损失，退出交易，等到时机好了再回来。

当然，我并不反对隔夜持有苹果或任何其他公司的股票。只要持仓几天能让你多赚钱，这么做就没有问题。但是如果你打算做隔夜交易，你就要记住，隔夜交易是波段交易，而波段交易有自己的规则和考虑因素。你不应该在一时冲动之下把日内交易转变成波段交易，这么做往往得不到好结果。你可能会走运几次，股价出现了反弹，但是，如果你养成了"延长持仓时间"的习惯，你最终会遭受市场的惩罚。我聊天室里的朋友布莱恩经常持多只股票过夜，但他是有意为之，而且他是在审视了日线图、大盘状况和其他许多细节后这么做的。他从来没有因交易陷入困境而持仓过夜。

我想和你分享几位交易者发给我的电子邮件，从中我们可以看出交易新手们面临的挑战。交易者肖恩（Sean）在发给我的第一封电子邮件中说：

> 嘿，你好吗？我是一名钢铁工人，想从事日内交易。我交易了大概5个月的时间了。拜读了您的书后，我收获很大，但有一些问题我仍然想不明白，恳请您帮我答疑解惑。希望我的信没有打扰到您。谢谢。

我每天都会收到多封电子邮件。虽然我喜欢交易，但我总是尽量抽出时间回答交易新手提出的问题。我回信问肖恩，我如何做能帮到他。他希望我对他陷入困境的几笔糟糕交易提些意见。

> 我有4个未平仓的仓位，它们都处于亏损状态。我的账户不允许（我）做日内交易。我目前正在为日内交易分配资金。您认为我是应该继续持仓一直等到情况好转呢还是应该止损离场？这些仓位占了我账户金额的50%以上。

不幸的是，对于肖恩的请求我无能为力。我不太了解他的具体情况，因此无法提供任何有价值的建议。他的仓位规模有多大？他的账户规模有多大？他多大年纪了？他有家庭吗？炒股的钱来自他的退休金账户还是其他来源？他能承受多大的损失？我无法提供任何建议。我个人的想法对他作用不大。因此我建议他与一位有资质、有执照的顾问交流，从后者那里寻求有关持仓的专业指导。

另一封电子邮件来自一位从事股票交易的医生，我称他为交易者MD。他在这封邮件中谈到了一笔陷入困境的交易，他想听听我对这笔交易的建议。他写道：

> 亲爱的阿齐兹，您好。
>
> 很高兴拜读了您的大作，我从中获益匪浅。
>
> 我是一名波段交易者（新手）。我犯了大错，我需要一个能让我挽回损失的策略，看您能否指点迷津。
>
> 我花55000美元买入了比特币投资信托的股票（代码：GBTC），由于目前出现的比特币危机，我亏损了15000美元。我一直等待着比特币行情的恢复，但我的亏损额越来越大，我该怎么办呢？我是应该清仓这只股票还是继续加仓、平摊成本呢？您有什么高见吗？

2017年12月，比特币的交易价高达20000美元左右。比特币投资信托这只股票的交易价为40美元左右，创下了历史新高。图7.2是这只股票在此期间的日线图。交易者MD给我发电子邮件的日期是2017年12月30日，所以我猜他是在这个价位附近买入的。"比特币狂热"于2018年1月快要破灭，2018年2月5日比特币的交易价格暴跌至6900美元。比特币投资信托股票的价格也从40美元的高点跌至不足10美元，因为其价格走势基本上与比特币的一致。当我在2018年3月写下这些文字时，比特币投资信托股票的交易价格约为17美元。我对交易者MD的遭遇深表同情，但他一开始就不应该让这样的事情发生。他没有制订合理的风险管理计划，把他的积蓄押在了这只股票上。

当你进入一笔交易时，无论是波段交易还是日内交易，你都要确定进入点、退出点和止损价。每次交易时，你都会面临亏损的风险。你如何把交易风险降至最低？交易新手失败的一个常见原因是他们不管控损失。接受利润很容易，但克服等待亏损交易回本的诱惑很难，特别是对于新手而言。等待不太可能发生的事情会严重损害你的账户，就像交易者MD所经历的那样。你必须确定合适的进入点、利润目标和止损价，当交易出现了对你不利的变化时，你要当机立断地退出它。如果你能坚持既定的计划，并且在任何情况下承担的交易风险不超过账户资金的2%，那么你会很容易管控损失。

图7.2　显示了比特币投资信托股票价格变化的日线图

这个例子也说明了良好的心理和自我控制对交易者是何等重要。相信许多读者都记得2017年底的比特币狂热，就跟历史上的"郁金香狂热"一样。郁金香狂热出现在17世纪的荷兰，那是荷兰的黄金时代，当时荷兰是世界上领先的经济和金融大国。在一段时期里，一些流行的郁金香球茎的价格达到了极高的水平，造成了人类有记录以来的第一次投机泡沫，即资产或商品的价格大大偏离了其真实的内在价值。到了1637年2月，郁金香球茎的价格急剧下跌，泡沫破裂。郁金香狂热，与2017年的加密货币狂热一样，与其说是重大的经济问题或危机，不如说是一种社会经济现象，因为郁金香球茎不是荷兰经济的重要组成部分，就像加密货币不是全球经济的重要组成部分一样。

2017年,普通人、未接受过相关教育的投资者和金融知识有限的人纷纷购买加密货币,这个市场膨胀到了令人难以置信的程度。区块链股票变成了炙手可热的新事物,只要在新闻稿中提到"区块链"一词就能使公司的市值飙升。例如,"长岛冰茶公司"(股票代码:LTEA)改名为"长区块链公司"(股票代码:LBCC)以及决定把业务重点从饮料转向区块链技术后,该公司的股价在一天之内以巨大成交量从不到2美元飙涨至9.47美元,涨幅近500%,如图7.3所示。2018年4月10日,长区块链公司股票被纳斯达克摘牌,但其股票仍可在场外市场上交易。截至2018年6月10日,这只股票的交易价为每股0.35美元,该公司已放弃了购买比特币挖矿设备的计划。

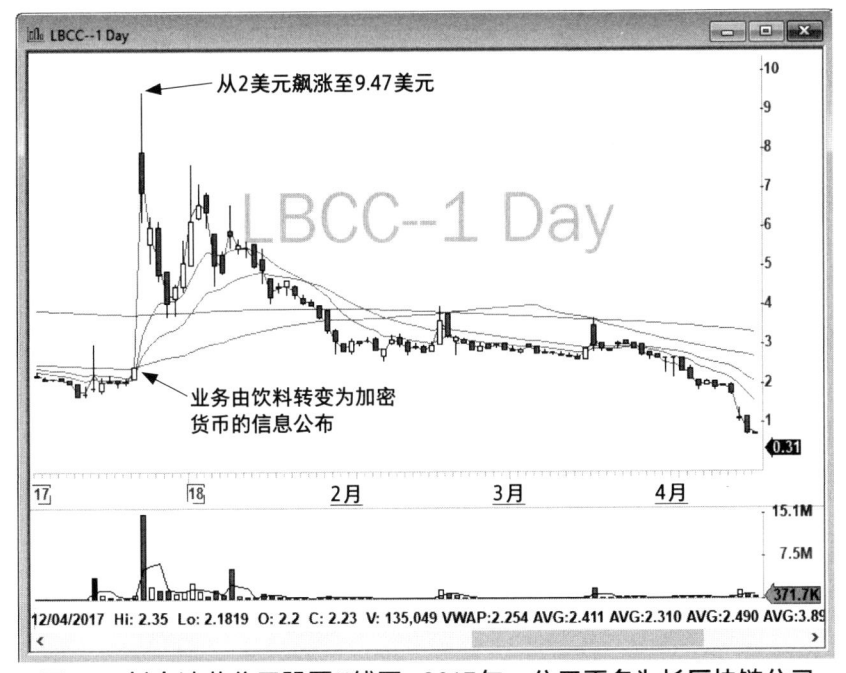

图7.3 长岛冰茶公司股票K线图。2017年,公司更名为长区块链公司(股票代码:LBCC),并把业务转向"探索和投资利用区块链技术优势的机会",而且该公司声称正在探讨与区块链有关的收购

出现这样的情形合理吗?不合理,但这是当时的主题,许多区块链股票的价格都经历了类似的波动。图7.4显示了Longfin公司(2017年12月成立的一家公司,

代码：LFIN）的股价走势。股价在一天之内从40美元飙涨至142美元，涨幅超过了300%，在当时登上了新闻头条！之后股价下跌了95%以上，截至2018年6月10日，其场外市场的交易价格为每股3.75美元。许多分析师和华尔街研究公司认为LFIN是在搞"纯粹的股票阴谋"。证券交易委员会开始对该公司进行调查，因为"据称"其发布的文件和新闻稿内充斥着不准确和欺诈性的内容。

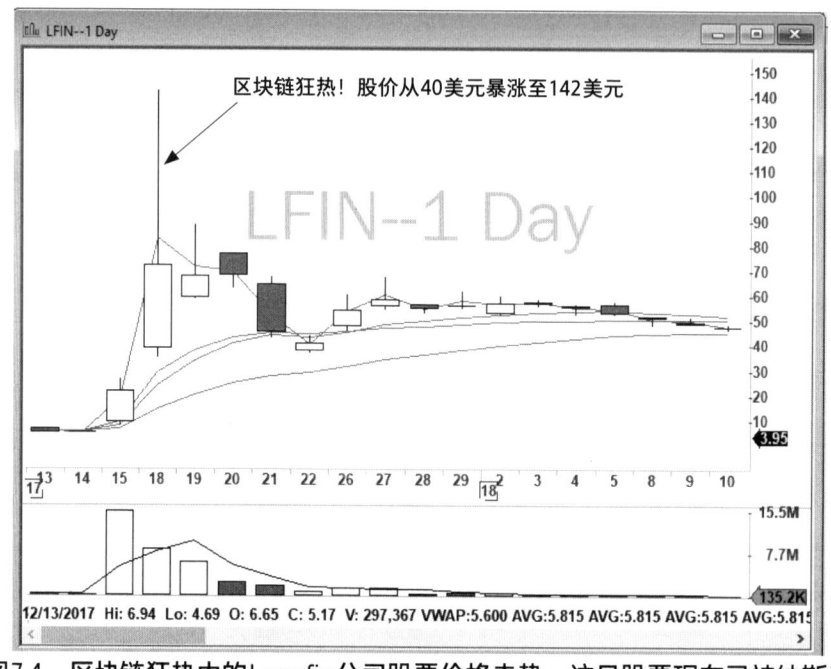

图7.4 区块链狂热中的Longfin公司股票价格走势。这只股票现在已被纳斯达克摘牌，截至2018年6月，其在场外市场的交易价格约为3.75美元

许多普通的投资者，如交易者MD，都是2017年加密货币狂热的受害者，他们很可能把毕生的积蓄投到了他们毫无风险管理计划的对象上。

感觉错失了良机的新手，比如交易者MD，最终会遭遇"惨败"。别误会我的意思，我不反对比特币或加密货币，也不认为它们没有内在价值。或许在未来的某一天，区块链技术会彻底改变金融市场，但2017年加密货币的价格大涨主要是投机因素导致的。交易比特币没什么错，交易者可利用其价格的波动大赚一笔，但经验丰富的交易者心里清楚，他们只能做短线交易，而且他们制定了严格的风险管理规则。经验丰富的交易者想赚钱，但他们从不会让糟糕的交易变成他们账户里嘀嗒作响的定时炸弹。我们聊天室里每天都有人在交易与加密货币有关的股票，每天都能从交易中获利数千美元，他们交易的股票包括Riot区块链公司股票（代码：RIOT）、迅雷有限公司股票（代码：XNET）、高级微型装置公司股票（代码：AMD）和英伟达公司股票（代码：NVDA）等。我们从迅雷股票的交易中赚了很多钱，以至于我们在聊天室里把这只股票称为"我们的好朋友"。我记得布莱恩曾经在近6个月的时间里每天都在交易英伟达的股票。

风险管理

风险管理是限制交易账户可能遭受的亏损的科学（也是一门艺术）。所有专业（和卓越）的交易者都会遭受亏损。成功者与失败者的区别在于是否善于管理风险。

风险管理涉及两个要素：（1）适当的风险回报率，它由进入点、利润目标和止损价决定；（2）仓位管理。

风险/回报分析：进入点、利润目标和止损价

良好的设置意味着一个能让你以尽可能小的风险做交易的机会，比如你可能承受100美元的风险，但你有可能获得300美元的收益，盈亏比为3∶1。若你为了赚10美元承受了100美元的风险，那你的风险回报比就达到10∶1了，你不应该做这样的交易。

优秀的交易者不会接受风险回报率低于2的交易。这意味着，如果你买入了1000美元的股票并承担了100美元的风险，那么你必须以至少1200美元的价格卖出它们，这样你才能赚到200美元。当然，如果价格降至900美元，那么你必须接受损失，并以900美元（100美元的损失）的价格卖出股票，退出交易。

我来介绍一下我完成的真实交易的风险回报率。2017年2月16日，莫利纳医疗股票（代码：MOH）出现在我的观察清单上。股市开盘时（上午9:30），这只股票表现强势，股价走高。我观察着它的动向。突然，在上午9:45左右，这只股票被大量抛售，价格大幅下行至VWAP（成交量加权均价，有关该指标的详情，

请参阅第2章）之下。我决定在VWAP下方50美元处卖空它。我把利润目标价设置在了日支撑位48.80美元处，这样的话我每股可获得1.20美元的利润。我把止损价设置在了VWAP上方50.40美元处，如图7.5所示。我承担的风险是每股0.40美元，预期得到的回报是每股1.20美元，风险回报比为1∶3。我当天确实完成了这笔交易。

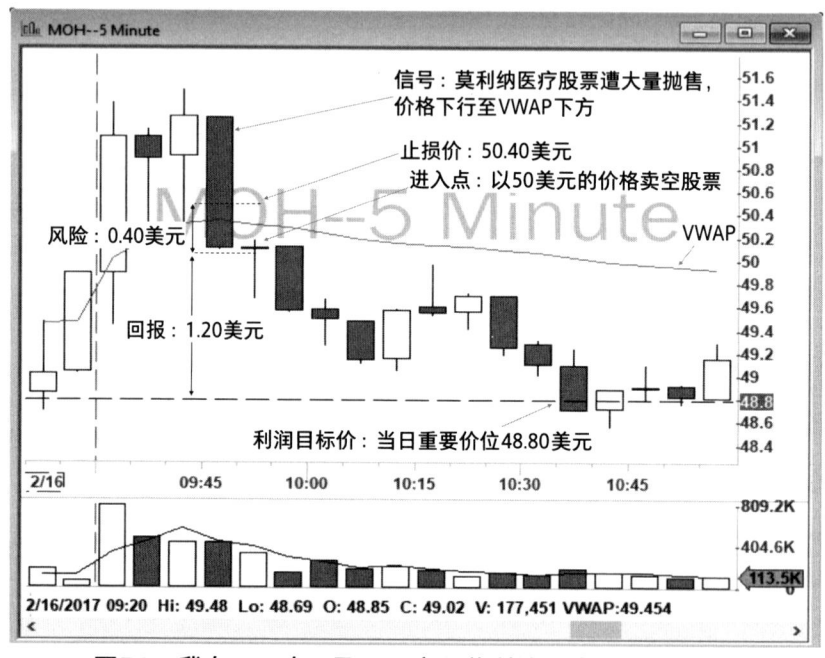

图7.5　我在2017年2月16日交易莫利纳医疗股票的截图，图中显示了我的进入点、退出点和止损价，盈亏比为3∶1

现在设想一下，你在上午9:45错过了以50.20美元的价格交易莫利纳医疗股票的机会，几分钟后，你以49.60美元的价格卖空了它，你的利润目标价为48.80美元。若利润目标实现，你获得的回报约为每股0.80美元，但你的止损价应该设置在VWAP上方约50.20美元处。可见，为了获得每股0.80美元的回报你承受了每股0.60美元的风险，风险回报率为1.3（0.80/0.60美元），我不建议你做这样的交易。要是我的话，我会坦然接受错过了一次交易机会的事实。

你可能会说，"如果我的进入价是49.60美元，为了获得更有利的盈亏比，我是否应该把止损价设置得更近一些？"答案是否定的。你的止损价应该设置在合理的技术水平。在上面的例子中，把止损价设置在VWAP下方是毫无意义的，因为股票在任何时候都有可能向VWAP回升，然后掉头继续向利润目标价迈进。事实上，在上午10:20左右，莫利纳医疗股票的价格向VWAP回升，但没有触及VWAP，之后掉头向48.80美元下行。我在图7.6中标记出了这一点。如果你把止损价设置在了VWAP下方，那么你很可能会止损。

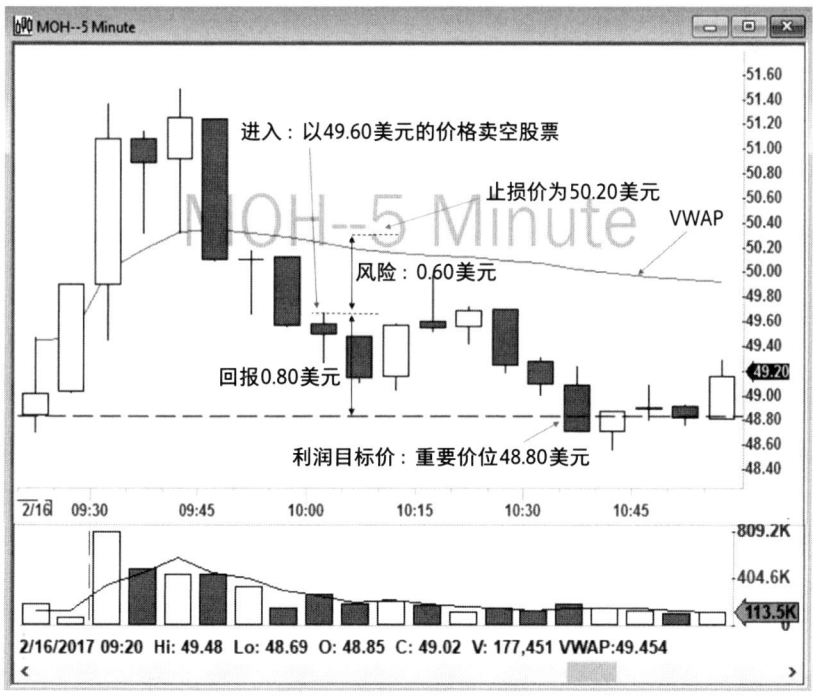

图7.6　2017年2月16日莫利纳医疗股票的截图，这是风险回报率不适合交易的例子。正如你所见，这笔交易的风险回报率低于2，做它不划算，因此错过它未尝不是好事

风险回报率的另一个例子来自2017年10月10日我对曼恩凯德生物医疗股票（代码：MNKD）的交易。股市开盘时，这只股票被大量抛售，股价跌至昨日低点5.74美元，之后又反弹至VWAP上方。在VWAP上方冲高（B点）后，价格又向VWAP回落，并在这个价位获得了支撑（C点）。当股价从VWAP向当日新高（B点和D点）上行时，我以6.10美元的价格做多了股票。我把止损价设置在了VWAP下方的6美元，把利润目标价设置为6.90美元。这笔交易的风险回报比为

1∶8，这一比率对我非常有利。相关的指标和股价走势以及关键的点位如表7.1和图7.7所示。

表7.1 交易曼恩凯德生物医疗股票的风险/回报分析

进入价	6.10美元
止损价	6.00美元
风险	每股10美分
利润目标价	6.90美元
回报	每股80美分
回报风险比	8∶1

有时候，当你根据5分钟K线图做交易时，你很难找到一个有利的风险/回报比率并确定适宜的止损价，此时，1分钟K线图可助你一臂之力，你可以通过它确定适宜的止损技术水平。

良好的进入价决定了好的风险回报率。你可能发现了一个交易机会，但如果你找不到风险回报率适宜的进入点，你也不应该贸然进入交易。相反，你应该继续审视K线图，直到确认有利的风险/回报比率为止。为了说明这一点，我们来看看图7.8，我借助它解释对斯奎尔股票（SQ）的两笔潜在交易。从5分钟K线图中你会发现，这只股票的价格在实现了开盘区间突破后向200周期简单移动均线迈进，此时你想要做多它，但你注意到此刻是上午9:45，股价大概为41.75美元。如果股价上行至42.50美元的200周期简单移动均线处，那么你每股将获利75美分。但是，要进入这笔交易，你必须把止损价设置在VWAP之下的41美元处，也就是说，你每股承担的风险是75美分。风险回报比为1∶1，很不理想，因此你当时不应该进入这笔交易。

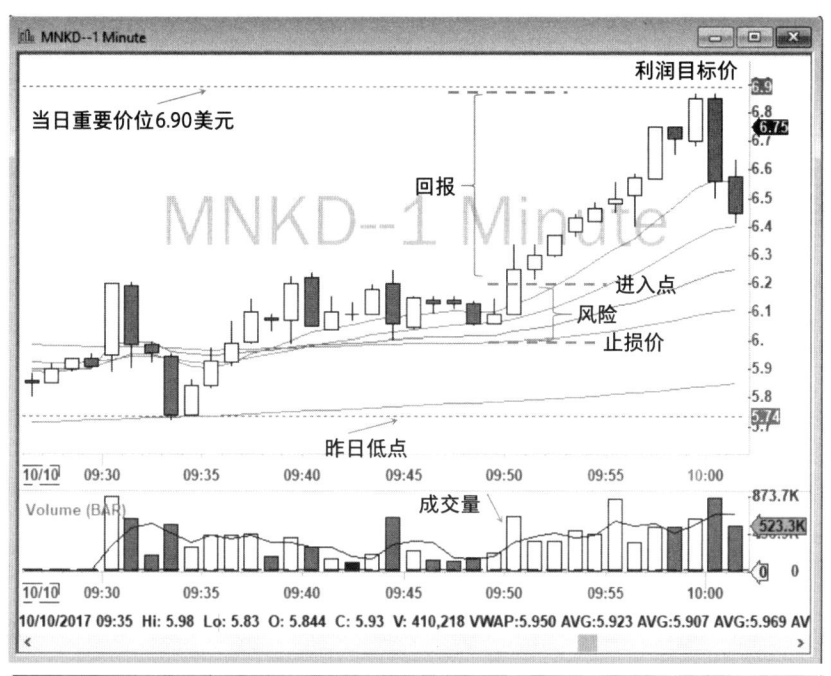

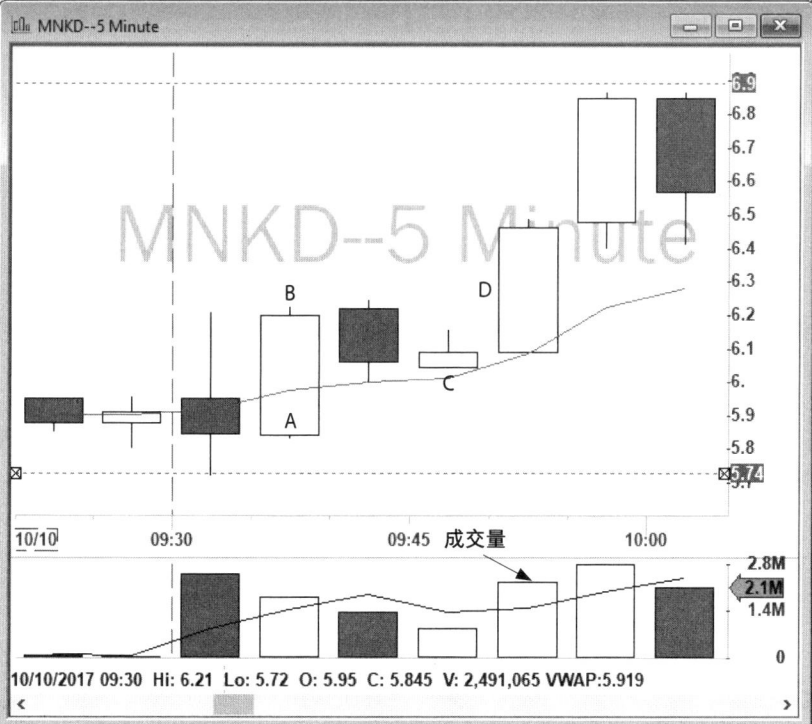

图7.7 在2017年曼恩凯德生物医疗股票1分钟和5分钟K线图上所做的风险/回报分析

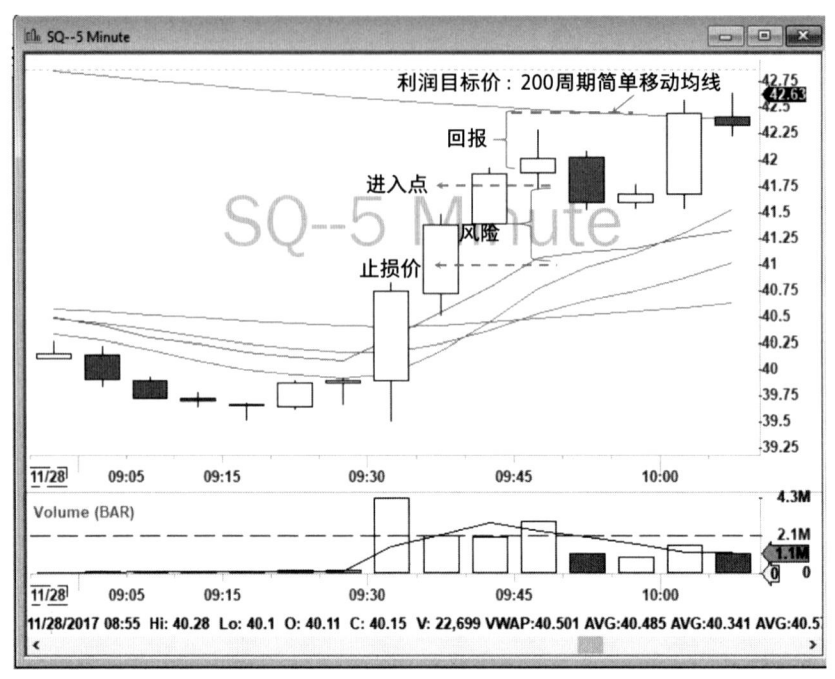

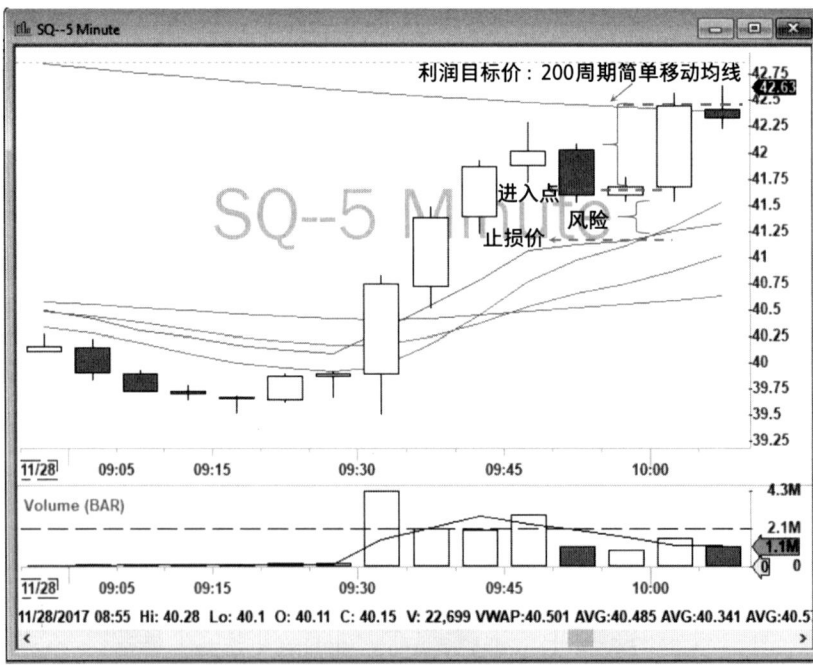

图7.8 交易斯奎尔股票的风险/回报分析

10分钟后，即9:55，斯奎尔的股价跌至41.50美元，现在你考虑做多它，因为你认为股价会向200周期简单移动均线回升。此时做这笔交易的风险回报率对你有利：你把止损价设置在VWAP下方的41.25美元处（请注意：VWAP已经从10分钟之前的41美元提高了），把利润目标价仍然设置为42.50美元，现在的风险回报比是1：4。你的交易思路没有变，但进入点变了。进入点一变，风险回报率随之改变，交易结果天差地别。

表7.2 交易斯奎尔股票的风险/回报分析

进入价	41.75美元	进入价	41.50美元
止损价	41.00美元	止损价	41.25美元
风险	每股75美分	风险	每股25美分
利润目标价	42.50美元	利润目标价	42.50美元
回报	每股75美分	回报	每股1美元
回报风险比	1：1	回报/风险比	4：1

下一个风险/回报分析的例子来自2017年11月28日我对迅雷股票（XNET）的交易，如图7.9、表7.3和图7.10所示。当这只股票的价格失守VWAP时，我决定在VWAP下方17.45美元处卖空它，我把止损价设置在了VWAP上方的17.70美元，把利润目标价设置在16.70美元，这个价位是盘前低点。

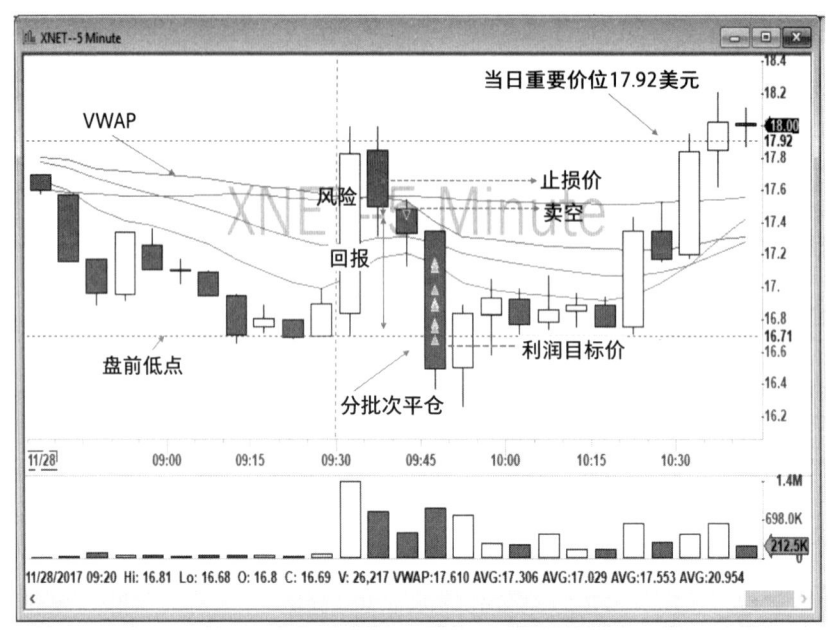

图7.9 交易迅雷股票的风险/回报分析

表7.3 交易迅雷股票的风险/回报分析

进入价	17.45美元	
止损价	17.70美元	
风险	每股25美分	17.70美元−17.45美元=25美分
利润目标价	16.70美元	
回报	每股75美分	17.45美元−16.70美元=75美分
回报风险比	3∶1	=75/25

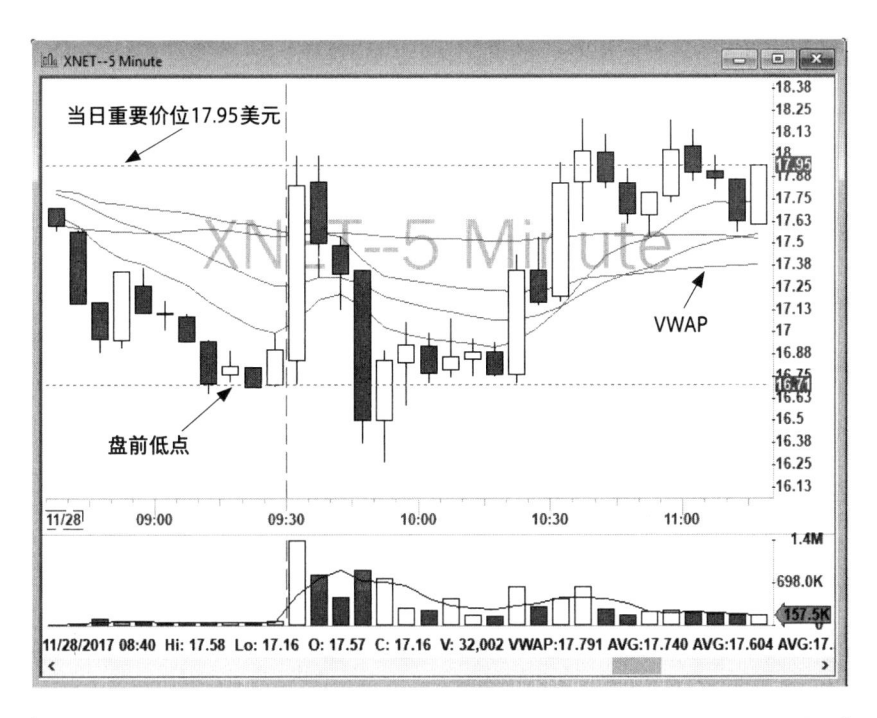

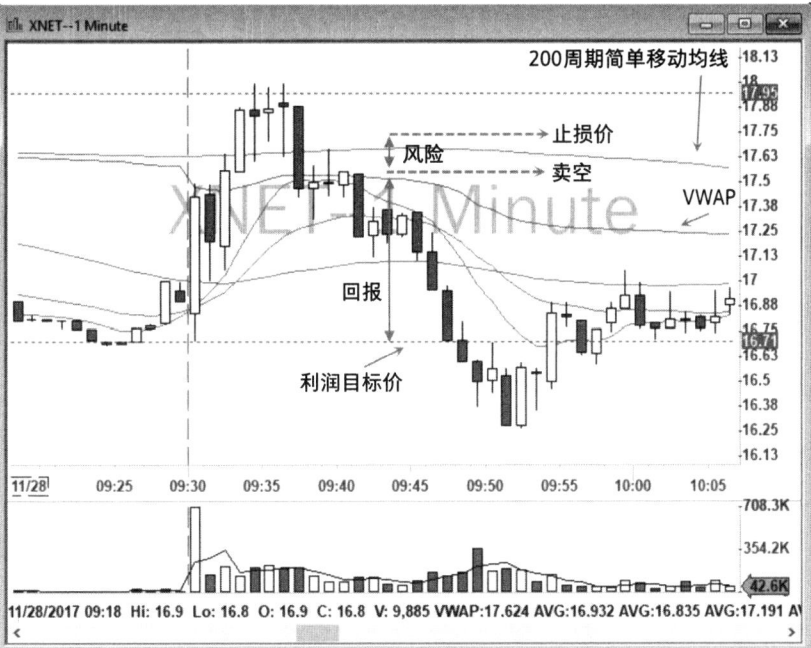

图7.10 交易迅雷股票的风险/回报分析

下一个实时风险/回报分析的例子来自对梯瓦制药股票的交易，如图7.11所示。上午9:37，这只股票的价格出现了开盘区间突破，我在VWAP下方卖空了它，将利润目标价分别设定在：(1)前一个交易日收盘价14.65美元处；(2)5分钟K线图中的200周期简单移动均线处(14.49美元)。请注意，移动均线在交易过程中也可能发生变化，提高还是降低取决于股价的变化方向。此时，5分钟K线图中的200周期简单移动均值约为14.49美元。审视5分钟K线图后我发现，确定合适的止损价和进入价很困难，尽管我主要根据5分钟K线图制订交易计划，但为了更好地确认这些价位，我查看了这只股票的1分钟K线图。从图7.11所示的1分钟K线图可以看出，我以14.80美元的价格卖空了股票，把止损价设置在了VWAP上方，我以前一个交易日收盘价平掉了部分仓位，最终以14.49美元的利润目标价平仓离场。由于1分钟K线图上的200周期简单移动均值很近，而且这笔交易的风险回报率对我有利，我决定在1分钟K线图上的VWAP和200周期简单移动均线上方给这笔交易留一些空间。

表7.4　交易梯瓦制药股票的风险/回报分析

进入价	14.80美元
止损价	14.95美元
风险	每股15美分
利润目标	14.49美元
回报	每股30美分
回报风险比	2∶1

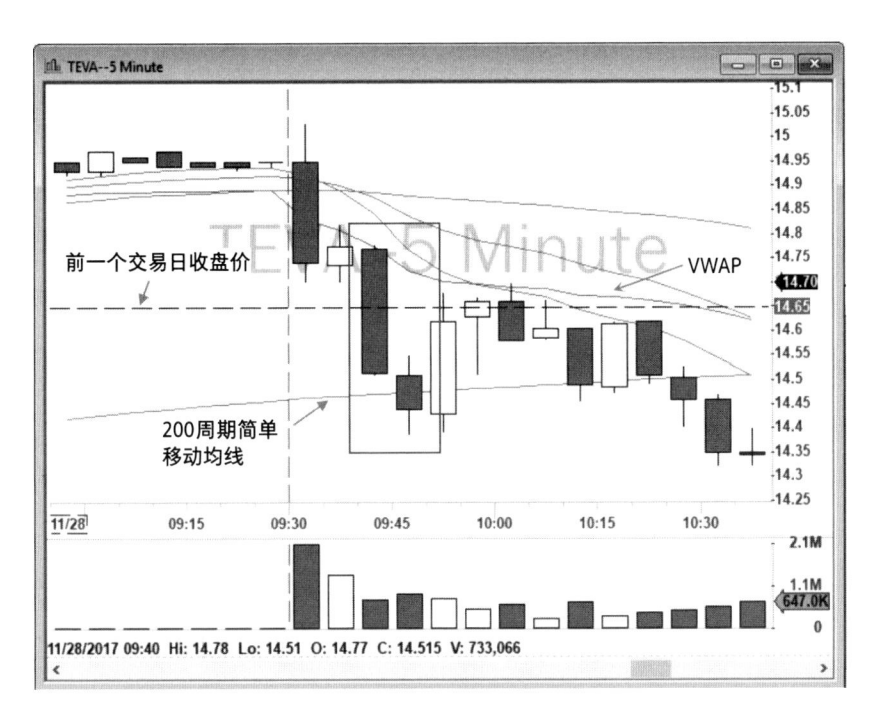

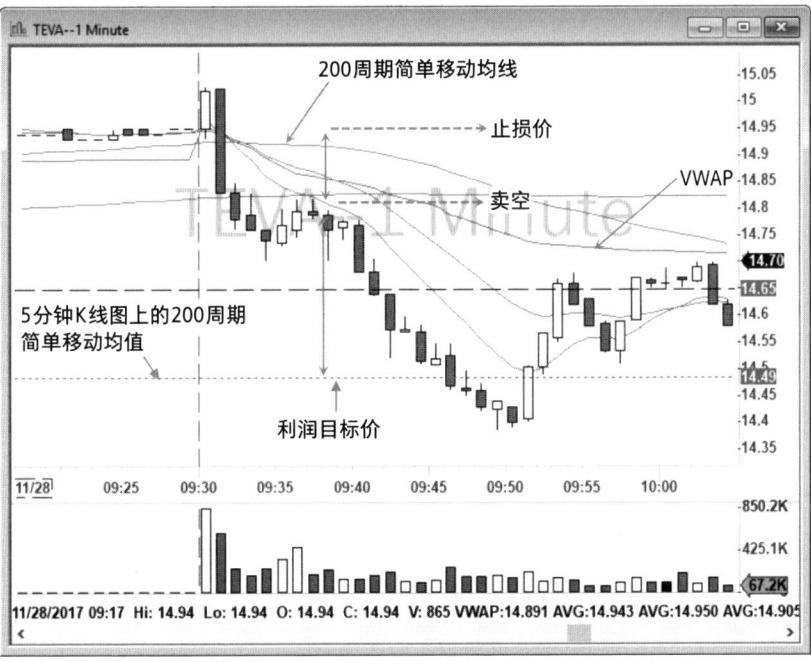

图7.11 交易梯瓦制药股票的风险/回报分析

看完这些风险/回报分析的例子后，我希望你能明白这一点：为了获得有利的风险回报率，选择适宜的进入点非常重要。如果你找不到一只盈亏比率对你有利的好股票，你就应该继续寻找，或者监测引起你关注的股票的价格走势，看看能否从中找到一只好股票。作为一名交易者，你总是在寻找盈利潜力巨大的低风险投资机会。识别这类机会的设置是你要学习的内容。作为初学者，你可能无法区分一系列的设置，你可能很难识别完美的牛旗和VWAP假突破，没关系，只要勤加练习，积累经验，终有一天你会掌握它们。你可以从YouTube和谷歌的视频中学到很多东西，也可以加入我们的聊天室，我经常在那里解释我的交易过程，你可以实时观察我本人、我的显示器和我的交易平台。

做盈亏比率为2：1的交易时，我可能在40%的时间里犯错，但仍然可以赚到钱。再次强调，作为一名日内交易者，你的工作是管理风险，不是买卖股票。你的经纪人正在市场上为你买卖股票。你的工作是管理好你的风险和账户。每当你在交易平台上点击"买入"键时，你的资金就会面临风险。

仓位管理

2%规则

风险管理是限制交易账户可能遭受的损失的科学（也是一门艺术）。风险管理的一个重要方面是在任何交易中保持适当的规模。你的进入点和止损价可能都设置得非常出色，但如果你的交易规模太大，你仍然会违反风险管理规则。那么你如何把握交易规模呢？

交易者在确定股票的交易规模时，可采用下面这三个步骤：

第一步

确定拟交易的最大风险额度。许多交易者可承受的最大损失额为其账户资金额的0.25%到2%，具体数字取决于他们是积极的风险承担者还是保守谨慎的交易者。无论如何，你在任何一笔交易中承担的风险都不应该超过账户资金额的2%。你应该在开始交易前计算出这一金额。我建议的额度是0.5%到1%，而且我认为，在交易生涯的早期，你行事尤其要谨慎，要尽力保护好你的账户。如果你有一个

20000美元的账户（有80000美元的购买力），你在任何交易中遭受的最大损失额应该是20000美元的1%，即200美元，你在任何交易中的损失额都不能超过这个数字。这就是第一步。

第二步

根据进入点、止损价估算以美元或美分为单位的每股最大风险额。可参考我在第6章阐述的交易策略以及在本章刚刚讨论过的风险/回报分析。对于每一笔交易，你都要确定止损价和风险额。例如，如果你以14美元的价格卖空了股票，而且把止损价设定为14.10美元，那么你在第二步中得到的值是每股10美分。同样，如果你以100.50美元的价格做多了股票，而且把止损价设置在了股价跌破100美元时，那么你为每股承担的风险额是50美分。

第三步

用"第一步"得到的数值除以"第二步"得到的数值，得出每次可交易的股票的最大数量值。

为了更好地说明这一点，我们再回过头来看看图7.5所示的交易莫利纳医疗股票的示例。如果你有一个40000美元的账户，根据2%的规则，你在任何交易中承担的最大风险额为800美元，这不包括经纪人授予你的任何购买力，例如，你的购买力可能是你账户资金额的4倍（在本例中，购买力为160000美元），但你必须始终根据账户中的实际金额（即40000美元）计算2%或1%的风险额度。假设你行事谨慎，只愿意拿账户的1%冒险，那么你在任何交易中承担的最大风险额就是400美元。这就是你在第一步得出的数值。

当你监测莫利纳医疗股票的价格走势时，你发现运用VWAP策略可能比较有效。你决定以50美元的价格卖空它，并且想以48.80美元的价格平仓，你设置的止损价为50.40美元。这样，你为每股股票承担0.40美元的风险。这是你在风险控制的第二步得出的数值。

第三步是用"第一步"得到的数值除以"第二步"得到的数值，得到你可交易的股票的最大数量值。在本例中，你最多可以买入1000股（400美元除以0.40美元/股=1000股）。

在本例中，你可能没有足够的现金或购买力以50美元的价格买入1000股莫利纳医疗股票（因为你的账户资金只有40000美元）。因此，你可能买入800股，或者你也许只买入500股。记住，你可以随时降低承担的风险，但在任何情况下，你承担的风险都不能超过你账户资金额的2%。为什么呢？因为做每一笔交易时，你都要确保至少98%的账户资金受到保护，在本例中是99%的账户资金受到了保护，因为你想谨慎行事，只想承担1%的账户风险，即400美元。

我在第6章介绍交易策略时解释了根据技术分析结果和交易计划确定止损价的方法。我无法确认你账户的最大损失额，因为我不知道你账户的实际规模，你得自行做出判断。例如，当你把止损价设置在移动均线上方时，你需要计算并确认这样的设置是否让你承担的损失额超过了你能承受的最大限度。如果突破移动均线会导致你遭受600美元的损失，而你为每笔交易设定的最大损失额是400美元，那么你就应该减少交易的股票数量，或者根本就不做这笔交易，转而等待下一个机会来临。

你可能会辩称，当你准备进入交易时，你很难根据账户的最大损失额确认股票的交易规模或止损价，此话不假，但你需要尽快做出决策，否则你将失去机会。在实时的交易中确定止损价和账户的最大损失额很困难，我理解这一点，但做日内交易本非易事，需要多加练习。我强烈建议新手在模拟账户中练习至少3个月。这一建议乍听起来有些疯狂，但你很快就能学会如何管理你的账户和每笔交易的风险。完成练习后，你会惊讶地发现，你能快速地计算出交易的股票数量和确认止损价的位置了！

6%规则

亚历山大·埃尔德博士在《以交易为生》一书中介绍了风险管理的6%规则。这条规则是作为一个指导原则被提出来的，指的是你在任何一个月内损失的金额不得超过你账户资金额的6%。如果你账户里的资金在一个日历月内缩减了6%以上，那么你应该在这个月剩余的时间里重返模拟炒股软件完成更多的练习。当你某个月的亏损总额和未平仓交易的风险达到你账户净额的6%时，根据这条规则，你应该在当月剩余的时间里停止交易。

2%规则旨在保护你在交易中免受严重的损失，这样的损失甚至会摧毁你的账户，使你的日内交易生涯终结。埃尔德博士把2%的损失比作一名游泳者被鲨鱼咬掉了胳膊或腿，这是非常惨痛的损失，而且完全有可能发生。埃尔德博士认为，设定6%规则是为了保护你免受一系列的小损失，就如同免受数百条食人鱼的啃咬一样。当然，食人鱼因其锋利的牙齿和有力的下颚而闻名，虽然它们看起来比人手还小，但它们非常善于捕食，经常成群结队地攻击猎物。1913年，美国前总统西奥多·罗斯福（Theodore Roosevelt）在访问巴西期间曾去亚马孙雨林完成了一次狩猎探险，后来他在《穿越巴西荒野》（*Through the Brazilian Wilderness*）一书中称，他看到一头奶牛掉进了亚马孙河后，很快就被一群饥饿的食人鱼啃食成了骨架。

交易者可利用2%规则避开鲨鱼，但他们仍然需要避免遭受食人鱼的伤害。这就是我和同事们遵循6%规则的原因：避免被蚕食致死。事实上，大多数交易者身处困境时会铆足了劲儿冒更大的风险，他们试图通过交易摆脱困境，报复性交易就是这么来的。遭受一系列的损失后，理智的反应是止损离场，回到模拟炒股软件中复盘交易，反思教训。6%规则对账户每月承受的最高风险额设定了限制，交易者很容易遵循它。如果你的交易触及了这一限额，那么你就要在本月剩余的时间里停止交易。遵循6%规则，你会在更多的食人鱼到达你身边之前离开水面。

我们都会经历暗无天日的时光，在此期间，我们做的每笔交易都出现了亏损。有时，我们采用的交易策略与市场走势不一致，这导致我们一次又一次地亏损。身处这段黑暗的时期时，交易者，尤其是新手，必须铭记这一点：不要强迫自己做交易。接连亏损后，专业人士会离场休息一下，会在模拟炒股软件中做交易，调整自己的交易步调，做到与市场一致。业余的交易者在遭遇一连串的损失后更有可能继续做交易，直到他们的账户瘫痪。我手下最聪明的一位交易员罗伯特（Robert）就有过这样的经历。他在模拟炒股软件中取得了惊人的业绩后开始了真金白银的交易，并在最初的几周里取得了亮眼的业绩。但好景不长，形势骤变，他遭受了惨重的损失。他在牛熊交易者社群论坛上讲述了自己的经历。

罗伯特写道：

太尴尬了，这一周我在真实的交易和模拟交易之间切换得非常出色。我的交易结果如下：

- 周一做了4笔交易，均盈利
- 周二做了5笔交易，三笔盈利
- 周三只做了1笔交易，盈利
- 周四做了2笔交易，均盈利

总共做了12笔交易，其中有10笔盈利，获利丰厚，我心满意足！

今天，一切都变了。我像个疯子一样交易，最后损失惨重。当时我就像中了邪一样，事后回想起来整个经过是这样的：

开盘10分钟后我在2笔交易中遭受了小损失，心里有点震惊。然后我在第3笔交易中按错了一个热键，导致我的持仓翻倍而不是退出交易。我遭受了巨大的损失。此后不久，我又犯了热键错误，又遭受了一次大打击。此时我心烦意乱，没有选择离场，稳定一下情绪，而是横冲直撞，鲁莽行事。我开始交易不适合的股票（京东、阿里巴巴、美光科技），贸然开始了报复性交易。我一边自言自语道"去他娘的，不管了"（我说得很大声），一边按了热键，就好像没有明天了一般。到美国东部时间上午10:30，我总共做了7笔交易，没有1笔是盈利的。到了中午，我做了13笔交易。我一共完成了20笔交易，只有2笔是盈利的。这是我缺乏自制力导致的结果。

我违反了一周以来一直严格遵循的每一条规则，我不再关心最佳设置，而是选择看起来任何不错的设置。由于当天SPY出现了过山车一般的走势，我被可疑的入场信号和伪装策略摧毁了。我一直在反复交易相同的股票，即使是在确认它们不可交易之后。我不按规则行事，自以为比市场更聪明，能通过交易挽回损失。这已经不是钱的问题了。损失已成定局，我账户里的钱化为了乌有。

整个过程最悲哀的地方在于，我知道自己违反了规则，但我毫不在乎。那一刻，我变成了不可思议的绿巨人，一切都切换到了自动驾驶模式。我像个野人一样猛敲着键盘。我把在（短暂的）交易生涯中学到的一切都抛到了九霄云外。我释放出了一头我无法控制的猛兽。在日常生活中，我从来没有过这样不自律的可怕经历。

今天的经历警示我们，一个人的交易心态有多脆弱。一瞬间你就可能失控。我一直遵循的所有规则和清单都无法阻止我做出如此疯狂的行为。它们只不过是我竖起来的用以欺骗自己、让我相信自己的情绪得到了控制的精致纸墙罢了。一点压力就把它们压垮了。一切都是幻觉，都是我的妄想。

这个周末我要深刻地反省。我可能会暂停交易，专心整理我的思绪。我也许为会去修道院忏悔这所有的交易罪孽。但我先得原谅我自己。现在我思维混乱，语无伦次，像个傻瓜一样。

感谢各位阅读，切记，不要像瘾君子那样做交易。

咆哮。

我们社群的一名成员在他的帖子下做出了这样的回复：

欢迎来到交易的情绪过山车，罗伯特！《星际迷航》里的斯波克先生说："在关键时刻，人们有时能看到他们想看到的东西。"当你想挽回损失时，你会在任何交易中看到挽回损失的机会。

就像发生火灾或地震时制订应急计划一样，交易者也需要制订快速应对情绪爆发和交易灾难的计划。我知道这说起来容易做起来难，但只要投入时间并且做到严格自律，你就能制订并履行好它。你真的可以做到！散散步或跑跑步有助于你让头脑清醒。市场是永远存在的，你总有机会重返它。当然，你必须承认有些事情是你无法控制的。

埃尔德博士指出，要想交易取得成功，你就要自信和谨慎：只做到一个方面是危险的。如果你有自信但不谨慎，你就会傲慢自大，这是交易者一个致命的特点。如果你谨慎但不自信，你将永远畏缩不前，无法"扣动扳机"。

新手应该从小处着手。先锻炼好各种技能，然后再求快！不要太担心佣金问题，我知道佣金正在蚕食你微薄的利润，但作为一名新手，你还没有进入专心赚钱的阶段。你现在只需要做到正确地执行交易计划并遵循交易流程即可。交易的实际结果或盈亏一开始无关紧要，这一点我再怎么强调也不为过。佣金只是你为这个职业支付的学费的一部分。试着把注意力集中在管理你的情绪和感觉上，因为遭受亏损是不可避免的，你需要找到管理你亏损后情绪的方法。

赌徒谬误

当你的账户金额缩水时，你要减少股票交易规模。在经历了一系列的亏损后，你的账户资金额肯定会明显减少，此时你需要减少股票交易额。这与赌徒的想法完全相反。赌徒在连续输钱时通常会增加赌注，这种做法源于错误的信念，即如果某个事件在一段时间内发生的频率比较高，那么它在未来发生的频率会减小。赌场中的轮盘赌玩家通常会对一种颜色（黑色或红色）下注10美元，如果他们输了，他们会对同一种颜色下注20美元，因为他们认为现在胜算在他们那边了。如果他们又输了，他们会下注40美元，以此类推，他们认为在黑色上输得越多，之后他们赌黑色赢的概率就越高。但他们完全想错了。

从统计学上讲，你做了一笔亏损的交易并不意味着你在下一笔交易中盈利的概率会提高。每一笔交易都是独立于其他交易的，真正增加的是你承受的压力。1913年8月18日，在摩纳哥蒙特卡洛赌场的一场轮盘赌中出现了最有名的赌徒谬误例子，当时球连续26次落入了黑色格子内，这是一次极为罕见的事件，发生的概率约为1.368亿分之一。押注红色的赌徒们损失了数百万的摩纳哥法郎，他们错误地认为，连续赌输会增加球下一次落入红色格子内的概率。

关于赌博和日内交易的关系众说纷纭，有些人认为它们很相似，有些人则认为它们截然不同。我个人倾向于支持后者。我们以21点扑克牌游戏为例做说明，据我所知，这是世界各地赌场中最流行的游戏之一。在这种游戏中，你和庄家都不受情绪的影响。游戏规则是由扑克牌的数量决定的，而扑克牌的点数是固定的。在大多数赌场，庄家必须在手里的牌达到所谓的"软17（soft 17）"时才会叫牌。你无法控制这种游戏。但在交易中，你做的交易越多，你就越情绪化。

对于交易新手来说，忽略按时间设定的利润目标极其重要。你不应该设定每天或每周的利润目标，比如说每天赚200美元或每周赚1000美元。为什么呢？因为如果你这样做了，当你无法实现目标时，你就会开始做不应该做的交易，或者加大股票交易规模，希望借此实现利润目标。在任何时候、任何情况下都要避免做出这样的行为。要先学会走再学跑！

一位交易者在电子邮件中告诉我，他做了几周交易后停手了。与我提出的建议一样，他最初只做小规模的交易。他告诉我，他在大多数交易中赚了钱，但由于支付了佣金和费用，他仍然处于亏损状态。之后他过早地决定大幅增加股票交易规模，问题出现了。交易新手头6个月内的交易结果不重要，我再怎么强调这一点也不为过。切记，最初几个月的结果真的无关紧要，重要的是你要为一生的职业生涯奠定坚实的基础。到了10年后，你还会认为头6个月的结果重要吗？

虽然做交易时没有唯一正确的赚钱方法，但开启你的交易生涯只有一种正确的方法。当你首次交易时，你必须专注于交易的过程而不是如何赚钱谋生。你必须经过至少8—12个月的锻炼才能持续盈利。如果你不愿意或无法做到这一点，你就应该另谋职业。有些人无论从经济层面还是从心理层面都无法投入这么长的时间。如果你也是这样的话，你应该早做其他的打算。

第8章

结论和结束语

本书详细介绍了我日常使用的一些简单但有效的交易策略。我写这本书的目的是向读者展示自己的日内交易之旅。读我的书或者其他人的书并不能保证你成为一名交易者。除了我介绍的交易策略和方法外，还有很多其他的交易策略和方法，而且它们都可能是正确的。学习交易的方法不止一种，正确的方法当然也不止一种。

读完本书后，你最大的收获是确认日内交易是否适合你。做日内交易需要具备一定的心理素养，需要严格自律，还需要掌握一定的技能。有趣的是，我认识的很多交易者是扑克牌玩家。他们喜欢投机及其产生的刺激。虽然玩牌是一种赌博游戏，但正如我在上一章提到的，日内交易绝对不是赌博。日内交易是一门科学、一项技能和一份职业，与赌博风牛马不相及。它是严谨的买卖股票的业务，有时几秒钟就能完成。你需要迅速做出决策，不受情绪的干扰或者不能犹豫不定，否则你会损失真金白银。

你可能从本书学到一些日内交易的高级知识，但你还有很长的路要走。你能仅靠读一两本书就成为一名技工吗？你读完一本医学图书或急救手册后就能给病人动手术吗？当然不能。我的这本书只能为你打个基础。

我鼓励你阅读更多的图书，并在网络上或在线下学习日内交易课程。我们的社群只是众多网络资源当中的一个，当然也不是规模最大、最知名的一个。尽管我欢迎你加入我们的社群，但我出版这本书的目的并不是引导观众访问我们的网站，进而获得更多的收入。在这本书中，我试图以书面形式尽可能清晰地解释我的交易思路。一些人认为，我出版第一本书《如何以日内交易为生》是为了推广我的课程、软件和聊天室成员资格，是我营销计划的一部分。我相信，一些人也会这么看待本书。说实话，虽然我确实教过交易课程并提供过日内交易服务，但本书并不是用来推销它们的工具。

一位未具名的读者读了我的第一本书后写下了这样的评论：

> 本书开篇内容非常丰富，但后面的内容显得多余和重复了。我特别不喜欢作者在书里为自己的网站/在线聊天室做广告（使用它们要交费）。我不喜欢作者花两页的篇幅谈论交易者应该如何吃营养餐和锻炼身体等。要言简意赅，不要浪费读者的时间。

在我的第一本书里，我多次强调了日内交易生涯有多难，日内交易者承担的潜在风险有多大。一些读者，例如D.卡罗尔不喜欢我的这些论调，他的评论如下：

> 这本书负能量满满，读之令人沮丧。总是读到失败的警示，实在是读不下去了。

新手通常会向卓越的交易者学习，他们认为向经验最多的交易者学习是最佳的途径，但我认为，交易新手应该寻找的是卓越的"老师"。二者是有区别的，有时最出色的交易者可能个性不突出或者人际交往能力差，而一位持续盈利（但排名不在前十）的交易者可能是一流的讲师、沟通者和导师。交易新手要寻找最优秀的老师。你不需要向最优秀的交易者学习就能成为最优秀的交易者。想想那些最出色的体育教练，他们通常都不是超级明星，但他们了解运动，他们喜欢教授和培养运动员。成为一名优秀的交易者所需的技能与成为一名优秀的交易教练所需的不同。成为明星交易者需要卓越的形态识别能力和高度自律，而优秀的交易教练往往痴迷于寻找更出色的教授方法，他们更富有耐心，能以简单易懂的语言与学员开展高效的交流。他们可以条理清晰地解释他们的方法，而极为优秀的交易者因为缺乏金钱激励往往不会制订最佳的培训计划。

我总是建议新手们先在模拟炒股软件中做交易。我认为他们不应该用真金白银开启日内交易生涯。你可以与经纪人或服务供应商签约，让他们向你提供带有真实市场数据的模拟账户。有些经纪人会提供延迟的市场数据，但这些数据不太有用，因为你需要实时做出决策。使用大多数模拟数据软件都需要付费，因此你需要为使用它们预留出一笔资金。达斯交易者平台为用户提供的最佳模拟账户每月收费150美元（撰写本书时的价格），读者可以查看他们的网站（www.dastrader.com）或通过support@dastrader.com了解更多的信息。顺便说一句，我在这里主动为该平台做了免费的广告！

高昂的交易学习成本一开始可能会让你感到头疼，你可能会觉得难以承受，但是，当你考虑到交易是一份新的事业或职业时，你就不会觉得成本有那么高了。如果你使用模拟炒股软件练习了6个月，而且只用模拟货币做交易，那么你的花费大约为1000美元。这样的教育成本不算太高。如果你确实想把日内交易作为新职业，那么，与其他新职业的教育成本相比，这样的费用算很低了。例如，如果你想去攻读MBA学位，花掉5万多美元不在话下。同样，获得许多文凭或上许多课程的费用远远高于日内交易的学习费用。

在模拟炒股软件中练习时，你的交易金额要与你打算在现实中交易的金额一样。如果你使用达斯交易者平台，你可以在其提供的模拟炒股软件中确定你的购买力。例如，如果你计划在真实的账户中用10000美元做交易，那么你可以在模拟炒股软件中把账户金额设置为10000美元。在模拟账户中买入价值10万美元的仓位后，你很可能在几秒钟内损失一半。但你能容忍自己的真实账户出现这么大的损失吗？肯定不能。出现这么大的损失后，你可能会在情绪的影响下，快速而仓促地做出决策，这必定会导致重大的损失。同样，在模拟账户中用10万美元买入大量头寸、每天赚取5000美元也很容易。一开始你会觉得自己能轻松地日赚数千美元，但在现实中，你计划用一个只有5000美元的账户开始交易。

在模拟炒股软件中练习时，你的交易规模和仓位要始终与你真实交易中的保持一样。如果你做不到这一点，你在模拟账户中做交易就没什么意义。只有在经过至少3个月的模拟账户练习后，你才可以使用真实的账户、用真金白银开始做小额交易。当你正在学习交易知识或感到交易有压力时，你要做小额的交易。我在第1章里提到过，不久前，有一位交易者在发来的电子邮件中谈及了他糟糕的交易结果，想让我给他提些建议。我建议他改用模拟炒股软件练习一段时间，以便发现问题出在哪里。他回复我说：

> 我从来没有使用过模拟炒股软件。我忍受不了赚3个月假钱。

若你对日内交易的某些方面感到好奇，或者正为某个问题感到苦恼，请不要犹豫，加入我们的聊天室与我沟通，我很乐意提供一些建议和指导。

一些新手想走捷径，想跳过上述过程中的一步或所有步骤，他们很快就会遭遇亏损。许多人骂骂咧咧地放弃了日内交易，他们怀疑有人能通过日内交易赚钱。记住，向新的目标迈进就像婴儿学走路，虽然开始时迈的步子很小、很容易受挫，但只要坚持不懈，终能到达目标。没有蹒跚学步的孩子一开始就跑马拉松的。日内交易的成功要靠一步一个脚印地前行。掌握一个主题，然后，而且只有在此之后，才能继续下一个主题。

大多数交易者在初次做交易时都感到很吃力，许多交易者早上没有足够的操作时间。那些在刚开始交易时有充裕时间的人更有可能取得成功。成长为一名持续盈利的交易者需要多长时间呢？我认为，并非人人都能在不到三四个月的时间里成为一名持续盈利的交易者。在4个月的模拟交易之后，为了控制好你的情绪，你需要至少再花3个月的时间用真金白银做小额交易。6个月后，你可能会成长为一名熟练的交易者。8个月后，你的业绩可能更好一些，12个月后可能会更上一层楼。你对学习交易知识有足够的耐心吗？你真的想从事这个职业吗？如果是的话，你就应该有足够的耐心。扪心自问，你有这么多时间学习日内交易的专业知识吗？

我看到一些图书、在线课程和网站宣扬说，交易者经过学习后，一出手就能赚到钱，我觉得很不可思议！我想知道谁会相信这样的广告。

你必须为自己设定一个合理的、以过程为导向的目标，例如：我想学习如何做日内交易，但我不想现在以它为生。不要为日内交易设定绝对的收入目标，至少在头两年不要这么做，这一点非常重要。许多交易者设置了激动人心的目标，比如赚一百万美元，或者住在加勒比的海滩别墅里以交易为生。这些目标可能会激励你，它们肯定有作用，但它们会分散你的注意力，使你无法专注于当下要做的事情，进而拖累你前进的步伐。作为一名交易新手，你能控制的是交易过程：如何做出正确的交易决策并执行。你的日常目标应该是做好交易，而不是赚钱。市场上存在不确定性，这会导致你的账户在短短几天或几周之内就出现亏损。

经常有交易新手发来电子邮件问我，当他们在纽约时间上午9点到下午5点之间从事别的工作时，如何做才能成为一名职业交易者。我真的无法回答这个问题。如果他们不能在纽约时间上午9:30—11:30做交易，他们就无法成为职业交易者。你不需要全天交易，但你至少要在开盘后的两个小时内能做交易，最起码你要能在开盘后一个小时内（纽约时间上午9:30—10:30）做交易，这是你进行真正交易或练习所需的最短时间。除此之外，你还需要在上午9:30股市开盘之前做好准备工作。有时候我在上午9:45之前就做完了交易并实现了当日的目标，但有时我需要观察市场更长的时间才能找到交易机会。你的工作和生活具备这样的灵活性吗？如果不具备，你可以考虑在外汇市场做交易，因为外汇市场24小时开放，只在周末才休市。

做交易需要你全身心地投入，因为你要与地球上头脑最灵活的人展开竞争。世界各地的交易者，无论是在自己家里，还是在华尔街的办公室里，都坐拥最先进的工具，随时准备赚你的钱。心有旁骛的交易行为不可取，它们很可能导致你的交易账户遭受惨重的损失。

要认真对待日内交易，因为它不是消遣娱乐活动。一些人觉得做日内交易很酷，对它有了一知半解后就贸然入场操作，他们一般都得不到好结果。一些人无法投入必要的时间，他们更适合做对时间要求不那么苛刻的交易。总而言之，要么就不要做，要么就好好做。不做日内交易没有关系，你不必非得入这一行，你可以随时寻求其他符合你计划和时间的职业。不过，我觉得有义务提醒本书的每一位读者，做日内交易很容易导致你失去毕生的积蓄。再次强调，你要认真对待日内交易。

交易者德怀特（Dwight）在发来的电子邮件中兴奋地分享了他的交易经历，

以下是这封电子邮件的第一部分。他对交易充满热情，而且正在努力为交易积攒更多的资金，但他平时的日程安排得很满，以至于无法专注地做日内交易。我们一起来看一看从他电子邮件中摘录出的以下内容，它们既让人觉得很有趣，又颇具启示意义：

> 你好，安德鲁。
>
> 我从亚马逊购买了本书的音频版，我在早上送货时会听它。我第一天听它时就渴望学习更多内容，所以我停止了账户中的所有交易……想继续听下去。
>
> 我在纽约一家管道供应公司工作，大概早上7点钟开始上班。自2017年3月以来，我一直在史考特证券（Scottrade）上积极地交易，我在夜间做研究分析，白天做交易，幸运地获得了一些收益（在2000—5000美元）。我的交易一般都发生在我在纽约街头运送物资的时候。我有时在堵车间隙做交易，有时我还会把车停下来看看二级数据，然后做一两笔交易。
>
> 后来我开始回吐收益。我觉得自己无法控制结果，而且越来越意识到我之前是多么幸运。这就是我给你写这封信的原因……今天，我听完了本书（我把本书音频放到了桌面上，当我在开车听有声书时会错过一些你给出的图表和示例，我会再听一次），现在我要为接下来12—18个月的交易制订计划和目标。我一直问自己："如何在开车运送物资时利用模拟炒股软件学习呢？"之前我都是在晚上自学，我还会继续这么做，但我如何才能解决这一难题呢……
>
> 谢谢你花时间读我的信。祝你周末愉快！

德怀特的经历表明，如果你不能投入足够的时间和精力，你就不应该尝试做日内交易。你开餐馆不是因为你在某些时间里能经营它，而是因为你能够完美地经营它，否则你注定会遭遇失败。正如我在本书一开头指出的，我开始做日内交易时正处于失业状态，因为我做日内交易时把积蓄赔光了，不得不找一份工作支付账单。幸运的是，我住在加拿大温哥华（太平洋时区），我可以在早上

6：30—8:30做交易和练习，然后在上午9点投入本职工作。如果你没有这样的条件，你可能更适合做波段交易。

然而，请注意，以波段交易为生更加困难。最出色的波段交易者预期可获得的年收益率为其账户资金额的15%—20%，而日内交易者每天预期可获得的收益率为其账户资金额的0.5%—1%。外汇市场每周5天、每天24小时开放，如果你没有足够的闲暇时间做日内交易或波段交易，你应该考虑交易货币和期货。然而，本书内容对波段交易或外汇交易参考价值不大，因为日内交易与它们在很多方面都不同。我的老朋友扎克·扎尔（Zack Zarr）向我们社群内的外汇交易者们分享了他的交易和市场分析经验，他还写过一本出色的外汇交易专著。

你必须坚持学习并反思你的交易策略。永远不要停止学习股市知识。市场是动态的环境，无时无刻不在发生变化。10年前的日内交易与现在的不同，10年后的日内交易也必定与现在的不同。所以，继续阅读相关资料并与你的导师和其他交易者讨论你的进步和表现。要始终未雨绸缪，要保持积极进取和勇于取胜的心态。

尽可能多地学习，但要对一切保持一定程度的怀疑，包括对本书的内容。要敢于提问题，不要过于迷信专家说的话。持续盈利的交易者会不断审视他们的交易系统。他们每月、每天甚至会在盘中做出调整。每一天都是崭新的，要锻炼交易技能，要严格自律和控制情绪，之后做出相应的调整。

经常盈利的交易者掌握了交易的基本原则，学会了明智的交易之道，他们更关注操作的合理性而不是赚钱。业余交易者一门心思地想赚钱，这样的心态可能是他们最大的敌人。作为一名交易者，我并没有刻意地赚钱，我重视的是"做正确的事"。我寻找绝佳的风险/回报机会，找到后我会出手交易。只有掌握了交易技巧和做好交易的基本原则，你才能成为交易高手，赚钱只不过是执行可靠交易策略的副产品而已。

交易新手时时刻刻会关注盈亏。盈亏是交易平台上最让我分心的内容。"赚250美元，亏475美元，赚1100美元。"看着它我常常做出不理性的决策。当我的收益为负值时，尽管我的交易计划仍然有效，我还是会惊慌失措地抛售我的仓位。或者，我的利润目标还没有实现，但由于我的贪婪，我过早地卖掉了盈利的头寸。最终我想到了这个办法：把盈亏部分隐藏起来。我根据技术点位和制订的计划做交易，不再时不时地查看盈亏，不再让它影响我的情绪。当新手开始用真金白银做交易时，尤其是小额的股票交易，盈亏并不重要。大多数交易平台都有隐藏实时盈亏的选项，如果没有这个选项，你可以用胶带遮挡住这部分信息。在早期阶段，你的目标是锻炼交易技能而不是赚钱。你每天都要通过交易提升自己。要不断跳出你的舒适区，追求更大的成功。

在日内交易中付出的努力与你最初设想的有所不同。日内交易者不应该像投资银行家、公司律师或其他高薪专业人士那样每周工作120小时，因为我们没有年终奖。最重要的是，日内交易者与职业运动员一样，表现要靠每日的业绩来评判。尽管如此，日内交易者每天都应该努力工作，坚持不懈，提高效率。要专注地盯盘，收集重要的市场信息，这是很辛苦的工作。你每天都要在几个小时内不停地问自己以下这些问题：

- 哪一方控制着价格走势？是买方还是卖方？
- 哪些技术点位最重要？
- 这只股票比大盘强还是弱？
- 哪个位置的成交量最多？是VWAP吗？是在开盘后5分钟吗？是在移动均线附近吗？
- 在某个价位上，多大的成交量会使股价上涨或下跌？
- 买卖价差是多少？值得出手交易吗？
- 股价变化的速度有多快？走势是平滑的还是起伏不定的？
- 股票在5分钟K线图上是否呈现出某一形态？在1分钟K线图上呢？

我会在交易股票之前弄清楚这些问题。在做任何交易之前，你都要收集全相关的信息。这就是我所说的努力工作。正如你所见，日内交易是一份需要你付出大量智力劳动的事业。

无论是在真实的账户还是在模拟炒股软件中，你每天都要做交易，这一点非常重要。每天都要寻找支撑位和阻力位（包括盘前的），这对你长期的交易有利。

当几次交易的结果都很糟糕时，你要尽早关闭电脑，让大脑休息一下。在遭受损失之后，要重返模拟炒股软件一段时间，这样做能让你头脑冷静。一直使用模拟炒股软件的新手则应该继续交易和练习，直到股市收盘。毕竟，在模拟炒股软件中做交易不像在真实的交易中那么紧张。但是，请记住，使用不支付佣金和没有实际盈亏的模拟炒股软件也不是你过度交易的借口。在任何时候，你都必须把重点放在具有良好风险/回报机会的可靠交易策略上。

总有人问我这个问题："在开始做交易的头几个月里，你有没有挫败感？"我的回答是："有，而且是经常有这样的感觉！"那个时候，我基本上每个月都会经历惨痛的失败，一个月我至少有一次会感到非常沮丧，打算退出这个行业。在我的交易生涯里，我经常想退出这一行，有时我真的认为自己不可能做好日内交易。但我始终没有放弃。我真的很想成为一名成功的交易者，想过自己向往的生活，想实现自由。因此，我为自己的错误付出了代价，专注于学习，并最终学有所成。

交易的成功源于技能的提升和自律。交易原则很简单，日内交易策略也很简单。我拥有化学工程博士学位，曾在世界级的工厂担任研究科学家，我曾在高影响力和受人推崇的科学期刊上发表过多篇纳米技术和复杂分子的学术文章。我必须学习和理解困难得多的概念，所以我可以向你保证，至少从理论上看，做日内交易没有那么难。

让日内交易或者说任何类型的交易变得困难的是你的自律性和自制力。做不到自律，无论你的交易风格如何、交易时间有多充裕、居住在哪个国家或在哪个市场交易，你都没有机会盈利。

专业机构交易员的表现往往显著优于散户。大多数个人交易者都接受过大学教育，文化程度不低，通常是企业主或专业人士。相比之下，典型的机构交易员是20多岁，他们曾在大学里打橄榄球，好几年都不曾读过一本书。你是不是觉得这样的概括有些不可思议！那为什么这些人的业绩年复一年地优于个人交易者呢？这并不是因为他们更年轻、思维更敏捷或行动更快速，也不是因为他们接受的培训或可利用的平台更好，大多数散户拥有的装备几乎与他们的相同。答案就在于，交易机构的纪律更为严明。

一些成功的机构交易员想自立门户，他们会这样想："我已经掌握了交易之道，而且有能力为自己保留所有利润，我为什么还要与公司分享利润呢？"他们中的大多数人在成为个人交易者后都赔钱了。尽管他们使用了与之前相同的软件和平台、交易系统，人脉也没变，但他们仍然失败了。几个月后，他们中的大多数人回到了招聘办公室，寻找一份交易工作。为什么这些交易员能为公司赚钱，却无法为自己赚钱呢？

答案是缺乏自律。

机构交易员离开公司后，他们就不受经理的监督了，也不必严格执行公司的风险控制规则了，但在公司里，违反风险限制的交易员会立即被解雇。离开机构的交易员知道如何做交易，但他们之前遵守纪律靠的是外部约束。没有了经理的监督和管控，他们很快就会亏损，因为他们不够自律。

个人交易者在交易过程中可以打破任何规则，随意改变交易计划。我们可以摊低亏损仓位的成本，可以不断打破规则，没有人会在意我们的所作所为。然而，交易公司的经理们很快就会把那些第二次违反交易规则的冲动者扫地出门，他们不会惯着那些严重违反了纪律的交易员。严格的约束使机构交易员免于遭受重大的损失和出现致命的过失（例如摊低亏损仓位的成本），而这样的损失和过失往往会摧毁许多私人账户。

遵守纪律意味着你每次都会按既定的计划做交易，而且你会严格按设定的价位止损，不会在交易中随意改变它。如果你的计划是以VWAP买入股票，而你的止损价设置在了股价跌破VWAP时，那么当股价真的跌破这个价位时，你会立即接受损失，止损离场。

当你的决策出现了错误时，不要顽固地坚守。市场不会奖励顽固分子。市场对你希望的股价走势不感兴趣。交易者必须适应市场，并按市场的要求做事。做日内交易就是这样，而且永远是这样。

有时候你按照计划行事后，在你止损离场后，股价回升到了VWAP上方。事实上，在你的交易生涯中，你会多次碰到这样的情况。你要记住以下两点：（1）

不能以一笔交易评判交易策略的优劣。执行计划、严于律己能使你在长期获得成功。很多时候，你的计划制订得很合理稳妥，但一位不知从哪里冒出来的对冲基金经理会决定清空你正在交易的股票的仓位，这只股票的价格就会突然下跌，你则会止损离场。你并没有做错任何事情；但市场本就是不可预测的，有时，市场的不确定性会导致你亏损。(2)专业的交易者会接受损失并退出交易。离场后你可以重新评估行情并计划"假设"场景下(If-then scenario)的交易(如果你不熟悉这个术语的意思，请参阅本书术语表中的简要解释)。你总是有机会重振旗鼓，卷土重来。大多数经纪人收取的佣金很便宜，专业人士通常会在交易变得对他们有利之前快速尝试几次。

做交易能让你认清自己，了解自己的优缺点，仅从这一点来看，做交易就是极宝贵的人生经历。

结束语

你需要勤加练习，你需要解读市场形态的经验。每一天都是崭新的，每一天都有新的谜题亟待解决。每天都入场很重要。许多人认为，交易可以总结出一些规则，每天遵循这些就万事大吉了。事实上，交易中没有一成不变的事情，行情瞬息万变，行情变了，采用的策略也要跟着变。你必须学会如何在日内交易过程中思考和做出决策，这并非易事。

你必须学习识别股价走势形态和制定交易策略，而且你必须练习如何在压力下实时执行这些策略。在模拟炒股软件中做练习是有益的，而且是绝对有必要的，但没有什么能替代你用辛辛苦苦赚来的真钱做交易，因为交易结果对你真的很重要。

初涉这一行时，你的状态可能很糟糕。正如我在前面提到的，在我交易生涯的初期，我多次认为日内交易不适合我。即使现在我成了一名经验丰富且盈利颇丰的交易者，我每个月也至少会有一天对我是否适合做日内交易产生怀疑。当然，这种失望的情绪来得快，消失得更快，通常在完成一笔出色的交易之后，失望的情绪就荡然无存了。不过对没有品尝过成功滋味的新手来说，这个学习过程不容易。我知道这点，然而，这并不意味着你一开始就要拿真金白银做交易并遭受惨重的损失。先在模拟炒股软件中练习有助于你为真实的交易奠定良好的基础。

如果你正在报名参加培训或辅导课程，你要仔细阅读相关的课程安排和计划。优秀的培训计划会鼓励你在开始时只使用最简单的交易设置，然后引导你逐步完成交易过程。不过最重要的是，它必须教会你如何思考，而不仅仅是告诉你一些规则，给你一些提示。交易社群、培训课程和提示服务的区别很大。

交易新手通常希望能立马赚到钱，当赚不到钱时，他们的表现就会受到影响。看不到预期的结果出现时，他们就会开始聚焦在错误的事情上。一些人增大了股票交易规模，希望借此赚更多的钱。许多人不再为交易做充分的准备，因为他们变得沮丧。他们心想："如果赚不到钱，努力做准备有什么意义呢？"他们开始做经验丰富的成功交易者永远不会做的交易，他们变成了赌徒。最终他们陷入了更深的泥潭，遭受了更大的损失。

虽然没有唯一正确的交易赚钱法，但有唯一正确的交易生涯开启方法。当你开始交易时，你必须专注于交易的过程，而不是如何赚钱谋生。你必须经历至少8—12个月的锻炼才能持续盈利。如果你不愿意或不能这样做，你就应该另谋职业。有些人无论从经济层面还是从心理层面都忍受不了这么长的时间，如果你也是这样的话，你趁早另谋职业吧。

你头6个月的交易结果一点都不重要，我再怎么强调这一点都不为过。在最初的这几个月里，你正在为一生的职业生涯打基础。你在交易生涯的第10个年头还会认为头6个月的成绩重要吗？

成为一名持续盈利的交易者可能是你做过的最困难的事情。你必须经历8—12个月的强化训练，必须付出极大的努力。这番经历会让你发现自己有多优秀，不过首先你得从内心相信自己会变得非常优秀。

每个人都有必须克服的心理弱点。如果我们非要顽固地向市场证明我们是正确的，我们终将付出高昂的代价。一些交易者无法接受亏损，不甘心退出对他们不利的交易；有些人则过早地把利润收入了囊中，没有等到最终的利润目标实现；还有些人即使意识到了交易的风险回报率很有利，也不能当即立断地做出进入交易的决定。要想变得更加出色，唯一的办法就是克服自身的弱点。

作为一名交易者，遭遇失败并不丢人，真正丢人的是不敢追求自己的梦想。如果你对交易或其他任何事情充满激情，但从未尝试过它们，那么你将一直生活在憧憬中。生命很短暂，要敢于接受新的挑战，即使失败了也没有关系，虽败犹荣。如果你有勇气抓住机会做日内交易，你的这个决定将会对你以后的人生有益，因为你在这个过程中认识了自己，这是非常宝贵的。

最后但同样重要的一点是，如果你喜欢阅读本书，而且发现它有参考价值，烦请你花几分钟时间在网站上写一条评论，我会非常感谢你。本书的成功基于读者给出的真实评论，我会在修订图书时考虑它们。如果你有任何反馈意见，请随时给我发电子邮件。你在网上写下的评论可供其他人参考，使他们对是否购买本书做出明智的决定。教导和帮助他人开启新的职业生涯让我很有成就感，我每天都干劲十足，我希望你能帮助我完成这项持续学习的任务。

如果你有兴趣与我联系，可登录www.BearBullTraders.com加入我的聊天室或者向我发送电子邮件，我的邮箱是：andrew@BearBullTraders.com。我非常乐意与你交流。

谢谢，祝你交易之旅愉快！

术语表

A

Alpha stock（阿尔法股票）：行情独立于大盘及其板块的可交易股票，市场无法控制它们，是日内交易者寻找的股票。

Angel（天使）：一种低流通量股票（流通量通常低于2000万股）。在重要的基本面消息影响下，这种股票在开盘前被大量交易，成交量通常在100万股之上。这类股票的成交量很关键，如果成交量不太大，则无论它们的跳空缺口有多大，或者真实的流通量是多少，你都要远离它们。

Ask（卖价），也被称为卖出报价（offer），卖方为了卖出股票索要的价格，一般高于买入价。

Average daily volume（日均成交量）：某只股票每日成交的平均数量，我不会交易日均成交量少于50万股的股票。作为一名日内交易者，为了毫不费力地进场和离场，你要交易流动性足够强的股票。

Average True Range/ATR（真实波动幅度均值）：一只股票每个交易日的价格波动幅度均值。我寻找的是真实波动幅度均值至少为50美分的股票，即在大多数交易日里价格波动幅度至少达到50美分的股票。

Averaging down（平摊成本）：为了降低持仓的平均成本，交易者加仓已出现浮亏的股票，希望股价出现有利于自己的变化时以盈亏平衡价卖出股票。日内交易者不要这样做，本书详细解释了其中的原因。要想成为一名成功的日内交易者，你必须遏制住平摊成本的冲动。

B

Bear（熊市）：空头或股票的卖方主导的市场。当股市处于熊市时，意味着整个股市都在下行，因为卖方或空头正在抛售他们的股票。换言之，卖方控制着局势。

Bearish candlestick（看跌蜡烛图）：拥有巨大实体的蜡烛图，开盘价高，收盘价低。它告诉你卖方控制着价格走势，当前不是买入股票的好时机。图5.1右侧显示的就是看跌蜡烛图。

Bearish Engulfing Pattern（看跌吞没形态）：发生在上涨行情结束时，可能预示着重大的反转。看跌吞没形态由两根蜡烛组成，第一根蜡烛的实体比较小，第二根蜡烛的开盘价高于前一根蜡烛的收盘价，收盘价低于前一根蜡烛的开盘价，好似吞没了第一根蜡烛，图5.8展示了看跌吞没形态的示例。

Bid（买价）：人们在特定时间内为购买股票愿意支付的价格，它总是低于卖价（或卖出报价）。

Bid-ask spread（买卖价差）：人们为购买某只股票愿意支付的价格与其他人在任何特定时刻出售该股票索要的价格之间的差异，这个价差可在盘中发生变化。

Block order/block trade（大宗订单/大宗交易）：以约定的价格买入或卖出大量股票的订单或交易，有时为减少对股票价格的影响，交易在场外进行。一般来说，1万股及以上、价格不低于10美元的股票的交易，或价值不低于20万美元的股票的交易被视为大宗交易。大宗交易的股价通常为前一天的收盘价。

Bracket order（区间订单）：允许交易者设置止损价和利润目标价，然后，当其中一个价格被触发时，另一个价格的订单就被取消。订单的第一部分（止损价）设置在市价之下，第二部分（利润目标价）设置在市价之上。这样的设置能使交易者在无须积极管理的前提下顺利开展交易。它也被称为成交一个取消另一个订单。

Broker（经纪人）：在交易所为你买卖股票的公司，因为你的订单需要被快速地执行，你必须使用有直接访问权限的经纪人。传统的网上经纪人，也称为全方位服务经纪人，侧重于提供投资建议、税务提示、退休计划等，通常不会提供必要的订单快速执行服务，因此更适合投资者和散户波段交易者。

Bull（牛市）：股票买方主导的市场。股市处于牛市意味着，整个股市都在上涨，因为买方在买入股票，换句话说，买方控制着价格走势。

Bull Flag（牛旗）：类似于旗杆上的旗帜的蜡烛图形态。一根或几根大蜡烛直立向上（看起来像一根旗杆），还有一些小蜡烛横向排列（看起来像一面旗帜），交易者称之为盘整期。你通常会错过第一面牛旗，不过你的扫描器会提醒你，这样你就可以准备好迎接第二面牛旗了。图6.20即为牛旗示例。

Bullish candlestick（看涨蜡烛图）：拥有巨大实体的向上的蜡烛图。它告诉你，买方控制着股价走势，而且可能会继续推高股价。图5.1左侧即为看涨蜡烛图示例。

Bullish Engulfing Pattern（看涨吞没形态）：当一根蜡烛的开盘价低于前一根蜡烛的收盘价，而其收盘价高于前一根蜡烛的开盘价时，看涨吞没形态就形成了。如图5.7所示，先是一根实体较小的蜡烛，然后是一个实体很大的蜡烛，好像后者"吞没"了前者。对于卖方和空头来说，这种形态出现预示着重大的失败。

Buying long（做多）：买入一只股票，看好其价格上涨。

Buying power（购买力）：你在经纪人那里开设的账户中的资金加上他们为你提供的杠杆，例如，我的经纪人给我提供的杠杆为4∶1，如果我的账户里有25000美元，那么我实际可交易的金额高达100000美元。

Buyout gap（收购股权缺口）：这种现象在股市里很常见，但这样的股票不可交易。当一家公司收购另一家公司时，收购价是已确定的，通常不会有什么波动，所以你就没有什么交易机会。例如，一家公司的股票收盘价可能是8美元，当天晚些时候它被以10美元/股的价格收购，第二天其股票开始被交易时，股价约为10美元，因收购股权产生了25%的缺口，这只股票不适合交易。

C

Candlestick（蜡烛图）：一种常见的股票价格图示方法，你能从中轻松地看到开盘价、给定时间段的最高价、最低价以及你希望显示的每个时间段的收盘价。有些人更喜欢使用其他图示方法，我非常喜欢使用蜡烛图，因为通过它们很容易解读价格走势，很容易比较开盘价和收盘价以及高价和低价之间的关系。图5.1显示了看跌和看涨蜡烛图的示例。

Chasing the stock（追涨）：在价格大幅上涨时买入股票的行为叫追涨，明智的日内交易者从不追涨。成功的日内交易者希望在股价平稳时进入交易，在动荡时获利。当你看到股价上涨时，要耐心等待盘整期的到来！保持耐心是一种美德！

Chatroom（聊天室）：一种交易者社群。互联网上有很多聊天室。作为本书的作者，我欢迎各位加入我们的www.BearBullTraders.com聊天室。

Choppy price action（起伏不定的价格走势）：股票交易频繁，价格走势不明朗。日内交易者要避开价格起伏不定的股票，因为它们的交易正在被华尔街的机构交易者所控制。

Circuit breaker halt（熔断）：由股票价格及其上市条件决定的特定范围外的涨跌所触发的交易停止。不同股票的确切阈值不同，但通常情况下，股价在5分钟内上涨15%会导致熔断。尽管日内交易者喜欢股价波动，但这样的波动对市场，特别是对投资者来说是危险的。突发新闻的发布会引发混乱，导致股价的波动性显著增强。为稳定市场和保护投资者，交易所和政府主管当局可以通过暂时停止个别股票的交易来限制价格在任何方向上的过度波动，美国证券交易委员会定义了"涨停"和"跌停"的阈值，通常情况下，暂停交易的时间为5分钟，若恢复交易后，股价的波动性仍然很大，交易所将继续停止该股票的交易，直到价格波动恢复到可接受的阈值为止。

Close（收盘期间）：纽约时间下午3点—4点，股市交易时间的最后一个小时。每日收盘价往往反映华尔街交易者对股票价值的看法。

Consolidation period（盘整期）：当之前以较低价格买入股票的交易者卖出股票将浮盈变现，而买方仍在买入股票时就会出现这样的走势。此时股价没有急剧下降，卖方也尚未控制价格走势。

D

Day trading（日内交易）：认真地交易价格相对可预测的股票的业务。所有的交易都在一个交易日内完成，交易者不会隔夜持有任何股票。交易者在当天买入的任何股票必须在股市收盘前卖出。

Direct-access broker（直接访问经纪人）：日内交易者的订单需要被快速、完美地执行，因为他们通常要在一两秒间进入和退出交易。直接访问经纪人专注于订单的快速执行，他们经常使用复杂的计算机软件，能使交易者直接在纳斯达克和纽约证交所等证券交易所做交易。直接访问交易系统的交易可在几秒钟之内被执行，其确认信息会立即显示在交易者的电脑屏幕上。

Discretionary trading（自主决策交易）：自主决策交易者根据交易计划评估潜在的交易时机，借助技术分析确定每一笔交易是否符合要求。尽管自主决策交易者遵循的规则是明确的，但他们会根据经验决定是接受还是放弃交易。自主决策交易者不遵循特定的算法，例如"如果A，则B"，相反，他们在权衡所有可用的信息后做出交易决策。

Doji（十字星蜡烛图）：一种重要的蜡烛图，有多种表现形态，但大多没有实体或者实体非常小。出现这种形态意味着股价走势不明朗，买方和卖方之间正处在缠斗之中。图5.2为十字星蜡烛图的示例。

Dow Jones Industrial Average（道琼斯工业平均指数）：也被称为工业平均指数、道琼斯指数、道指30指数，是所有股票市场指数中被引用最多的指数，是《华尔街日报》编辑、道琼斯公司联合创始人查尔斯·道琼斯创建的几个指数之一，它追踪了30家总部位于美国的大型上市公司在股市标准交易时段内的交易情况。虽然该指数的名称中含有"工业"二字，但30只成分股中包含许多现代公司（苹果、可口可乐和维萨），它们与传统的重工业几乎没有关系。

E

Emotional trading（情绪化交易）：一个含义非常广泛的术语，适用于多种情况，基本上指的是受情绪而非理性思维推动的交易。交易者在进入每一笔交易之前都要深思熟虑，制订交易计划，然后严格地执行，不能让情绪支配行为，贸然做出交易。

Entry point（进入点）：当你识别出了股价走势图中正在形成的形态时，进入点就是你进入交易的价位。

Exchange-traded fund/ETF（交易所交易基金）：在交易所交易的投资基金，由股票或债券等资产组成。

Exit point（退出点）：在制订交易计划时，你要决定在哪个价位进入交易，在哪个价位退出交易，如果你不能适时地退出，你的浮盈将转变为浮亏。无论你做什么，都不要顽固不化，当交易变得对你不利时，要优雅地接受损失并退出交易，不要为了证明自己的能力而去冒更大的风险，因为市场是不可预测的。

Exponential Moving Average/EMA（指数移动均线）：移动均线的一种，由于对最近的数据赋予了较大的权重，因此它比其他移动均线更能反映出股价的最新变化。

F

Float（流通量）：公司可供交易的股票数量，例如，截至2018年5月13日，苹果股份有限公司可供交易的股票数量为49.2亿股。

Forex（汇市）：交易者（非日内交易者）交易货币的全球外汇市场。

Former runner（前跑动股）：一种低流通量股票，由于在基本面催化剂的影响下成交量巨大，它们的盘前价格波动幅度很大。

Full-service broker（全方位服务经纪人）：传统的网上经纪人通常按预先商定的订单流安排将客户交易订单直接发送给做市商和其他流动性提供商，完成这一过程通常需要一定的时间（从几秒到几分钟不等），这些经纪人通常不会提供超快的执行服务，因为他们的服务一般侧重于研究和基本面分析而不是快速执行。全方位服务经纪人提供研究和建议、退休计划、税务筹划等服务，非常适合投资者和散户波段交易者，但由于不能提供快速的执行服务，他们不是日内交易者的好选择。

Fundamental catalyst（基本面催化剂）：日内交易者搜寻的一些与股票相关的利好或利空消息，如是否得到FDA批准、是否重组、是否被并购等，这些信息会影响股票的盘中价格。

Futures（期货交易）：期货交易是指你以今天设定的价格交易一项资产或商品（如石油、木材、小麦、货币、利率）的合约，但资产或商品在未来某一天才能被交割的交易。如果你能预测准某种商品在未来某个日期的价格走向，你就能从这类交易中获利。日内交易者不做期货交易。

G

Gappers watchlist（跳空股观察清单）：在股市开盘之前，你先确认哪些股票的价格出现了跳空上涨或跳空下跌，然后搜索能解释这些价格波动的基本面催化剂，最后你建立一个股票观察清单，据此监测交易机会。你观察清单上的股票通常只有三五只，你会在股市开盘时仔细监测它们的表现。也被简称为观察清单。

Guerrilla trading（游击交易）：交易者每天的行为就跟打游击战一样：伺机在短时间内进入和退出金融战场，以最低的风险快速获利。

H

Higher highs and higher lows（更高的高点和更高的低点）：一种强大的股价走势形态，由两根蜡烛组成，第二根蜡烛的高点高于第一根的高点，第二根蜡烛的低点也高于第一根的低点，如图5.5左侧所示。正如你所看到的，随着更高的高点和更高的低点形态出现，买方更激进，不断推动股价创出新高（与之前的蜡烛相比），而卖方的力量不足以将股价压低至比前一根蜡烛更低的水平，这是非常看涨的趋势。

High frequency trading（高频交易）：华尔街的计算机程序员所从事的交易类型，他们创建算法和秘密公式，试图操纵市场，尽管日内交易者应该谨慎对待这种交易，但没有必要怕它。

High relative volume（高相对成交量）：交易者在"可交易股票"中寻找的成

交量高于其平均水平和其所在行业的股票，这些股票的行情独立于其所在行业和整个股市。

Hotkey（热键）：日内交易者的必备设置。它是一种按键命令，交易者可通过按动键盘上的组合键自动向经纪人发送订单，不需要使用鼠标或任何手动输入。做高速交易需要使用热键，交易者应该先在模拟炒股软件中练习如何使用它们，然后再用真金白银做交易。

I

If-then statement/scenario（假设陈述/场景）：在股市开盘和你做真实的交易之前，你应该提出一系列假设陈述（或假设场景）来引导你做交易，例如，若价格不高于ABC，我将做DEF。

Indecision candlestick（涨跌不明的蜡烛图）：表明买方和卖方实力相当、双方正在缠斗的一种蜡烛图。识别这种形态的蜡烛图很重要，因为它很可能预示着股价趋势即将发生改变。图5.2所示的十字星蜡烛图就是这类蜡烛图的例子。

Indicator（指标）：根据股票价格或成交量或两者计算出来的数据。在图表中标记出太多的指标不是好事，要保持图表整洁明了，这有助于你快速地处理信息和做决策，你的交易平台基本上能自动计算和标注出你选择追踪的所有指标。牢记这一点：指标只起参考作用。图2.4是我使用的图表类型的屏幕截图，上面标记出了我使用的指标。

Institutional trader（机构交易者）：指华尔街的投资银行、共同基金公司和对冲基金公司等，日内交易者要远离他们操纵和支配（我也会礼貌地称之为"交易"！）的股票。

Intraday（日内交易）：所有交易都在一个交易日内完成，即在纽约时间上午9:30—下午4:00完成的交易。

Investing（投资）：尽管一些人认为投资和交易相似，但二者截然不同。投资是为了使资金在短期或长期实现增值而把资金放到某个地方的行为。

L

Lagging indicator（滞后性指标）：提供交易发生后股票活动相关信息的指标。

Late-Morning（早盘后期）：指纽约时间上午10:30—中午12:00，在此期间，交易速度较慢，但股市仍具有良好的波动性。对于新手来说，这是一天当中最轻松的时段。与开盘期间相比，这个时段的股票成交量更少，意外的波动也更小。查看交易新手的交易我发现，他们在早盘后期完成的交易的业绩最为出色。

leading indicator（引领性指标）：纳斯达克二级信号的一大特色，它向交易者提供交易发生前股票活动的相关信息。

Level 1（一级数据）：在达斯平台的蒙太奇窗口的顶部显示的数据，交易者可从中找到前一个交易日收盘价、成交量、VWAP、日波动区间和上一笔交易成交价等信息，图2.5显示了脸书股票的蒙太奇窗口示例。

Level 2（二级数据）：如果你打算主要在美国市场做日内交易，要想取得成功，你就要获取实时的纳斯达克全赢（Nasdaq TotalView）二级数据，包括引领性指标、交易前股票的活动信息、买入或卖出股票的交易者类型、股价短期内的走势等数据，二级数据有时也被称为市场深度数据。图2.17显示的是二级报价数据的截图。

Leverage（杠杆）：经纪人为交易者账户里的资金提供的资金，大多数经纪人提供3∶1—6∶1的杠杆，例如，4∶1的杠杆意味着，如果交易者的账户里有25000美元，那么他就有100000美元的购买力做交易。

Limit order（限价订单）：交易者向经纪人发出的订单，要求后者以指定价格或更好的价格买入或卖出特定股票，如果在交易者发出订单后股价波动过快，则限价订单有可能永远不会被执行。

Liquidity（流动性）：成功的日内交易者需要流动性，某一公司必须有足够多数量的股票在交易，必须有足够量的订单被发送到交易所并被执行才能确保交易者轻松地进入和退出交易。要确保某只股票的流动性，就需要有大量的买方和卖方盯着它。

Long（做多）：英文是"Buying long"（买入多头）的简称，交易者买入价格有望上涨的股票，例如"做多100股苹果股"，是指在预期苹果公司股价上涨的情况下买入100股苹果公司股票。

Lower lows and lower highs（更低的低点和更低的高点）：一种强大的股价走势形态，由两根蜡烛组成，第二根蜡烛的低点低于第一根的低点，类似地，第二根蜡烛的高点低于前一根的高点，如图5.5的右侧所示。随着更低的低点与更低的高点形态形成，卖方更激进，不断推动股价创出新低（与之前的蜡烛相比），而买方的力量不足以把价格推高到比之前的蜡烛更高的水平，这是一种非常看跌的走势。

Low float stock（低流通量股）：供应量低的股票。供应量低意味着对股票的大量需求很容易影响股价，因此这类股票的价格波动性很大，而且变化速度非常快。大多数低流通量股的价格低于10美元，日内交易者喜欢这类股票，它们也被称为微盘股或小盘股。

M

Margin（保证金交易）：经纪人给交易者提供的杠杆，例如，若交易者的杠杆是4:1，那么当其账户中有25000美元资金时，其可以交易的资金是100000美元。保证金交易是一把双刃剑，既可以让交易者买入更多股票，也可能让交易者承受更大的风险。

Marketable limit order（可市价化限价订单）：交易者向经纪人发出的订单，要求后者在指定的价格范围内立即买入或卖出特定的股票。我在日内交易中发出的这种订单通常为："以卖价+5美分买入""以买价-5美分卖出"。

Market cap/market capitalization（市值）：一家公司的市值是以美元表示的流通股（所有可在股票市场交易的股票）的总价值，例如，若一家公司的股价为10美元，该公司有300万股可供交易的股票（300万股流通股），那么该公司的市值为3000万美元。

Market depth（市场深度）：如果你打算主要在美国市场做日内交易，要想取得成功，你要获取实时的纳斯达克全赢二级数据，有些人称其为市场深度数据，另一些人称其为二级数据，你可以从中获取引领性指标、交易前股票的活动信息、买入或卖出股票的交易者类型、股价短期内的走势等数据。图2.17显示的是市场深度（二级）报价数据的截图。

Market maker（做市商）：在交易所提供股票买卖的经纪—交易商，为了促进某只股票在交易所的交易，他们会持有一定数量的该股票。

Market order（市价订单）：交易者给经纪人发送的订单，要求后者立即以当前价格买入或卖出特定的股票，无论当前价格是多少。我要强调"无论当前价格是多少"这点，当前价格可能对你有利，也有可能对你不利。

Market View（自选）：达斯平台中的一个窗口，输入想监测的股票的名称后，你会看到它们的一些信息，比如价格变化幅度和成交量等。为了能够轻松地查看市场的整体状况，我在自选窗口中保留了一些大盘指数。图2.3显示的是我的自选窗口截图。

Mechanical system（机械系统交易）：计算机程序自行执行交易策略的交易风格。机械系统交易通常以价格和指标等技术输入为基础，执行的交易策略通常被编程到了计算机软件程序中，而程序可以根据历史市场数据对策略进行测试，以确定它们是否能产生预期的结果。采用这种交易风格时，交易者基本上不需要做决策。机构交易和高频交易以及算法都是基于机械系统的交易例子。

Medium float stock（中等流通量股票）：流通量在2000万—5亿股的股票。我交易的大多是价格在10—100美元的中等流通量股票，本书中解释的许多策略都适用于这类股票。

Mega cap stock（大盘股）：供应量巨大的股票。例如，截至2018年5月13日，苹果股份有限公司有49.2亿股可供交易的股票，通常情况下，其股价波动性不大，因为要使其股价大起大落需要有极大的成交量和大量的资金。日内交易者会避开这类股票。

Micro-cap stock（微盘股）：供应量低的股票。供应量低意味着对股票的大量需求很容易影响股价，因此这类股票的价格波动性很大，而且变化速度非常快。大多数低流通量股的价格低于10美元，日内交易者喜欢这类股票。它们也被称为低流通量股或小盘股。

Mid-day（中盘期间）：纽约时间中午12点—下午3点，此时市场交易放缓，成交量和流动性更低，这是一天当中最危险的交易时段。

Montage（蒙太奇窗口）：这是交易平台中最重要的窗口，投资者可在其中找到许多重要的信息。在达斯平台中，蒙太奇窗口的顶部是一级数据，显示的是前一个交易日收盘价、成交量、成交量加权均价、日价格区间和上一笔交易的价格等信息，蒙太奇窗口的第二部分被称为二级或市场深度数据，显示的是引领性指标、交易发生前股票活动的信息、对股票价格走势的重要洞见、买卖股票的交易者类型以及股票在短期内的走向。该窗口的下一部分是热键，底部还有手动输入订单栏，如果交易者不使用热键，他们可以手动输入订单。图2.5即为脸书股票的蒙太奇窗口示例。

Moving average/MA（移动均线）：通过将过去的价格加以平均来平滑股票价格的一种均线指标，在交易中被广泛使用。两种最基本和最常用的移动均线是简单移动均线和指数移动均线，前者指的是股票在一定时间段内的简单均线，例如1分钟K线图、5分钟K线图或日线图中的简单均线，后者给近期的价格赋予了更大的权重。移动均线常被用来确认股价的趋势和支撑位、阻力位。一般情况下，移动均线的周期数越大，覆盖的时间范围越长，支撑位和阻力位的效力就越强，日线图中的200周期简单移动均线是最强大的支撑位和阻力位，我在股价走势图中使用9周期指数移动均线、20周期指数移动均线、50周期简单移动均线和200周期简单移动均线。制图软件中一般内置有大多数的移动均线。

Nasdaq（纳斯达克证券交易所）：仅次于纽约证券交易所的世界第二大证券交易机构，其全称为全国证券交易商协会自动报价表（National Association of Securities Dealers Automated Quotations），机构总部位于纽约市，2017年其首字母缩写从NASDAQ变成了Nasdaq。

Nasdaq Composite（纳斯达克综合指数）：也被称为COMP$，是以在纳斯达克证券交易所上市的公司的股票为依据编制的一种市场指数，其成分股偏向于信息技术公司，代表了整个市场内"高科技"板块股票的价格行为。

NITF order/No intention to fill order（无意成交订单）：做市商发出的一种订单，目的是故意误导交易者和操纵市场。要区分真实的订单和无意成交订单（假订单），你就必须先弄清楚它们下单的价位。真实的订单出现在买价和卖价附近，而且它们很可能会被执行。无意成交的订单通常出现在远离买价和卖价的位置，它们能被轻而易举地取消。做市商挂出这类订单是为了给人留下这样一种印象：现在市场上有资金实力极为雄厚的大买家或大卖家坐镇。

O

Offer（卖出报价）：也被称为卖价，指的是卖方为了卖出股票而索要的价格，它总是高于买价。

One-Cancels-the-Other，OCO（成交一个取消另一个订单）：交易者设置止损价和利润目标价，然后，当其中一个价格被触发时，另一个订单被取消。第一部分的止损价设置得低于市价，而第二部分的利润目标价设置得高于市价，也被称为区间止损订单（Stop Range order）或者区间订单（Bracket order）。

Open（开盘期间）：纽约时间上午9:30—10:30，即股市开盘后30—60分钟之内的时段。

Opening range（开盘区间）：股市开盘时，"可交易股"通常会经历剧烈的价格波动，大量交易会影响股票的价格，我近来常以15分钟和30分钟的开盘区间来确认股价走向以及买卖双方哪一方能获胜，也有其他交易者以5分钟或60分钟的开盘区间成功地做到这一点。

Over-the-counter market（场外交易市场）：交易货币、债券和利率等金融产品的特殊市场，大多数日内交易者不在场外交易市场做交易。

Overtrading（过度交易）：日内交易中做出的重大错误行为。过度交易可能意味着你每天交易20次、30次、40次甚至60次，因为你要委托经纪人做每一笔交易，所以你要支付佣金，还可能会遭受损失。许多经纪人一笔交易收取4.95美元的佣金，因此，当你过度交易时，你每天要向经纪人支付200美元的佣金。你的经纪人赚得盆满钵满，而你将破产！此外，过度交易的另一个问题是承受的风险大。当你做交易时，你投入的资金会面临风险，除非你能证明交易是值得的，否则不要贸然进入交易。

P

P&L（盈亏）：盈亏是交易平台中最容易让我分心的信息，看到它后我常常会做出不理性的决策。我曾经在收益为负值时恐慌地抛售了我的仓位，尽管从最初的计划来看，我的交易仍然是有效的，或者我变得贪婪起来，在利润目标尚未实现时过早地卖出了我盈利的仓位。把盈亏数据隐藏起来，根据技术点位和制订的计划做交易，不要老是查看盈亏数据，这么做是很有益的。

Pattern Day Trade Rule（典型日内交易规则）：美国的一项规定，要求美国的日内交易者账户中至少有25000美元资金，除非经纪人不是美国机构。这项规定不会影响居住在加拿大、英国或任何其他国家的日内交易者，不过其他国家也有可能执行类似的规则和规定。在开始做日内交易之前，你应该联系当地的经纪人，询问当地对日内交易的最低资金要求。

Platform（平台）：交易者用以向交易所发送订单的软件。经纪人会给交易者提供一个交易平台，有的平台是免费的，但大多是收费的。平台可能是基于网络的，也可能是需要安装在计算机上的软件。交易平台要为交易者绘制图表和执行订单，因此交易平台的质量非常重要，它要能够支持热键，而且要有出色的图表绘制功能。我自己使用达斯交易者平台，我也向读者推荐该平台。我每月需要支付访问该平台和实时数据的费用。

Position sizing（仓位管理）：指如何决定你在每笔交易中的持仓量，仓位管理是交易新手必须掌握的技巧和技能，不过你要牢记这条规则：你在任何交易中承担的风险不得超过你账户资金额的2%，每次交易时，你都要确保至少98%的账户资金受到保护。

Pre-market trading（盘前交易）：在纽约时间上午9:30股市开盘前开展的交易，我个人避免在盘前做交易，因为当时交易的人太少，交易额也非常小。打算做盘前交易时，你应该先向经纪人进行咨询，看看他们是否同意你这么做。尽管如此，关注盘前交易是有益的。在盘前跳空上涨或跳空下跌幅度达到2%的股票肯定会引起我的注意，我可能会把它们列入我当天的观察清单。

Previous day close/PCL（前一个交易日收盘价）：前一个交易日股市收盘时股票的价格。前一个交易日收盘价是衡量股票在第二天是否值得交易的参考指标，是本书解释的许多策略和形态中使用的指标。

Price action（价格行为）：股票价格走势，我喜欢用蜡烛图来描绘股票的价格行为，捕捉其高点和低点以及开盘价和收盘价之间的关系。日内交易者寻找的是价格走势起伏的股票，他们避免交易价格走势相对平缓的股票。

Price chart（价格图表）：达斯平台中的一个窗口，我使用两个时间框架（1分钟和5分钟）的K线图观察股票的价格走势，图2.4是5分钟K线图示例，上面显示了所有的指标和标记。

PriceMarker（价格标记）：达斯平台中的一项研究功能，它会自动在你观察的任何股票的K线图中插入这四个价位：昨日低点、昨日高点、前日低点和前日高点。

Profit target（利润目标价）：作为一名日内交易者，你应该设定日内利润目标价，一旦实现了目标，你就不要贪婪和冒险了，你应该关闭电脑，尽情享受一天剩余的时光。此外，对于你进入的每一笔交易，你都应该设定一个具体的利润目标价，它是你制定交易策略的依据。

Profit-to-loss ratio（盈亏比）：日内交易成功的关键是找到很好的盈亏比的股票，这些股票具有进入风险低和回报潜力高的特点，例如，3∶1的盈亏比意味着你可能以100美元的风险赚到300美元，我交易的盈亏比最低是2∶1。盈亏比也被称为风险回报率或盈亏比率。

R

Real time market data（实时市场数据）：要成为一名成功的日内交易者，你需要访问实时市场数据（通常要支付费用），因为你要在几分钟之内做出决策并进入和退出交易。交易周期长达几天或几周的波段交易者只需要参考盘后数据，而且他们可以在互联网上免费获得这些数据。

Relative Strength Index/RSI（相对强弱指数）：一种技术指标，用于比较一段时间内股价的涨跌幅度，衡量价格走势的速度和变化。扫描软件或平台会自动计算出该指标的值。这个指数的范围是0—100，低于10或高于90的极端值会引起我的兴趣。

Resistance（阻力位）：指卖方进入市场或过去的买方抛售股票，其力量大到使价格无法进一步上涨的价位。阻力位是很重要的参照点，因为许多交易者都能识别出K线图中的阻力位，而且相信它的重要性，因此，当所有交易者都知道附近有阻力位时，他们就会在这个价位开始卖出股票，因为他们担心，在他们以可盈利的价格卖出之前，价格会回落。空头也会在阻力位卖空股票，因为他们认为价格会从这个水平下跌。

Retail trader（散户交易者）：像你我这样的个人交易者，我们不为公司工作，也不管理别人的资金。

Revenge trading（报复性交易）：当一些交易者陷入困境时，他们会更加卖力地交易，冒更大的风险，他们试图通过更多的交易摆脱困境，但他们永远得不到好结果，最终总是遭受更多的损失。在遭受一系列损失后，理智的反应是止损离场，回到模拟炒股软件中练习并评估形势。

Risk management（风险管理）：成功的日内交易者必须掌握的最重要的技能之一。你必须找到具有高回报潜力的低风险交易设置，你在每个交易日里都要管理风险并控制亏损。

Risk/reward ratio（风险回报率）：日内交易取得成功的关键是找到好的风险回报率的可交易股票，它们能带来进入风险低和回报潜力高的交易机会，例如，1∶3的比率意味着可能以100美元的风险赚到300美元，我交易的风险回报比最低为1∶2。也被称为盈亏比或盈亏比率。

Runner（跑动股）：一种低流通量股票。由于成交量大，它们的价格日波动幅度很大，而且价格波动通常是基本面催化剂导致的。

S

Scalper（剥头皮者）：以获小利为目的交易者，他们进入和退出交易很快，每次获得的利润都较少。这类交易者必须谨慎对待退出策略，因为一个错误的计算就可能让他们损失所有的小额利润。

Scanner（扫描器）：交易者使用的标准各异的软件，可使用它们查找当日可交易的股票。图3.14是我经常使用的扫描器的截图。

Short（卖空）：你从经纪人那里借入股票后卖出，希望在价格降至更低时买回股票返还给经纪人，并从中获利。例如，说"我卖空了苹果的股票"意味着，你已经卖出了苹果股份有限公司的股票，希望其价格能降至更低的水平。

Short selling（卖空）：你从经纪人那里借入股票并卖出，希望价格降至更低时买回股票返还经纪人，并从中获利。

Short Selling Restriction/SSR（卖空限制）：当一只股票的价格比其前一天的收盘价下跌了10%或更多时，监管机构和交易所就会限制交易者在这只股票的价格下跌时卖空它。当股票处于卖空限制模式时，交易者仍然可以卖空它，但只能在其价格上涨时卖空，不能在其价格下跌时卖空。

Short squeeze（逼空）：当卖空者陷入恐慌，争先恐后地买入股票返还给经纪人时，他们的行为会导致股价快速而危险地上涨。要想避免陷入逼空困境，卖空者就要在价格快速反转时立即平仓。

Simple Moving Average（简单移动均线）：移动均线的一种，计算方法为：将若干时段的股票收盘价相加，然后用所得值除以实际的时段数。

Simulator（模拟炒股软件）：希望在交易职业生涯中取得成功的新手必须在模拟炒股软件中练习几个月。你应该购买一个能提供实时市场数据的模拟账户。你在模拟炒股软件中交易的股票的数量和金额应该和你在实际中交易的数量和金额一样。你要在模拟炒股软件中练习热键的使用，练习假设场景下的交易，练习你的交易策略。

Size（规模）：二级数据中的"规模"栏显示的是有多少标准手股票（100股=1标准手）正在被卖出或买入，例如"4"表示400股。

Small cap stock（小盘股）：供应量低的股票。供应量低意味着对这类股票的大量需求很容易影响其价格，因此它们的价格波动性很大，而且变化速度非常快。大多数小盘股的价格都在10美元以下。有些交易者喜欢这类股票，但请注意，交易它们真的有风险。这类股票也被称为低流通量股或微盘股。

Standard & Poor's 500（标准普尔500指数）：通常缩写为标准普尔500，SPX$，或标普指数，它是以在纽约证券交易所或纳斯达克证券交易所上市的500家大公司的股票为依据编制的市场指数，是最常见的股票指数之一。许多人认为它是美国股市的最佳代表之一，也是美国经济的引领性指标。许多交易者追踪并交易一只密切跟踪标普500指数的基金，即SPY或SPDR（发音为spy或spider）。

Standard lot（标准手）：100股，二级数据中的"规模"一栏显示的是有多少标准手股票（100股=1标准手）正在被卖出或买入，例如"4"表示400股。

Stock in Play（可交易股票）：日内交易者寻找的股票，它们能提供绝佳的风险/回报机会，它们的价格会在交易日内上涨或下跌，而且走势方向可预测。具有基本面催化剂（一些利好或利空消息，如是否得到FDA批准、重组、并购信息等）的股票通常是"可交易股票"。

Stop Limit order（止损限价订单）：你发送到市场的一种订单，一旦股价达到触发价，它就成了限价订单，此时，限价订单将以指定的限价或更有利的价格被执行。当股价因动量快速变化时，选择这种止损订单是非常明智的。使用市价止损订单时，交易者的订单可能以远低于触发价格的价格被执行。而如果价格快速下跌至交易者设定的限价之下时，止损限价订单不一定会被执行。

Stop loss（止损价）：你接受损失并退出交易时的价位，你在一笔交易中承担的最大风险应该是你账户资金额的2%。例如，当你账户内的资金额为20000美元时，你在单笔交易中承担的风险永远不应该超过400美元。一旦你计算出了在每笔交易中可承受的最大损失额，你就能计算出每股承受的最大风险。止损价应该始终位于合理的技术点位，此外，你必须尊重止损价，不要在交易过程中随意改变它。出现亏损时坦然接受，不要希望有奇迹发生，要优雅地退出交易，不要固执地冒险。

Stop Market order（市价止损订单）：你向市场发出的一种订单，一旦股价达到了触发价格，它就变成了市价订单。例如，你可以指定股价比入场价低1美元时清仓，随后当股价达到这个价格时，卖出股票的市价订单就会被发送。

Stop Range order（区间止损订单）：交易者向市场发送的一种订单。交易者可以设置止损价和利润目标价，然后，当其中一个价格被触发时，另一个价格的订单就被取消。这类订单的第一部分是止损订单，止损价设定得低于市价。第二部分是利润目标订单，利润目标价设定得高于市价。这样的设置能使交易者在无须积极管理的前提下顺利开展交易。它也被称为成交一个取消另一个订单或区间订单。

Support（支撑位）：买方进入交易或卖空者平掉空头头寸，其力量大到使价格无法进一步下跌的价位。支撑位是一个重要的参考点，因为许多交易者能在K线图上识别出支撑位而且相信其重要性，因此在价格达到这个水平之前，交易者就不会买入。此外，卖空者在股价达到这一水平之前不会平仓。

Support and resistance level（支撑位和阻力位）：指股价通常不会高于（阻力位）或低于（支撑位）的水平。股价达到支撑位和阻力位时通常会反弹并改变方向，作为一名日内交易者，你要监测这些水平，因为时机把握得正确的话，你可以从股价走向的快速变化中获利。我在本书中提供了一些确认支撑位和阻力位的方法，比如前一天的收盘价就是强大的支撑位和阻力位。图4.21下半部分显示的就是我绘制的支撑位和阻力位示例。

Swing trading（波段交易）：持有一段时间股票的交易类型，持有时间通常从一天到几周不等。波段交易与日内交易完全不同。

T

Ticker（股票代码）：在交易所交易的股票名称的缩写，一般为一到五个字母。所有的股票都有代码，例如苹果公司的股票代码是AAPL。

Time and Sale window（时间和成交窗口）：达斯交易平台中的一个窗口，交易者可从中看到每笔交易的成交价是在卖价还是在买价之上，或者是在买价和卖价之间,还是在买价之下。成交价实际上反映了交易者对当前价格及其未来走向的态度,它有助于你理解交易者向市场发送订单时的心理。

Top List(顶部列表):达斯平台中的一个窗口,共有六列数据,前三列为纳斯达克成交量最大、涨幅最大和跌幅最大的股票清单,后三列为纽约证券交易所和美国证券交易所成交量最大、涨幅最大和跌幅最大的股票清单。该列表提供了当日可交易股票的备选范围,对于我们这些日内交易者来说,并非上榜的股票都是可以交易的,因为像苹果和脸书这样的上市公司的股票出现在名单中是因为,它们总是被机构和华尔街大量交易。图2.2显示的是我的顶部列表的屏幕截图。

Trade management(交易管理):从你进入交易开始一直到你退出交易,你都要管理好仓位。你不能只坐在电脑屏幕前祈祷好运降临,像没事人一样旁观发生的一切。当你监测到新的信息时,你必须对正在开展的交易做出调整。你必须积极地管理交易。获得交易管理经验的唯一可行之法是在模拟炒股软件中练习,而且你模拟交易的股票数量和金额要与实际交易中的一样。

Trade plan/trading plan(交易计划):你在真正进入交易之前制订的计划。你要尽力制订可靠的交易计划,然后严格执行计划。另请参见假设陈述/场景的定义。

Trading platform(交易平台):交易者用以向交易所发送订单的软件。经纪人会给交易者提供一个交易平台,有的平台是免费的,但大多是收费的。平台可能是基于网络的,也可能是需要安装在计算机上的软件。交易平台要为交易者绘制图表和执行订单,因此交易平台的质量非常重要,它要能够支持热键,而且要有出色的图表绘制功能。我自己使用达斯交易者平台,我也向读者推荐该平台。我每月需要支付访问该平台和实时数据的费用。

Trailing Stop order(追踪止损单):交易者向市场发出的一种订单,它是一种保护利润的移动止损订单,而且当股价继续上涨时,交易者能利用它使收益最大化。交易者可按低于市场价格的固定金额(追踪金额)设置止损价。当股价上涨时,止损价也随之提高。然而,当股价下跌时,止损价保持不变。可以把止损价想象成单向的阶梯——只能上涨。一旦股价达到了止损价,追踪止损单就变成了市价订单。

Turbo Breakdown Scanner（巨量创新低扫描器）和 **Turbo Breakup Scanner**（巨量创新高扫描器）：当一只可交易股的价格创下日内新高时，成交量通常会极高。有许多股票创下了日内新高或新低，但它们的成交量没有增加。巨量创新低扫描器寻找的是在1分钟之内以巨大的量能创出新低的可交易股票，而巨量创新高扫描器寻找的是在1分钟内以巨大的量能创出新高的可交易股票。

V

Volume（成交量）：任何给定时间内成交的股票的数量。

Volume Weighted Average Price/VWAP（成交量加权均价）：对日内交易者而言最重要的技术指标。你的交易平台应该内置有这一指标。它是一种考虑了以各个价位成交的股票数量的移动均线。其他移动均线只考虑了股价，但成交量加权均价还考虑了以各个价位成交的股票数量。你通过它能获知是买方还是卖方控制着股票的价格行为。其计算方法是将每笔交易额（价格乘以交易的股票数量）相加，然后用所得额除以当天交易的股票总数量。

W

Watchlist（观察清单）：在股市开盘之前，你先确认哪些股票的价格出现了跳空上涨或跳空下跌，然后搜索能解释这些价格波动的基本面催化剂，最后你建立一个股票观察清单，据此监测交易机会。你观察清单上的股票通常只有三五只，你会在股市开盘时仔细监测它们的表现。也被称为跳空股观察清单。

Whipsaw（拉锯式波动）：指的是股价朝一个方向前行，然后快速反转，朝另一个方向前行的情形。

Win:lose ratio（盈亏比）：日内交易成功的关键是找到好的盈亏比率的股票，这些股票具有进入风险低和回报潜力高的特点，例如，3∶1的盈亏比意味着你可能以100美元的风险赚到300美元，我交易的盈亏比最低是2∶1。盈亏比也被称为风险回报率或盈亏比率。

293